中欧班列运营网络优化研究

赵来军　程兆麟　〔德〕Johan Stoeter 等　著

科学出版社

北京

内 容 简 介

本书围绕中欧班列运营网络的优化问题开展了研究。研究了中欧班列的运行现状、不同目标下的中欧班列去程国内集拼网络优化、回程欧洲集拼网络优化、集拼网络演化与优化、中欧班列开行绩效影响因素，以及开行中欧直达班列适应性等问题，通过理论建模和实证分析，提出了中欧班列运营网络优化的策略与建议。本书在理论研究的基础上，以上海为例分析了其开行中欧班列的可行性和必要性，并提出了促进中欧班列发展的对策建议。

本书内容丰富、图文并茂，既有系统的理论性，也具有较强的实践性，可供政府部门管理人员、企业运营人员和研究人员参考，也可供管理科学与工程、企业管理、物流管理、运营管理、系统工程、经济学等专业的科技工作者和高校师生参考。

图书在版编目（CIP）数据

中欧班列运营网络优化研究 / 赵来军等著. —北京：科学出版社，2023.1

ISBN 978-7-03-070011-7

Ⅰ. ①中⋯ Ⅱ. ①赵⋯ Ⅲ. ①铁路运输–国际联合运输–交通运输网–研究–中国、欧洲 Ⅳ. ①F530.85

中国版本图书馆 CIP 数据核字（2021）第 206240 号

责任编辑：魏如萍 / 责任校对：贾娜娜
责任印制：赵 博 / 封面设计：有道设计

科 学 出 版 社 出版
北京东黄城根北街 16 号
邮政编码：100717
http://www.sciencep.com
北京中科印刷有限公司印刷
科学出版社发行 各地新华书店经销
*
2023 年 1 月第 一 版 开本：720×1000 1/16
2024 年 5 月第三次印刷 印张：15 1/4
字数：305 000
定价：168.00 元
（如有印装质量问题，我社负责调换）

前　言

丝绸之路是世界上线路最长、历时最久、影响最深的贸易通道，联络着四大文明古国，对古代经济社会发展影响巨大。2100 多年前，张骞两次出使西域，西至奄蔡（里海、咸海之间）、大食（阿拉伯）等地，打通了一条中西贸易交流的丝绸之路。到唐宋年间，丝绸之路已极具规模。司马光在《资治通鉴》中称：自长安安远门"西尽唐境凡万二千里，闾阎相望，桑麻翳野，天下称富庶者无如陇右"。古老的丝绸之路自长安起十里一亭，三十里一驿，各驿驿具、驿舍、廪食、铺陈齐备，交通便利，商贸空前繁荣。1877 年，这条国际贸易大通道被德国地理学家李希霍芬在其著作《中国——亲身旅行和研究成果》（第一卷）中命名为"丝绸之路"。古丝绸之路不仅仅是一条国际商贸通道，也是一条联络世界各国的友谊之路，一条融合世界文明的文化之路，一条体现世界各民族相互团结、融合的见证之路。

2013 年 9 月和 10 月，国家主席习近平在出访哈萨克斯坦和印度尼西亚时，分别提出与沿线国家共建设"丝绸之路经济带"和"21 世纪海上丝绸之路"的重大倡议①。亚欧大陆拥有全球 75%的人口，世界 60%的生产总值，东面是活跃的东亚经济圈，西面是发达的欧洲经济圈，中间广大腹地经济发展潜力巨大，"一带一路"沿线国家资源禀赋各异，经济互补性强，合作空间广阔。"一带一路"倡议使古老的丝绸之路焕发新的生机活力。

古丝绸之路延绵万里、险阻重重，骆驼成为重要的交通运输工具。《马可·波罗游记》写道：元大都外城常有"无数商人"来往，"建有许多旅馆和招待骆驼商队的大客栈"。时至今日，驼队和客栈早已不见影踪，中欧班列作为"钢铁驼队"奔驰在"丝绸之路经济带"上。

2011 年第一列中欧班列"渝新欧"从重庆团结村出发，开启了中欧班列的里程。随着"一带一路"建设的深入推进，尤其是 2015 年国家发展和改革委员会（简称国家发展改革委）、外交部、商务部联合发布《推动共建丝绸之路经济带和 21 世纪海上丝绸之路的愿景与行动》②、推进"一带一路"建设工作领导小组办公室 2016 年印发《中欧班列建设发展规划（2016—2020 年）》，中欧班列正

---

① http://politics.people.com.cn/n1/2017/0412/c1001-29203823.html。

② http://www.scio.gov.cn/31773/35507/35519/Document/1535279/1535279.htm。

式进入高速发展阶段，这支行程数万里、往返于亚欧大陆间的"钢铁驼队"已经成为"一带一路"建设的标志性成果，为保障"一带一路"贸易畅通发挥了重要作用。尤其在新冠肺炎疫情期间，国际海运、空运通路受阻、运费大幅上涨的情况下，中欧班列运力逆势上涨，成为"一带一路"沿线国家重要的物流保障，尤其是国际合作防疫物资运输保障，为维护国际产业链、供应链安全稳定提供了有力支撑。

党的十九大报告提出"要以'一带一路'建设为重点，坚持引进来和走出去并重，遵循共商共建共享原则，加强创新能力开放合作，形成陆海内外联动、东西双向互济的开放格局"①。这标志着"一带一路"建设将在新时代继续发挥开放引领作用。十九届五中全会提出"要建设更高水平开放型经济新体制，全面提高对外开放水平，推动贸易和投资自由化便利化，推进贸易创新发展，推动共建'一带一路'高质量发展，积极参与全球经济治理体系改革"②。中欧班列作为"一带一路"建设的重要抓手，需要扮演更重要的角色，为推进"一带一路"倡议深入实施和构建"双循环"体系发挥更大的作用，这也对中欧班列的高质量发展提出了新的要求。

作者从 2015 年起开始对中欧班列开展研究，实地调研了渝新欧、蓉欧快铁、郑新欧、苏满欧、义新欧、连新欧、沪新欧、"长安号"、"兰州号"、新疆西行国际班列等十余个中欧班列开行地，并深度参与了新疆、兰州、徐州等地中欧班列建设发展相关规划，积累了丰富的调研资料和数据。在深入调研的基础上，针对中欧班列运营过程中面临的去程货源不足、回程揽货能力低、去回程运输不平衡、依赖政府补贴程度高、班列之间争抢货源、运营成本高等问题，作者认为中欧班列运行网络是一个典型的跨国物流网络，涉及中国、欧洲国家及班列运行沿线多个国家，以上问题必须由中国、班列目的地和沿线各国合作才能解决，创新性地提出以建设中欧班列去程和回程集拼中心为抓手，完善和优化中欧班列运营网络、提升班列运营绩效的解决思路。基于这个思路，本书作者开展了系列研究，多位作者完成了博士后出站报告和学位论文，多篇研究成果发表在国际重要学术期刊上。此外，作者从上海中欧班列发展实践需求出发，撰写了多篇关于中欧班列的资政专报，获上海市相关领导批示。在这些前期研究成果基础上，作者通过整理并增加相关基础知识和数据，完成本书，全书共分为 10 章，各章节主要研究内容如下。

---

①《习近平在中国共产党第十九次全国代表大会上的报告》，http://cpc.people.com.cn/n1/2017/1028/c64094-29613660.html。

②《中国共产党第十九届中央委员会第五次全体会议公报》，http://www.xinhuanet.com/politics/2020-10/29/c_1126674147.htm。

第 1 章分析了中欧班列运行现状、发展历程、运营模式、存在的主要问题和发展对策，由赵来军、程兆麟完成。

第 2 章分析了中欧班列国内外相关研究现状，由赵来军、程兆麟、赵越、王广翔、〔德〕Johan Stoeter、孙闻君等完成。

第 3 章研究了中欧班列集拼网络优化问题，由赵来军、赵越、胡青蜜等完成，相关研究成果于 2018 年在 *Transportation Research Part E-Logistics and Transportation Review* 上发表。

第 4 章在进一步考虑碳排放的情况下，对中欧班列集拼网络优化问题进行了进一步研究，由赵来军、王广翔、程兆麟等完成，相关研究成果于 2021 年在 *Journal of Cleaner Production* 上发表。

第 5 章研究了中欧班列在欧洲的集拼网络优化问题，由赵来军、〔德〕Johan Stoeter、程兆麟、李惠永等完成，相关研究成果于 2020 年在 *International Journal of Logistics：Research and Applications* 上发表。

第 6 章研究了中欧班列集拼网络的动态演化问题，由赵来军、程兆麟、李惠永等完成，相关研究成果于 2019 年在 *Journal of Advanced Transportation* 上发表。

第 7 章研究了中欧班列开行绩效的主要影响因素，由赵来军、程兆麟、李惠永完成，相关研究成果于 2021 年在 *International Journal of Shipping and Transport Logistics* 上发表。

第 8 章对开行中欧直达班列的适应性问题进行了研究，由赵来军、孙闻君、王陈陈等完成，相关研究成果于 2022 年在 *International Journal of Logistics：Research and Applications* 上发表。

第 9 章具体研究了上海发展中欧班列的瓶颈、思路与对策，由赵来军、程兆麟、邢远完成，相关研究成果于 2019 年、2021 年先后获上海市常务副市长、分管副市长批示。

第 10 章是对本书研究成果的总结和未来研究的展望，由赵来军、程兆麟完成。

本书得到上海市高水平学科建设项目（管理科学与工程）、国家社会科学基金一般项目"我国'一带一路'运输碳排放结构'锁定'难题及解锁策略研究"（项目批准号：22BJY186）、上海市人民政府决策咨询研究课题"基于陆域联通视角上海推进'一带一路'贸易畅通的思路和对策研究"（项目编号：2019-AZ-027）、中国博士后科学基金项目"丝路经济带核心区多式联运通道构建与路径选择研究"（项目编号：2016M591682）、中国博士后科学基金项目"中欧班列集拼网络优化与节点城市协调机制研究"（项目编号：2017M621489）、2015 年新疆生产建设兵团委托项目"新疆生产建设兵团第十二师'十三五'物流业发展规划"、2016 年徐州矿务集团有限公司委托项目"徐州华东综合物流新城战略规划"、2018 年甘肃省发展改革委委托项目"推进兰州国家级中欧班列集结中心建设"等资助。在研究过程中，对渝新欧、蓉欧快铁、郑新欧、苏满欧、义新欧、连新欧、"长安号"、"兰州号"、沪新欧、新疆西行国际班列等十余个中欧班列运营情况进行了实地调研，得到当地相关政府部门、陆港公司、中铁集装箱运输有限责任公司等大力支持，得到上海交通大学安泰经济与管理学院朱道立教授、同济大学经济与管理学院李垣教授、美国康奈尔大学高怀珠教授、德国杜伊斯堡埃森大学 Bernd Noche 教授、上海发展战略研究所李显波所长等诸多专家的支持和指导，在此一并感谢。

本书希望能够抛砖引玉，为中欧班列的科研工作者、运营管理者、政府管理部门以及所有对中欧班列感兴趣的读者提供参考，为中欧班列的高质量发展添砖加瓦。书中如有不妥之处，热忱欢迎读者批评指正并及时反馈给我们，以便我们及时更正，不断完善和推动中欧班列的理论和实践发展。

赵来军

2021 年 8 月 28 日

目　　录

第1章 中欧班列运行现状

中欧班列作为"一带一路"倡议的重要抓手和载体，取得了举世瞩目的成就，已成为"一带一路"建设的标志性成果。中欧班列的产生与发展既是顺应时代发展潮流的历史必然，也是中国对外贸易走出去主动作为的有益探索。本章首先从"一带一路"倡议提出的背景出发，系统、全面地介绍了中欧班列的产生与发展历程，其次分析了其三种主要运营模式，最后探讨了中欧班列运营中存在的主要问题，并提出了加快中欧班列发展的对策建议。

1.1 "一带一路"倡议的提出

2100 多年前，中国汉朝的张骞两次出使西域，开辟了一条横贯东西、连接欧亚的"丝绸之路"。从此以后，中欧之间的商贸往来就从长安出发，穿越大漠、陇山山脉、河西走廊，抵达新疆，沿绿洲和帕米尔高原通过中亚、西亚地区，最终抵达欧洲。这就是最初的"古代丝绸之路"，是一条连接东方与西方经济、政治、文化交流的主要通道。

2013 年 9 月，习近平在哈萨克斯坦纳扎尔巴耶夫大学作重要演讲，提出与沿线国家共同建设"丝绸之路经济带"。2013 年 10 月，习近平在出访东南亚国家期间，提出与沿线国家共建"21 世纪海上丝绸之路"的重大倡议。"丝绸之路经济带"和"21 世纪海上丝绸之路"合称为"一带一路"。"一带一路"倡议的提出不仅是"古代丝绸之路"的延续，更是新时期中西方交流沟通的新通道，对全球经济都产生了重大影响。《中国"一带一路"贸易投资发展报告 2021》显示，截至 2021 年 6 月，中国已经同 140 个国家和 32 个国际组织签署了 206 份共建"一带一路"合作文件，涵盖互联互通、投资、贸易、金融、科技、社会、人文、民生、海洋等领域。

随着"一带一路"倡议的推进，中欧班列得到快速发展，为中欧贸易提供了一条新的途径。中欧班列是由中国国家铁路集团有限公司（简称国铁集团）组织，按照固定车次、线路、班期和全程运行时刻开行，运行于中国与欧洲以及"一带一路"沿线国家间的集装箱等铁路国际联运列车[①]。中欧班列的开行契合国

---

① 《中欧班列建设发展规划（2016—2020 年）》。

家战略,中国既是"一带一路"倡议的受益者,也是积极践行者。自 2011 年"渝新欧"班列首次开行以来,中欧班列发展势头迅猛。目前,依托西伯利亚大陆桥和新亚欧大陆桥,已初步形成以"三大通道、四大口岸、五个方向"为特点的基本格局。"三大通道"分别是指中欧班列经过新疆出境的西通道以及通过内蒙古出境的中、东通道。西通道通过新疆阿拉山口和霍尔果斯口岸出境,经哈萨克斯坦、俄罗斯、乌克兰、白俄罗斯等国后进入波兰、德国等西欧国家;中通道由内蒙古二连浩特口岸出境,经蒙古国、俄罗斯、白俄罗斯、乌克兰等国进入西欧;东通道由内蒙古满洲里口岸出境,经俄罗斯、乌克兰、白俄罗斯等国进入西欧。"四大口岸"是指处于三大通道上的阿拉山口、霍尔果斯、二连浩特和满洲里四个口岸。"五个方向"是中欧班列主要终点所在的地区,主要包括欧盟、俄罗斯及部分中东欧、中亚、中东和东南亚国家。

2017 年 8 月,在中国—新加坡战略性互联互通示范项目框架下,渝桂黔陇四省区市签署了《关于合作共建中新互联互通项目南向通道的框架协议》,制定了《关于合作共建中新互联互通项目南向通道的协同办法》,建立共商、共建、共享"南向通道"工作机制。一条以重庆为运营中心,以广西、贵州、甘肃为关键节点,有机衔接"一带一路"国际陆海贸易的新通道就此打通。2019 年 8 月 2 日,国家发展改革委发布了关于印发《西部陆海新通道总体规划》的通知。《西部陆海新通道总体规划》从主通道、重要枢纽、核心覆盖区、辐射延展带 4 个维度,对西部陆海新通道建设进行了空间布局。"西部陆海新通道"将建设自重庆经贵阳、南宁至北部湾出海口(北部湾港、洋浦港),自重庆经怀化、柳州至北部湾出海口,以及自成都经泸州、百色至北部湾出海口三条通路,共同形成"西部陆海新通道"的主通道。着力打造国际性综合交通枢纽,充分发挥重庆位于"一带一路"和长江经济带交汇点的区位优势,建设通道物流和运营组织中心;发挥成都国家重要商贸物流中心作用,增强对通道发展的引领带动作用;建设广西北部湾国际门户港,发挥海南洋浦的区域国际集装箱枢纽港作用,提升通道出海口功能。围绕主通道完善西南地区综合交通运输网络,密切贵阳、南宁、昆明、遵义、柳州等西南地区重要节点城市和物流枢纽与主通道的联系,依托内陆开放型经济试验区、国家级新区、自由贸易试验区和重要口岸等,创新通道运行组织模式,提高通道整体效率和效益,有力支撑西南地区经济社会高质量发展。强化主通道与西北地区综合运输通道的衔接,连通兰州、西宁、乌鲁木齐、西安、银川等西北重要城市。结合西北地区禀赋和特点,充分发挥铁路长距离运输优势,协调优化运输组织,加强西部陆海新通道与丝绸之路经济带的衔接,提升通道对西北地区的辐射联动作用,有力促进西部地区开发、开放。同时,注重发挥西南地区传统出海口湛江港的作用,加强通道与长江经济带衔接。如今，西部陆海新通道合作范围已扩展至重庆、广西、贵州、甘肃、青海、新疆、云南、宁夏、陕西、四川、内蒙古、西藏等西部 12 省区市以及海南省和广东湛江市。

中欧班列历年运营数据如表 1-1 所示，2011 年中欧班列全年开行数量仅 17 列，截至 2020 年底，中欧班列开行城市 71 个，开行线路 73 条，累计开行数量 33 631 列，其中 2018 年开行 6363 列，提前两年超额完成《中欧班列建设发展规划（2016—2020 年）》确定的 2020 年开行 5000 列的规划目标。2014 年之前，中欧班列全部为从中国发往欧洲的去程班列，从 2014 年开始陆续开行回程班列，当年回程班列总共开行 28 列，此后维持较快的增长速度，2019 年回程班列已达 3700 列，占班列开行总量的 45%。尤其是 2020 年，受新冠肺炎疫情影响，国际海运受阻，中欧班列运力逆势上涨，开行量达到 12 406 列，再次创新纪录，中欧班列运送集装箱 92.7 万标箱，同比增长 54%，往返综合重箱率达到 98.3%，通达欧洲 21 个国家、92 个城市，运输通道作用更加凸显。2021 年上半年中欧班列开行量、货物发送量同比分别增长 43%、52%。

表 1-1 中欧班列历年运营情况（2011～2020 年）

项目	2011 年	2012 年	2013 年	2014 年	2015 年	2016 年	2017 年	2018 年	2019 年	2020 年
开行城市数/个	1	2	7	12	25	31	43	60	63	71
开行列数/列	17	42	80	308	815	1 702	3 673	6 363	8 225	12 406

2011 年以来，中欧班列开行列数和开行城市呈指数增长态势（图 1-1），对加快推进"一带一路"建设和加快形成以国内大循环为主体、国内国际双循环相互促进的新发展格局具有重要的战略意义。

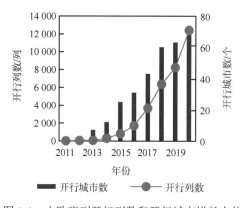

图 1-1 中欧班列开行列数和开行城市增长态势

1.2　中欧班列发展历程

1.2.1　引入期

2011 年 3 月至 2013 年 9 月是中欧班列发展的引入期，仅有重庆（2011 年 3 月）、武汉（2012 年 10 月）、成都（2013 年 4 月）、郑州（2013 年 7 月）、苏州（2013 年 9 月）等少量城市相继开行班列，主要以本地市场需求为导向，开行数量零散，开行时间和频率不稳定，市场规模较小。2011 年 3 月，"渝新欧"开通作为中欧班列始发的标志。2011 年重庆形成了"3+6+300"的笔记本电脑产业集群，当年的笔记本电脑产量就超过 2500 万台，主要销往国外，欧洲是其主要销售地区，占总量的一半左右。运输通畅且低成本的物流通道是重庆信息技术产业持续发展的内生要求，而运输瓶颈影响到地处中国西南地区的重庆的产业发展。当时，中国生产销往欧洲的电子产品，60%～70%通过海运，其余部分通过空运。在重庆生产的电脑需要首先通过公路、长江或空运到沿海城市，然后再走海运到达欧洲，整个运输时间需要 50 天左右，交货期长，到达欧洲之后，电子产品的市场价格已经大幅下降，企业迫切希望能够找到降低物流时间的解决办法。2011 年 3 月 19 日，"渝新欧"专列满载重庆制造的电子产品从重庆铁路西站出发，经阿拉山口出境，经过哈萨克斯坦、俄罗斯、白俄罗斯、波兰，最后到达目的地德国杜伊斯堡。该次运行专列经过 6 个国家，行驶 11 179 公里，耗时 16 天，节约了 2/3 的运输时间，实现了"渝新欧"国际铁路大通道的全线开行，也标志着中欧班列的正式开通。

1.2.2　高速发展期

2013 年 9 月至 2016 年 9 月是中欧班列的高速发展期。2013 年 9 月习近平访问哈萨克斯坦等中亚四国期间提出共同建设"丝绸之路经济带"，2013 年 10 月，习近平在印度尼西亚国会发表演讲时提出共同建设"21 世纪海上丝绸之路"。2015 年 3 月，国家发展改革委、外交部、商务部联合发布了《推动共建丝绸之路经济带和 21 世纪海上丝绸之路的愿景与行动》，标志着"一带一路"倡议进入全面实施阶段，并首次明确了中欧班列在打造丝绸之路经济带陆上国际货运大通道中的重要地位。"一带一路"倡议提出和全面实施大大提升了中欧班列的发展速度，广州（2013 年 10 月）、西安（2013 年 11 月）、合肥（2014 年 6 月）、沈阳（2014 年 8 月）、长沙（2014 年 10 月）、义乌（2014 年 11 月）、连云港（2015 年 2 月）、乌鲁木齐（2015 年 6 月）、兰州（2015 年 7 月）、营口（2016 年 8 月）等诸多城市相继开通中欧班列，中欧班列从原本的零散开行，逐步向稳定、常态化开行转变，逐渐形成了规模化的市场格局。但此时的中欧班列开行城市和路线缺乏顶层设计与规划，呈现出盲目无序的状态。各地为了抢占市场，造成了无序竞争的局面，产生了线路重复、空箱托运、满载率低等问题，导致整体运营成本不降反增。班列开行几乎完全依靠政府补贴，尽管大幅补贴使运营企业实现了暂时性盈利，但这种不符合市场规律的现象也被行业广为诟病。

1.2.3　高质量发展期

2016 年 10 月至今是中欧班列高质量发展阶段。为了规范中欧班列发展，2016 年 10 月，《中欧班列建设发展规划（2016—2020 年）》正式发布，这是中欧班列建设发展的首个顶层设计，全面布置了未来 5 年中欧班列建设发展目标和任务，并统一中欧班列名称为 CR Express。按照合理布局、畅通联运，统筹协调、区域联动，市场运作、政府引导，开放包容、共建共享的原则，《中欧班列建设发展规划（2016—2020 年）》[1]提出了七大任务，明确了中欧铁路运输通道、枢纽节点和运输线路的空间布局。利用干支结合、枢纽集散的铁路组织方式，将内陆的主要货源地、铁路枢纽、沿海重要港口、沿边陆路口岸等规划设立的成都、广州、上海等 43 个枢纽节点连接起来发展 43 条运行线，将为完善贸易通道、物流枢纽设施建设以及货源整合打下坚实的基础。到 2020 年，中欧班列年开行 5000 列左右，回程班列运量明显提高，国际邮件业务常态化发展，将基本形成布局合理、设施完善、运量稳定、便捷高效、安全畅通的中欧班列综合服务体系。

2017 年 5 月 14 日，习近平在"一带一路"国际合作高峰论坛开幕式上的演讲中指出，"中国同有关国家的铁路部门将签署深化中欧班列合作协议"[2]。中欧班列经多年市场培育，已经到了以市场化、集结化为目标提质增效、量质并重的关键阶段。在这一阶段，市场已初现规模，行业自律意识逐渐增强，达成高质量发展的共识。发展目标重点在于发挥市场的决定性作用，推动中欧班列的高质量发展，使其成为"一带一路"极富成效的载体。

2019 年 4 月 25 日至 27 日，第二届"一带一路"国际合作高峰论坛在北京举行。中国作为东道主对首届国际合作高峰论坛之后各国政府、地方、企业等达成的一系列合作共识、重要举措及务实成果进行了梳理和汇总，形成了第二届高峰

---

① https://www.ndrc.gov.cn/xxgk/zcfb/ghwb/201610/P020190905497847973697.pdf。

② http://news.cctv.com/2017/05/14/ARTItSXe69X0e7BXQbRkU5xq170514.shtml。

论坛成果清单。该成果清单中列出来多项与中欧班列相关的成果，包括中国国家发展改革委与欧盟委员会发布关于开展中欧基于铁路的综合运输通道研究联合声明，中国、白俄罗斯、德国、哈萨克斯坦、蒙古国、波兰、俄罗斯 7 国铁路签署《中欧班列运输联合工作组议事规则》，中国与俄罗斯开展国际铁路联运"一单制"金融结算融资规则试点，中国海关总署倡议实施"海关－铁路运营商推动中欧班列安全和快速通关伙伴合作计划"等。

2020 年，受新冠肺炎疫情影响，特别是由于国际海运、空运暂时停运，部分外贸企业通过海运、空运进出口产品转向通过中欧班列运输。中欧班列实行分段运输，不涉及人员检疫，在疫情防控形势下具有独特优势，成为保障中欧贸易往来、畅通国际合作防疫物资运输的重要物流通道。

《中欧班列建设发展规划（2016—2020 年）》、两届"一带一路"国际合作高峰论坛取得的重要成果以及新冠肺炎疫情期间中欧班列的高速发展，都极大地推动了中欧班列高质量发展。2020 年底，中国开行中欧班列的城市有 71 个，开行线路 73 条，通达欧洲 21 个国家、92 个城市。2020 年开行中欧班列数最多的前五大城市按顺序分别是西安、重庆、成都、义乌、郑州。

1.3　中欧班列运营模式分析

作为国际物流贸易的新通道，中欧班列这种新的运输方式运行时间短、安全稳定、绿色环保，缩短了中国与欧洲国家之间的运输时间，对中欧贸易发展起到了极大的推动作用。尤其是在 2020 年新冠肺炎疫情期间，海运和空运由于疫情防控要求几乎陷入停运状态，而中欧班列则成为疫情期间唯一稳定的国际货运通道，为维护国际产业链、供应链安全稳定提供了有力支撑。随着疫情的反复和防控的常态化，中欧班列将在"一带一路"贸易畅通中发挥更加关键而重要的作用。

经过十余年的运行，中欧班列运营模式逐渐清晰。权责明确的运营模式是中欧班列稳定发展的基础。目前中欧班列运营主要由地方线路平台公司负责。地方线路平台公司由开行中欧班列的省份或城市专门设立，如"渝新欧"线路的渝新欧（重庆）物流有限公司、"郑新欧"线路的郑州国际陆港开发建设有限公司等。这些线路平台公司大多是国企，也有少量的民营企业和合资企业。线路平台公司与国内外的承运方签订承运协议后开展运输。境内的铁路承运方是国铁集团，而境外的铁路承运方则是主要过境国的大铁路公司，如俄铁、哈铁、德铁等。

以国内货物通过中欧班列运往国外为例，其流程一般是：境内货运委托人与国内铁路承运代理方签订货物运输协议，国内铁路承运方再与境内外铁路运输承运方签署协议，由它们分别负责境内段和境外段的实际运输业务，并最终将货物交付给境外收货方。整个中欧班列运输组织结构如图 1-2 所示。中欧班列的组织结构是以班列运营公司为中心，自下而上的。班列运营公司是中欧班列的运营平台，地方政府主导或者支持该平台的成立，货运代理承揽来自全国各地的货源，平台还需要跟中铁集装箱运输有限责任公司（简称中铁集装箱公司）等主体对接，最终将货物运至境外收货方。对于回程的班列，组织结构也与此类似。当然，最终班列的规划是由国铁集团统筹设计的。但是，目前各地方政府间的竞争尤为激烈。

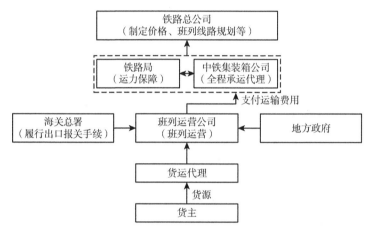

图 1-2 中欧班列运输组织结构

中欧班列运营公司的主要组织模式如表 1-2 所示，中铁国际多式联运有限公司（简称中铁多联）是中铁集装箱公司的全资子公司，所以，中欧班列的全程承运商仍是中铁集装箱公司。中欧班列运营公司的属性可大致分为三种：①在地方政府支持下成立的地方国有运营企业；②由中铁多联作为运营的平台企业，同时，地方政府共同主导运营，比较有代表性的案例是西安的"长安号"，它是由中铁集装箱公司西安分公司、西安国际陆港投资发展集团有限公司和西安陆港大陆桥国际物流有限公司组成的联合体共同运营的；③民营主导的班列运营公司，具有代表性的是义新欧，是由义乌市天盟实业投资有限公司（简称义乌天盟）运营的。班列运营公司的资产规模主要分为轻资产运营和重资产运营两种。采用轻资产运营的公司，业务范围相对集中，一般配备有自己的场站设施及载运装备；采用重资产运营的公司，业务领域较宽泛，部分环节可以自己提供服务，如提供货代、运输、仓储、包装、集装箱租赁、跨境商贸等服务。由于中欧班列涉及跨境运输，根据境内段和境外段的组织方的不同，其铁路代理及组织方式分为四种："全程自主""境内委托+境外自主""境内自主+境外委托""全程委托"。其中，"全程自主"运营模式常见于刚起步的中欧/中亚地方运营企业；"境内委托+境外自主"运营模式常见于大型重资产平台公司，其运营的班列线路经常采用这种模式；"境内自主+境外委托"常见于针对大型货主提供的定制化专列服务；而"全程委托"运营模式则常见于货量较小的平台企业。

表 1-2　中欧班列运营公司组织模式

分类阐述	所采用的模式	主要含义	典型案例
运营公司属性及背景	地方国企主导	地方政府支持下的地方运营企业	郑新欧班列、蓉欧快铁班列
	铁路与地方政府联合主导	铁路系统内部构建的运营企业	中铁多联
	民营主导	民营企业自负盈亏	义乌天盟
运营公司资产规模	轻资产运营	资产及业务规模较小	安徽新亚欧
	重资产运营	资产及业务规模较大	郑州国际陆港
铁路代理及组织方式	全程自主	境内外均分段合作	渝新欧早期的实践模式
	境内委托+境外自主	境内委托中铁多联，境外分段合作	郑欧部分线路
	境内自主+境外委托	境内与地方铁路局合作，境外委托德铁/俄铁等	蓉欧快铁部分线路、"长安号"
	全程委托	均委托中铁多联	义新欧部分线路

目前，中欧班列主要向货运市场提供四种类型的班列，即主要服务于：①常态化开行的"公共班列"；②大型制造企业出口产品的"定制班列"；③货物随到随走的"散发班列"；④为小微企业服务的拼箱业务。从运营模式来看，其主要包括直达运营模式、集拼运营模式和联盟运营模式三种。

1.3.1　班列直达运营模式

直达运营模式是目前中欧班列绝大多数线路的主要运营模式，即货运委托人交给中欧班列承运方后，由中欧班列从始发站直接开往终点站，中间不做任何停留，从而形成点对点（point to point）的中欧班列网络，如图 1-3 所示。

直达模式下的中欧班列运营过程涉及的利益相关方主要有：中欧班列运营公司、中铁集装箱公司、国内地方铁路局、国外铁路运输公司、货代公司等。而地方政府在中欧班列运营公司和国内地方铁路局的协调中，发挥了不可或缺的作用。在运营过程中，中欧班列运营公司充当了平台的作用，它由开通中欧班列的省份或者城市专门成立，同时它也是运输全程的运营商；中铁集装箱公司作为各中欧班列的代理承运商，承担了集装箱租赁、代理等职能；各运输段的承运主要由中铁集装箱公司委托给相应路段的地方铁路局和国外铁路运输公司执行，最终将货物交付给境外收货方。近年来，为了推进中欧班列运营一体化，国铁集团也尝试在境外与国外铁路运输公司成立合资铁路运输公司，参与到中欧班列境外段的运营中。

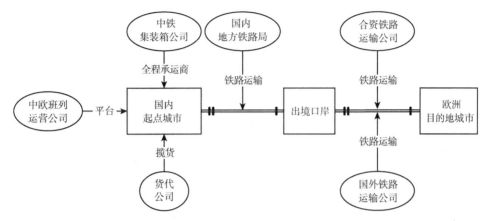

图 1-3　中欧班列直达模式运营过程

直达运营模式能成为目前中欧班列的主流运营模式，其具有明显的特点和优势。

第一，时效性强。由于直达运营班列从起点出发直接到达终点，不准中途解编、不准变更到站、需要严格按图行车，因此能够很好地保障运输期限。从中国到欧洲的直达班列行驶时间大约为 12～15 天，仅为海运时间的 1/3 左右。

第二，手续便利。托运人可在直达班列始发站点一个窗口，一次性办好手续，并且在运输过程中不收取其他费用，透明度高。

第三，符合地方政府利益。直达运营班列大多服务于地方经济，为当地进出口提供畅通的物流通道。

同时，直达运营模式也存在一些问题。

第一，满载率低。由于直达运营模式的主要货源为班列始发地的当地货源，而目前开通班列的大多数城市当地货源并不足以支持班列的常态化高频开行，从而导致满载率低。此外，回程空载的问题更为严重，由于中欧之间长期的贸易不平衡，从欧洲返程运往中国的货物远小于去程货物数量，大量的班列不得不空箱返回。随着近年来中欧班列高质量发展要求，其综合重箱率已经超过 90%，这一问题逐步得到缓解。

第二，开行不稳定。由于货源不足，大多数班列为了降低运行成本，往往会达到一定的满载率水平才开行班列，导致班列的开行很不稳定，因此，受到市场需求影响较大。这也导致大多数直达运营的中欧班列都不是"五定"（定装车地点、定固定运行线、定车次、定固定到发时间、定运输价格）班列。

第三，地方政府竞争严重。地方政府为了保障当地中欧班列的开行，纷纷出台补贴政策争抢货源。恶性竞争令绝大多数班列运营公司对政府补贴高度依赖，导致"有补贴兴、无补贴亡"的局面。

1.3.2　班列集拼运营模式

为了解决中欧班列各地争抢货源严重的问题，财政部从 2018 年开始，要求地方政府降低中欧班列补贴标准：以全程运费为基准，2018 年补贴不超过运费的 50%，2019 年补贴不超过 40%，2020 年不超过 30%。在补贴逐渐退坡的情况下，各地中欧班列开始尝试新的运营模式，通过货物集拼运输来降低运行成本，提高运行效率。

中欧班列集拼运营模式是指货物委托人将货物交由中欧班列承运方后，承运方将货物从始发站运至集拼中心，由集拼中心对货物进行掏箱、拼箱等统一处理，将同一终点货物进行集拼后开行集拼班列，直接开往终点站。集拼运营模式是一种轴辐式（hub and spoke）运行网络模式，如图 1-4 所示。

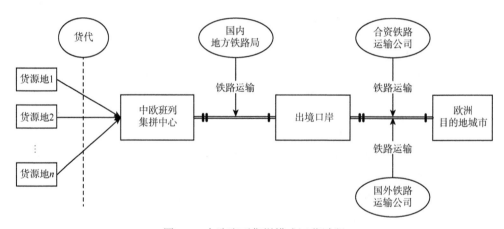

图 1-4　中欧班列集拼模式运营过程

可以看到，在集拼模式下，中欧班列的起点将不再是货源地城市或者现行已开通中欧班列的城市，而是确定的集拼中心城市。首先，货物从货源地运至集拼中心，当集拼到一定数量的货物之后，通过中欧班列将货物运至目的地城市。由于目前中欧班列集拼模式的实践尚不充分，因此，中铁集装箱公司和中欧班列运营公司的作用还需要进一步验证。但是，中欧班列运营公司作为全程运营商的地位应该是不可动摇的。货代也仍将发挥货主与承运人的中间人的作用，货代如何为集拼中心揽货，同时更好地服务货主将变得更加重要。其实，"集拼"在物流运营中是很常见的一种行为，物流运输网络中的物流中心或配送中心都承担了一部分集拼的功能。图 1-5 和图 1-6 分别呈现了中欧班列直达和集拼的开行模式。

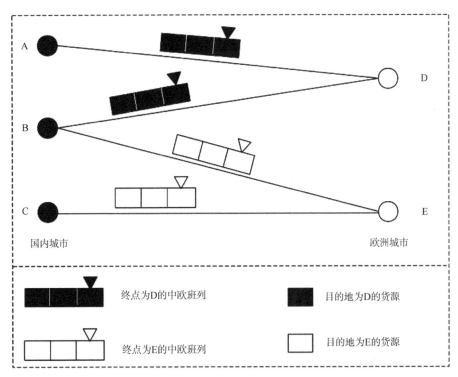

图 1-5 中欧班列直达开行模式示意图

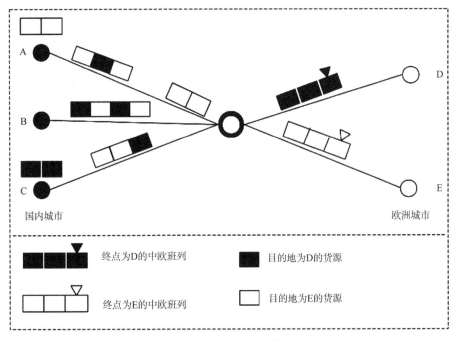

图 1-6 中欧班列集拼开行模式示意图

图 1-5 和图 1-6 中，对应颜色的货物将发往相应颜色的欧洲目的地城市。可以看到，直达模式的班列由于是从货物起始地直接将货物发往欧洲目的地城市，在运营组织方面更便捷、高效，但随着班列线路的增加，存在线路重复的问题，货源不足，直达模式需要等待更长的时间进行货物集结，或者承担较高的运行成本，开行满载率较低的班列。相比于直达模式，集拼模式能够缩短货物集结等待时间，在一定程度上提升班列的满载率。这是因为，直达模式的中欧班列，要么为了缩短货物集结等待时间，而降低班列满载率；要么为了提高班列满载率，而花费较长时间等待货物集结。集拼模式相当于对现有的中欧班列线路进行整合，一方面，能够提升中欧班列的开行效率和服务水平；另一方面，也可以缓解中欧班列不同运营主体之间的恶性竞争。

由于集拼运营模式能够较好地克服直达运营模式的缺点，减少无序竞争，有利于形成稳定开行的"五定"班列，因此是目前中欧班列大力倡导的一种运营模式。2020 年 4 月，国家发展改革委下发通知，拟支持部分中欧班列枢纽节点开展中欧班列集结中心示范工程建设，促进班列开行由"点对点"向"枢纽对枢纽"转变。其中要求拟申建城市需符合以下条件：一是区位条件优越，是《中欧班列建设发展规划（2016—2020 年）》①明确的枢纽节点和《国家物流枢纽布局和建设规划》②明确的国家物流枢纽承载城市；二是设施基础良好，拥有铁路集装箱中心站或铁路编组站，具备多式联运海关监管和一类铁路口岸功能；三是经济承载力较强，所在城市 GDP 大于 6000 亿元，所在省进出口额大于 3000 亿元；四是运营规范质量好，已实现常态化开行，境外运作相对成熟，已开展班列集结、集拼集运、运贸一体化等业务。2020 年 7 月，国家发展改革委下达中央预算内投资 2 亿元，支持郑州、重庆、成都、西安、乌鲁木齐等 5 个中欧班列枢纽节点城市开展中欧班列集结中心示范工程建设。

1.3.3　班列联盟运营模式

随着中欧班列集拼模式的深入实施，部分在地缘、经济交往等多方面具有密切联系的中欧班列开行城市结成中欧班列联盟，通过统一品牌、整合数据等方法对市场资源进行深度整合，进一步提升中欧班列的规模效益，降低运营成本，提高运营效率。

2020 年 8 月 31 日，中欧班列运营公司"大家庭"迎来新成员——江苏省国际货运班列有限公司。为推进新时代江苏"一带一路"交汇点建设，有力促进货

---

① https://www.ndrc.gov.cn/xxgk/zcfb/ghwb/201610/P020190905497847973697.pdf。

② http://www.gov.cn/xinwen/2018-12/25/5351874/files/bb2d9ae102bd47a58b56e9bfb09499a8.pdf。

运班列提质增效，通过整合南京、徐州、苏州、连云港 4 市有关班列公司资产，并引入央企资本，组建江苏省国际货运班列有限公司，这是全国第一个通过统筹中欧班列开行形成的中欧班列联盟。江苏省国际货运班列有限公司作为一家多元投资主体的国有全资公司，被纳入到江苏省海外企业集团有限公司管控体系，接受江苏省交通运输厅行业管理和业务指导。

2020 年 11 月 18 日，由义乌、重庆、郑州、西安等全国 11 个中欧班列运营平台共同组货的 X8020 次"跨境电商欧洲专列"在义乌西站启程，奔赴比利时第三大城市列日，这是全国开行的首列多省跨区域合作中欧班列，也标志着中欧班列运营向高质量发展迈出了关键一步。

2021 年第一天，成渝两地的中欧班列携手冠以"成渝号"新名字，这意味着中欧班列的两个领头羊"渝新欧"和"蓉欧快铁"结成了中欧班列联盟，开启合作新篇章。目前，两地正在计划重新布局班列运行图，对车次进行整合，推动"集并运输"，探索线路共享、舱位共享、数据共享等协作新机制。

总的来看，中欧班列联盟运营模式目前还仅现雏形，仍然有许多问题需要在发展中解决，但融合发展的联盟模式已经成为中欧班列高质量发展的一个重要趋势。

1.4　中欧班列运营存在的主要问题

尽管目前中欧班列发展迅猛，但其并不是中欧之间主要的货物运输方式，其运输规模与海运相差甚远，无法相提并论。目前中欧班列货运总值仅为中欧贸易总额的 5%左右，其发展中还存在许多问题。目前国内外研究成果均指出中欧班列面临货源不足、回程班列少、去回程不均衡、价格竞争激烈等问题。此外，中欧之间的贸易不平衡、货物运量不稳定、运输频率低、货运信息缺乏、其他运输模式竞争激烈等也是中欧班列面临的难题。从根源上来看，上述问题可以归因于目标市场定位不清、利益相关主体协调机制不足、去回程货源不均衡、国内外基础设施不完善和标准不统一等问题。

1.4.1　目标市场定位不清

在中欧班列运营中没有进行市场细分并明确目标市场。与海运、空运和公路运输相比较而言，中欧班列有其突出的优势和不足，应该据此选择适当的服务对象。与海运相比，中欧班列速度更快，从中国通过海运将货物运输到欧洲需要 40 天以上，而通过中欧班列只需 10～15 天，但一趟中欧班列货运量较一艘货轮的运量要小很多，价格也相对较高。与空运相比而言，中欧班列则呈现出规模大、价格低的优势，但物流时间则明显长很多。因此，在通常情况下附加值低、规模大、时间价值低的商品会选择海运方式；附加值高、规模小、时间价值高的商品会选择空运。中欧班列所服务的细分市场应该是具有较高附加值、较高时间价值，且具有一定运输规模的商品。而在新冠肺炎疫情肆虐的情况下，由于中欧班列在不同国家内采用分段运输的方式，不需进行人员的直接接触，能比较有效地避免交叉感染等问题，非常符合疫情防控的要求。因此，在新冠肺炎疫情防控常态化的情况下，中欧班列的市场情况发生了很大变化，其市场定位和服务定位应适当进行调整，以期获得快速发展。

中欧班列绝大多数线路在过去多年运营中并未根据产品特征明确细分市场，反而为了维持和增加开行数量不加选择地运输各种货物，包括许多附加值较低的服装鞋帽、小商品等，这也直接导致了不同中欧班列线路之间依靠价格竞争来争抢货源，大大制约了中欧班列的可持续发展。

此外，中欧班列还被许多地方政府视为重要的政治筹码，部分地方政府认为，在中欧班列开行上赢得先机可以为当地争取到更多的国家层面政策支持甚至倾斜，从而支持当地经济发展。在一些开通中欧班列的城市看来，谁在丝绸之路经济带规划成熟前抢占战略地位，谁就可能在规划中成为节点性城市，享受政策扶持，继而为本省产业升级和对外贸易谋取利益。也就是说，谁成为中欧货运的集散中心，谁就能掌握未来"新丝路"的商业脉搏[①]。这种狭隘的地方主义做法，导致部分中欧班列线路定位脱离了其基本特征和需求，成为制约中欧班列可持续发展的重要障碍。

1.4.2　利益相关主体协调机制不足

由于中欧班列开行涉及中央政府和地方政府的关系、政企关系、中国与"一带一路"沿线国家之间的关系等不同层次的复杂关系，所以不同利益主体之间关系的协调成为中欧班列发展和完善的重要基础。而在实际运作中，各级政府、线路平台公司、境内承运公司等主体之间的矛盾是制约中欧班列提升和发展的重要因素。地方政府和线路平台公司主要从地方利益的角度出发希望主导线路运营，并在线路间的竞争中取得先机；国铁集团主要从铁路业务管理角度出发，希望能够统一管理班列业务；中央政府则倾向于从全局层面出发进行整体规划，引导中欧班列健康发展，提升班列的运营质量。各主体对中欧班列定位、作用、价值的具体看法以及政策倾向的显著差异导致现有协调机制难以完全克服。

---

① http://www.yw.gov.cn/art/2016/8/8/art_1229138050_50770864.html。

在中欧班列发展早期，国铁集团与地方线路平台公司之间、各线路平台公司之间、境内外运输公司之间以及班列的不同主管部门之间协调很少，价格与货源竞争协调较弱，导致货源、运价等方面的竞争无法得到有效的规范。2017 年中欧班列国内运输协调委员会、中欧班列运输协调委员会、中欧班列专题协调机制等相关机制相继建立后，此前存在的缺乏协调问题得到一定程度的缓解，但仍未彻底解决。例如，国铁集团在统一中欧班列品牌名称为"CR Express"后，对班列事务的影响力在增大，但是国铁集团既没有强烈的管理意愿，也无法像地方政府那样给予班列运营提供资源扶持。尤其是，中欧班列的运营组织主要依赖线路平台公司，而线路平台公司和地方政府的意愿与政策就成为中欧班列运营的主要决定因素。中央政府层面建立的机制尚未形成常态化的工作安排，也无法对地方政府和班列运营情况进行实时追踪，因此，现有协调机制更多依靠倡议性引导而非规范性制度来发挥作用，很难在多方博弈冲突的情况下发挥显著作用。

1.4.3　去回程货源不均衡

中欧班列回程货源不足、去回程货源不均衡是长期困扰中欧班列高质量发展的问题。尽管近年来国铁集团和各中欧班列开行城市陆续出台了各项政策鼓励回程班列发展，回程班列的开行情况较前几年有了明显的发展，但从整体上来看，回程班列货源组织仍然面临较大困难，目前仅重庆、郑州、西安等往返于中国与德国、波兰之间的线路初步形成了班列点对点常态化开行，而其他大部分班列线路仍然处于只去不回、去多回少的状态。导致中欧班列去回程货源不均衡的原因很多，其中最主要的是受限于中欧间的双边贸易结构。长期以来，中国对欧洲贸易呈现较大顺差态势，2020 年中国对欧盟贸易顺差达到 2173 亿欧元，同比增长13.5%。贸易顺差导致中欧班列去程货物远大于回程货物，进而产生去回程货源不均衡问题。新冠肺炎疫情导致欧洲部分企业供应链中断、产业链停工，回程货源更为缺乏。为了增加回程班列货源，不少班列运营方以附加值极低的商品如俄罗斯木材为主要货源开行回程班列。

去程和回程开行数量的极大不平衡，给中欧班列运营带来很大困难。如去程的集装箱无法装载货物运回，如果空箱运回，运输成本太高，如果在当地降价处理掉，经济损失很大。因此，去回程班列的失衡严重影响着中欧班列运行成本。

1.4.4　国内外基础设施不完善和标准不统一

目前，中欧班列沿线国家尤其是"丝绸之路经济带"沿线的哈萨克斯坦、乌兹别克斯坦等中亚国家都不同程度地存在物流基础设施落后的问题。基础设施落后以及配套能力不足对中欧班列发展的制约日趋明显。一方面，与我国主要边境口岸阿拉山口、霍尔果斯、满洲里、二连浩特等对应的哈萨克斯坦、俄罗斯、蒙古国边境口岸换装、仓储能力不足，从而导致每天相应的接车数受限，大量的出境班列只能停留在国内不同路段和出境口岸，尤其是在各出境口岸处，常常形成大量班列拥堵；另一方面，中欧班列沿线国家的铁路轨距不一致，我国是标准轨（宽度 1435 毫米），与我国相邻的蒙古国、俄罗斯、哈萨克斯坦是宽轨（宽度 1520 毫米），而欧洲大部分国家是标准轨（宽度 1435 毫米）。这导致大部分中欧班列全程运行至少要两次转轨换装，而国外有些换装车站基础设施不完善、仓储能力低、车板资源短缺等大幅降低了换装效率，导致境外运输拥堵，有时不得不等待数日至数周。尤其是目前中欧班列东、中、西三条主要线路都会经过波兰华沙进入欧洲，导致波兰口岸线路拥堵情况严重。这些都大大降低了中欧班列的运行时效。

同时，国内中西部地区的班列始发站点基础设施也有待改善，如部分班列口岸功能相对较弱，信息化水平较低，技术和管理能力相对滞后，这都不同程度地影响了中欧班列的市场竞争力。

1.5　加快中欧班列高质量发展的主要对策

中欧班列作为我国"一带一路"倡议的示范项目和重要抓手，在我国和沿线国家都受到极大重视。《中欧班列建设发展规划（2016—2020 年）》已经对中欧班列中短期具体工作做出了明确设计，对中欧班列短期内的发展环境、总体要求、空间布局、重点任务、保障措施等做了纲领性阐述，其核心是立足于中欧班列长期健康、高质量发展，推动"一带一路"倡议的有效实施。中欧班列的发展也需要进一步从更长期的范畴确定其发展重心。通过发挥国家和政府的引导、协调作用，完善中欧班列管理体制和机制，推动中欧班列市场化运行，提升其核心竞争力，营造有利于中欧班列高质量发展的内外部环境。

1.5.1　理顺市场与政府关系

中欧班列发展过程中，普遍存在中央与地方政府、政府与市场、国内与国外等多重主体和关系的矛盾。不同主体在处理中欧班列相关问题时所考虑的基本利益出发点存在着明显的差异。在不同时段和不同区位上支持中欧班列发展的主体思路和遵循逻辑往往不具备普适性。尤其是，理顺政府与市场的关系对于中欧班列未来高质量发展具有关键作用。在过去的 10 多年中，地方政府凭借其资源整合能力成为中欧班列发展的主导力量。然而，随着中欧班列的高速扩张，现有对中欧班列所做出的顶层设计以及中欧班列现实运营中所遇到的问题都表明政府难以长期主导中欧班列的发展。从发展趋势来看，真正具备竞争力的中欧班列应该遵循"市场主导，政府引导"的基本原则，充分发挥市场机制对资源配置的基础性功能和决定性作用，同时发挥政府的协调、引导等服务功能是中欧班列在未来高质量发展的关键。

1.5.2　优化中欧班列运营网络

目前中欧班列已经覆盖了我国绝大多数省份，线路重合的问题十分突出，需要根据线路开行情况优化整个中欧班列网络结构和总体布局。中欧班列线路优化涉及国内和国外线路两部分，应遵循"集拼开行，线路优化"的总体思路和原则。在国内，应基于中欧班列整体网络和市场分布，围绕不同区域的交通物流枢纽打造若干集拼中心，非集拼中心节点上的中欧班列线路应与集拼中心上的班列合作运营，形成"去程集拼，回程分拨"的中欧班列集拼网络。对于存在明显竞争甚至是恶性竞争的相邻线路，可以考虑直接进行合并。在国外，运行线路较为突出的问题是目前中欧班列东、中、西主要线路都会经过波兰华沙进入欧洲，导致波兰口岸线路拥堵情况严重，并且运价较高。针对这个问题，应该考虑通道路线的多元化布局来提升中欧班列运营质量，通过开通和发展波罗的海沿岸国家的海铁联运业务，开发通过斯洛伐克、匈牙利、罗马尼亚等国家的欧洲中南部通道，形成在欧洲境内的北、中、南三通道布局，降低对波兰路线的过度依赖。此外，根据欧洲货运铁路、公路及水路网络条件建设境外回程班列集拼中心，也是中欧班列优化线路的重要内容。另外，在线路优化过程中，需要充分考虑到跨国多式联运等新的运输模式，发挥不同运输方式的优势，形成产品、要素高效流通的国际运输通道。

1.5.3　强化不同层面利益主体协调机制

协调机制的完善主要包括两个方面。第一，建立和完善协调机制结构。需要建立推进"一带一路"建设工作领导小组办公室框架内的中欧班列专题协调机制，建立和补充国内、国际等不同层次协调机制的工作制度和规范，同时，要建立应对疫情、贸易冲突等突发问题的中欧班列应急管理机制，为更好地解决中欧班列运行问题提供保障。由此形成多层次、规范化、完整的中欧班列协调机制。第二，建立中欧班列协调执行机制。中欧班列协调执行机制是为了解决在中欧班列协调机制发挥作用过程中出现的各地方政府之间、地方政府和中央政府之间、地方平台公司和国铁集团之间的矛盾，以保障协调机制能顺利实施。具体实施中，需要引导地方政府将关注焦点聚集在中欧班列的物流运输基本职能上，推动班列的地方平台公司根据当地产业、区位等特征选择恰当的细分目标市场，促使国铁集团从"一带一路"全局发展而不仅仅是利润的角度出发考虑中欧班列运输。协调机制的重点应该是将中欧班列从单纯追求开行数量、规模扩张的思路，转向根据产品特征、运输成本、时间价值等要素选择合适的细分市场，提升中欧班列发展质量。

1.5.4　加强国内外合作

"一带一路"倡议的重要价值之一就是形成互利互惠的地区合作关系。"丝绸之路经济带"沿线国家能够从长距离的陆域跨境运输中获益是中欧班列能够持续健康发展的基础。中欧班列不仅需要促进沿线国家与中欧的贸易及合作，也需要促进沿线国家之间的合作。通过服务于沿线国家的交通运输、贸易、投资合作，并改善当地的基础设施条件，中欧班列能够推动"一带一路"沿线国家的合作，尤其是为受制于地理位置约束难以便利使用海运的亚欧大陆腹地国家开展广泛的地区合作提供了有力的支持。

中欧班列的发展是"一带一路"基础设施联通的重要内容，在改善沿线国家基础设施条件的同时也解决了中欧班列发展所面临的基础设施瓶颈问题。从中长期来看，中国可借助丝路基金、亚洲基础设施投资银行、国内外资本市场力量来参与中欧班列沿线国家的铁路线路改造、口岸功能完善以及各硬件基础设施建设等。在解决中欧班列铁路基础设施瓶颈问题的同时，也改善当地的交通基础设施状况，推动当地产业、经济、社会发展，实现中欧班列参与国多方共赢的局面。当前，中国亟须推进波兰、哈萨克斯坦、俄罗斯、白俄罗斯、乌克兰、斯洛伐克等沿线国家边境口岸基础设施改进，作为促进中欧班列短期发展的优先目标，特别是换装设备的改良和增补、堆场仓库的扩建、改建，以及境外集拼中心的选择与建设等，都能比较有效地缓解当前中欧班列面临的境外物流通道瓶颈问题，提高中欧班列运行效率。

总之，中欧班列经过十余年的发展已经形成相对稳定的格局，当前已进入到以优化升级为主的深入整合阶段，其关键目标是明晰发展模式，解决迫切问题，推动中欧班列走上可持续发展道路。相较于从技术层面解决具体问题，理顺中欧班列发展的管理体制和机制问题具有更深远影响。未来，中欧班列进一步高质量发展主要取决于能否对沿线国家的经济发展发挥更加充分的带动作用。

1.6　本 章 小 结

中欧班列作为"一带一路"倡议的重要抓手和"一带一路"建设的标志性成果，发展迅速，成果显著。本章通过对中欧班列发展现状分析，得出以下结论。

（1）中欧班列发展历程可归纳为引入期、高速发展期和高质量发展期三个主要阶段，每个阶段各有显著特点，目前正处于高质量发展阶段。

（2）中欧班列的运营模式可归纳为班列直达、班列集拼和班列联盟三种运营模式，其中班列直达是目前的主要运营模式，班列集拼是国家倡导和很多班列始发城市努力追求的运营模式，班列联盟运营目前刚刚起步。

（3）中欧班列运营中主要存在目标市场定位不清、利益相关主体协调机制不足、去回程货源不均衡、国内外基础设施不完善和标准不统一等主要问题。

（4）本章提出了加快中欧班列高质量发展的主要对策，包括：理顺市场与政府在中欧班列发展上的关系、优化中欧班列运营网络、强化不同层面利益主体协调机制、加强国内各班列始发城市合作以及加强我国与"一带一路"沿线国家的合作。

第 2 章　国内外研究现状

自 2011 年开始，中欧班列历经引入期、高速发展期，到目前的高质量发展期，增长势头依然迅猛，但在其发展过程中，也暴露出很多亟待解决的问题，引起国内外学者、政府管理部门和运营企业的高度关注。建设中欧班列集拼中心、优化班列运营网络是解决目前中欧班列运营问题的关键，涉及公路、铁路、水运等多式联运的集拼选址、路径优化等诸多问题。本章从中欧班列发展与运营、多式联运规划、物流集拼选址与优化三个方面对国内外研究进展展开综述。

2.1　中欧班列发展与运营相关研究

中欧班列随着"一带一路"倡议的提出和实施而逐渐繁荣。目前中欧班列相关的研究文献包含大量宏观经济与政策的定性研究。这些研究大体上可以分为两类。第一类是从宏观上探讨中欧班列发展整体情况和问题。例如，Islam 等（2013）运用文献和调研的质性研究方法分析了三条中欧铁路通道存在的主要障碍，包括不可靠的运输时间、高昂的运输成本，以及货物损坏和被盗，此外运输标准不统一、不同的信号和能源系统以及非自动化的信息系统等技术障碍也会影响到中欧铁路的运输效率。Rodemann 和 Templar（2014）指出以铁路运输为主的多式联运，比海运速度快，比空运成本低，有助于中欧之间高附加值产品的运输往来。王杨堃（2015）分析了中欧班列发展的现状、问题，并给出了建议。He（2016）定性梳理了影响"丝绸之路经济带"铁路畅通的关键因素，并提出了相应的对策建议。Besharati 等（2017）提出中欧班列持续发展的路径，包括降低成本、路线优化、贸易均衡等措施。该类研究多以描述性分析为主，从中欧班列的整体发展情况进行探讨，并提出相应的对策。张俊勇（2018）在对中欧班列发展的回顾中，基于对班列运行情况的分析，总结了班列在发展中获得的成就以及面临的货源竞争激烈、去回程货源分布不均衡等各种挑战。第二类是针对中欧班列运营问题开展研究。秦欢欢等（2016）利用货物价值特性分析理论对生鲜类产品、信息产业产品、大型家电产品三种附加值较高的资本密集型产品进行分析，确定中欧班列潜在货源目标。Du 和 Shi（2017）针对中欧班列无序补贴问题，运用动态博弈模型分析了中欧班列中的最优政府补贴。

　　针对中欧班列中出现的问题，有学者提出了集拼集运的观点。在现代铁路物流实践中，利用集拼来提升铁路货运效率的研究不断丰富。陈磊和刘凯（2000）认为铁路资源优势明显，随着铁路改革和铁路网络的优化发展，集拼业务及模式的应用值得期待。陈承治（2001）提出集货拼箱的概念，即将托运客户无法凑成一标准集装箱的散货在运输中与其他客户的货物合并运输。邓常明（2006）在调研分析后发现铁路在和公路竞争集装箱拼箱的货源时，其具备适合长距离运输、安全低价、性价比高等优势，但是存在短途运输不如公路灵活、运力紧张、手续烦琐等问题。廖树梁（2010）在现有铁路集装箱办理业务流程存在缺陷的基础上，提出了基于一体化组织理念的铁路集装箱作业流程，使其运输适应货物运输集装化。李敏（2012）认为铁路集装箱运输的高效、经济、环保等优势令其在现代货运体系中拥有重要的地位和良好的发展前景，并提出了铁路集装箱中心站作业流程以及信息系统优化与完善的建议。刘浩（2012）以运输成本为要素构建了铁路集装箱空箱调运优化模型，对铁路集装箱组织模式进行了优化与完善。李金龙和张红亮（2013）针对我国铁路集装箱运输的发展现状和存在的问题，从运力、运价体系、市场营销及多式联运领域提出了具体的发展对策。

　　中欧班列作为一种长距离、跨国运输的铁路物流方式，集拼运输具有较好的可操作性。叶燕程等（2014）建立了包括铁路公司、货运代理和托运人的博弈模型，并以渝新欧、郑新欧、蓉欧等线路为例，分析了该加固方案的可行性。董千里等（2016）分析了中欧班列中转枢纽需要具备的基本条件，包括具有充足的国际商贸经济腹地、在国际物流主通道上的重要枢纽、陆港作业设施能力和条件十分优越、实行自由港区政策，并进一步分析了西安国际陆港作为中欧班列中转枢纽的可行性，即能够降低运行成本，缩短运行时间。Zhao 等（2018）通过构建中欧班列运行的铁路、公路和高速公路交通网络，选取了多个网络中心性指标，使用 TOPSIS（technique for order preference by similarity to an ideal solution）方法对中欧班列集拼中心各备选节点城市进行综合评价，最后使用混合整数规划的方法确定集拼中心选址和集拼路径。Li 等（2018）探讨了利用中欧班列进行粮食回程分拨的问题，在定性分析的基础上，选取 23 个进口粮食配送节点，运用复杂网络理论对各节点在货运铁路、公路、水路网络中的重要性进行评估，利用改进的熵权 TOPSIS 法，选取 6 个城市作为最终的进口粮食集散地。Wang 等（2018）运用轴辐式组织模式识别了不同边境口岸的经济腹地，并确定了哈尔滨、郑州、兰州等多个交通枢纽。Sun 等（2019）使用聚类分析和对应分析方法，对中欧班列集拼中心进行选址，天津、广州、重庆等十个城市被选为集拼中心。Zhao 等（2019）指出中欧班列是一个动态演化的无标度网络，通过设计网络演化规则形成各年度中欧班列集拼网络，并使用遗传算法求解最优集拼中心。Zhao 等（2020）研究了中欧班列在欧洲的集拼问题，通过对欧盟运输政策的分析，构建了由铁路、公路构成的多式联运网络，通过使用熵权 TOPSIS 方法对集拼中心备选节点进行评价，使用混合整数规划方法确定集拼中心与集拼路径，最后确定了柏林（德国）、布达佩斯（匈牙利）、杜伊斯堡（德国）和里尔（法国）四个集拼中心。这些研究多以数学模型和实证等定量研究为主。

2.2 多式联运规划相关研究

在长距离运输方面，多式联运在降低成本方面的优势明显，具有更好的经济效益和环境可持续性效益。多式联运规划领域的研究较为丰富，从研究方法上来看，可以分为定性研究和定量研究两大类。定性研究方面，SteadieSeifi 等（2014）阐述了多式联运、联合运输、合作运输和同步联合运输的区别，从规划战略、技术和运营层面对已有文献进行了总结。张炳华（2000）系统地论述了多式联运，并提出了加强多式联运管理应采取的有效办法和措施。王海平（2003）研究了多式联运与现代物流的融合问题，并提出集装箱多式联运的发展举措。魏际刚和荣朝和（2000）在宏观层面研究了我国集装箱多式联运存在的协调性问题。刘飞（2011）根据海陆、海空和陆桥运输方式的不同对集装箱多式联运进行分类，并研究了集装箱多式联运网络及节点规划的建设方案。丁伟（2011）以广西西江流域水铁联运为例，从决策层、运作层和信息层三个层面对物流联合运输协调管理机制进行了研究。张宏（2016）针对我国陆路与水路交通，分析了中国水铁联运发展模式以及运输组织方式。

在定量研究方面，目前的文献大多针对多式联运路径优化问题，建立整数规划模型或者混合整数规划模型，并根据问题的复杂性，选择使用精确算法或者启发式算法求解。根据研究背景，多式联运网络中考虑到的运输方式涉及公路、铁路、水路、航空运输中的若干种。张建勇和郭耀煌（2002）以总成本最小化为目标，建立了多式联运网络的货流分配模型。这是较早的针对多式联运路径优化问题的研究。王涛和王刚（2005）构建了多式联运的虚拟运输网络，建立了运输方式和路线选择的组合优化模型，进一步将问题转化为带有时间和能力限制的最短路径问题，并设计了基于 Dijkstra 算法的启发式算法进行求解。Beuthe 等（2001）研究了铁路、公路以及航空运输模式的直接与交叉弹性系数。Ballis 和 Golias（2002）设计并评价了铁路运输与公路运输方式的相关参数。Luo 和 Grigalunas（2003）详细阐述了现有集装箱转换费用，将多式联运网络中转费用分为中转过程中的货物损耗费用、中转涉及的劳务费用、中转带来的成本费用等。

针对多式联运路径优化的相关研究中，环境因素越来越受到关注。Nijkamp等（2004）利用基于 Logit 和 Probit 的离散选择模型以及神经网络研究了多式联运网络的物流优化与预测能力。Bontekoning 等（2004）通过对已有文献进行总结和归纳，研究了公铁联合运输的特性。王伟（2010）在研究新亚欧大陆桥多式联运集货网点布局时分析了选址影响因素，并引入网络布局规划等理论。Janic（2007）主要从内部成本（运输成本、转移成本）和外部大环境（交通运输网）两个角度对集装箱多式联运所需成本和花费进行了分析，还对国家政策和多式联运之间的关系进行了研究。Winebrake 等（2008）综合考虑了二氧化碳、颗粒物、硫氧化物、氮氧化物等排放，将环境因素加入到目标函数中，建立了地理空间多式联运模型，求解此模型确定最优的运输方式和路径选择。王巍等（2009）将多式联运网络划分成若干阶段，建立了多式联运路径选择的组合优化模型，并指出该方法具有不受城市随机分布限制的优点。Bauer 等（2010）研究了考虑环境成本的多式联运路径规划问题，并建立了整数规划模型，结果表明通过合理安排运输方式和路线可以减少温室气体的排放。Bektaş 和 Laporte（2011）将车辆路径问题进行扩展，考虑温室气体排放、燃油消耗等成本目标，提出了污染路径问题模型。金玲琴（2012）研究了碳税机制下的多式联运路径选择问题，建立了混合整数规划模型，并设计了带有精英策略的非支配排序遗传算法对模型进行求解。滕岚（2014）在考虑碳成本的前提下，建立了集装箱多式联运路径选择模型，并以辽东半岛的集装箱多式联运为例进行了实证分析。Hao 和 Yue（2016）以成本最小为目标建立了集装箱多式联运的路径优化模型，并设计了动态规划算法进行求解。李娜等（2018）建立了考虑环境外部性成本的煤炭多式联运路径优化模型，结果表明水运产生的外部性成本最少。Lv 等（2019）针对多式联运网络中的集装箱运输集拼问题，建立了非线性的混合整数规划模型，设计了遗传算法进行求解，并通过算例分析证明了其方法的有效性。Cheng 等（2021）针对"一带一路"物流中的碳减排问题，建立了水路、公路、铁路多式联运运输网络，以碳排放最小和运营成本最小为双目标，使用增广 ε 方法进行求解，得到中欧班列的最优集拼中心选址。

2.3 物流集拼选址规划相关研究

设施选址问题是一类经典的运筹学问题，而物流设施选址问题属于其分支之一，是指为提高物流系统效率而研究如何确定仓库、配送中心及生产设施位置的问题。

目前，物流选址与优化领域，学术界已有很多分配中心选址和关键节点选择相关的成熟研究。求解方法以定量方法为主，主要分为两大类：评价方法和整数规划方法，针对的选址对象多是仓库、配送中心、城市物流枢纽等。现有的文献大多是结合实际问题针对模型进行研究，或者对特定问题模型的求解算法进行研究。其中涉及的多设施选址模型，即根据预定目标从有限个物流中心的备选地点中选取最优的地址，一般为离散模型。具有代表性的方法包括：整数或混合整数规划法、鲍姆尔-沃尔夫（Baumol-Wolfe）法、库恩-汉姆布利尔（Huehn-Hambureer）法、反町氏法、逐次逼近模型法等。张敏等（2005）将定性与定量方法结合进行物流中心选址问题的研究，使用层次分析法充分考虑选址过程中的定性因素，并采用数据包络分析方法对候选节点进行有效性排序，最后建立整数规划模型并求解该问题。周根贵和曹振宇（2005）建立了逆向物流网络的选址模型，旨在研究离散选址背景下选择配送中心或回收中心的最佳策略，并通过遗传算法进行求解。秦进和史峰（2007）以成本最小化为目标，依照设施选址问题的特性，设计了求解该问题的双层模拟退火算法，并通过算例证明了该算法在求解该问题上的优越性。韩皓和王素玲（2009）研究了多级物流网络的设施选址问题，通过对网络中的节点进行层级划分，建立了一个三级规划模型，并设计了遗传算法进行求解。杨涛（2011）建立了一个考虑不同运输方式碳排放量、服务时间、运输费用的三层物流网络模型，解决了物流中心离散选址和货运运输方式规划问题。王万良等（2020）建立了一个绿色物流选址和路径优化模型，并使用一种基于全局边缘排序的超启发算法对该模型进行求解。

近年来，在选址问题中，环境可持续因素也受到越来越多的关注。郑斌（2013）针对震后的两级应急物流动态网络，建立了双层动态规划模型，并设计了混合遗传算法进行求解，实现了震后救灾的物资配送路径及转运设施选址的实时优化。Rao 等（2015）基于可持续发展的经济、环境和社会维度，提出了一种针对城市物流中心选址的评价体系，采用基于语言二元组的模糊多属性群决策方法来评价城市物流中心候选点，实例分析表明该方法优于 TOPSIS。杨珺等（2015）研究了电动汽车的物流配送系统中的换电站选址问题，通过建立整数规划模型，结合禁忌搜索与改进的 Clarke-Wright 方法，设计了两阶段启发式算法进行求解，结果表明建站单位成本的增加可能会减少建站的个数。Amin 和 Baki（2017）针对闭环供应链网络的设施选址问题，建立了需求不确定的多目标混合整数线性规划模型，并提出了基于模糊规划的求解方法。He 等（2017）研究了快递业联合配送中心的选址问题，综合考虑经济、环境及社会层面的评价标准，设计了改进的模糊 TOPSIS 方法进行求解。董肖庆和杨斌（2018）针对绿色物流网络设施选址问题，建立了基于运营成本和碳排放的双目标混合整数规划模型，结果表明参数扰动对物流设施选址有明显的影响作用。Yang 等（2019）提出了一种基于割平面法、局部分支和核心搜索相结合的混合算法求解有容量限制的两阶段设施选址问题，并通过数值实验验证了算法的有效性和优越性。Dukkanci 等（2019）针对绿色枢纽选址问题，首次建立了非线性规划模型，并将其重构为二阶锥规划的形式，数值计算结果证明了将绿色交通服务活动与经典的枢纽选址问题结合起来的优势。

在中欧班列集拼选址与优化研究领域，叶燕程等（2014）提出了中欧铁路货运集拼方案，通过实证计算论证了在乌鲁木齐进行中欧班列集拼的有效性。王迪（2017）设计了中欧班列网络化开行方案测算方法以提高中欧班列开行稳定性和时效性。刘蒙蒙和高更君（2017）针对中欧班列集配中心的选址和发班频次问题，构建两级配送模式下的轴辐式网络的集配中心选址模型，有效地提高了班列的满载率，降低了班列运输成本和集配中心的存储成本。付新平等（2016）以七条中欧班列为研究对象，从区位条件、运输成本、运输时间与服务水平四个方面构建了价值量模型，对不同班列线路的价值成本量进行比较分析以确定最优班列线路方案。目前，大多数文献在考虑到距离、成本等因素的情况下利用数学建模方法来解决中欧班列集拼问题，但其都只考虑到部分通道而非综合考虑三条国际货运大通道，同时也没有将国家流通节点布局政策、集拼中心集货能力等因素在模型中体现，使集拼中心的选址结果难以反映我国中欧班列实际发展情况。Zhao等（2018）在综合考虑了国家物流宏观政策和不同国际货运通道的基础上，使用熵权 TOPSIS 方法对中欧班列开行节点集货能力进行了评价，并使用混合整数规划方法对集拼路径进行了优化。Yang 等（2019）建立了双层规划模型对"一带一路"背景下亚洲到欧洲的货运网络进行了优化。Zhang 等（2020）使用结构洞理论中的指标对"一带一路"物流节点的重要性进行了排序，确定了中欧班列的重要节点。

2.4　本章小结

随着"一带一路"倡议的推进，中欧班列快速发展过程中暴露出的问题也引起了理论上和实践中的高度关注。建设中欧班列集拼中心、优化班列运营网络是解决目前中欧班列运营问题的关键。因此，本章从中欧班列发展与运营、多式联运规划、物流集拼选址与优化三个领域对国内外研究现状进行了分析和总结。

第3章　中欧班列集拼网络优化研究

建设班列集拼中心、优化班列运营网络是解决中欧班列运营中存在的诸多问题的关键，也是落实《中欧班列建设发展规划（2016—2020 年）》对中欧班列提出的建设发展任务，有效提高三条国际货运大通道的利用率，提升中欧班列运营效率的关键。本章在分析我国铁路、高速公路、国道等多种货运网络拓扑结构特性的基础上，对中欧班列节点城市综合集货能力进行了评价，提出了中欧班列国内集拼中心选址方法，并给出了国内集拼中心选址结果和网络优化方案（Zhao et al.，2018）。

3.1　多式联运理论与实践

多式联运一般是指集装箱多式联运，即以集装箱为单位，通过将两种或两种以上不相同的运输方式进行组合，实现货物从起点到终点运输的过程。主要运输方式包括铁路、公路、水运（包括海运、内河航运）和空运，而多式联运形式主要包括公铁、公水、公空、铁水、空水、公铁水等，其中，短途运输中使用最多的是公铁联运，对于国际运输最常见的组织形式是陆海联运，使用海运来进行长距离运输，在港口等枢纽节点进行中转，换为铁路或者公路运输向内陆地区进行延伸。由于中欧班列的出现，国际运输的主要形式转换为公铁或水铁或公水铁联运，使用公路或水运形式进行短途运输，在铁路货运站装车，然后通过中欧班列以铁路形式进行跨国长途运输到目的地。集装箱多式联运是集装箱运输快速发展的必然趋势，是通过对多种运输方式协同以达到经济、高效运输目标的一种优化运输组织形式。

3.1.1　多式联运的参与者

多式联运涉及多个参与者，各参与者将根据自身目标进行决策，并与其他参与者形成博弈，使得多式联运成为一个复杂系统。因此，一个高效的多式联运系统需要各参与者相互协同。

托运人（shipper）通常也是货主，是货运的实际需求者。托运人规划、组织货运的全过程。托运人决定将货物运至港口前的运输是否采用多式联运、采用何种多式联运等问题，其运输路径选择对整个多式联运网络的货运量都有着直接的影响。在实际运输中，托运人往往会将运输业务外包给第三方物流。

承运人（carrier）是运输任务的实际承担者，其为托运人执行具体的货物运输任务。承运人为托运人提供专属运输工具和载运单元（如集装箱）。此外，一些承运人也为多个托运人提供拼箱、仓储等服务。目前，我国许多铁路运输服务企业都投资建设陆路港（dry port），为其提供集装箱班列及定制化的多式联运服务。

第三方物流（third party logistics）是专业的物流服务提供商，可以提供运输及物流增值服务，如仓储、配送、包装、贴标、再包装等。第三方物流还承担与托运人、承运人实时信息沟通的工作，有时第三方物流也是承运人。

设施管理者（facility of infrastructure manager）是物流基础设施的管理者，其对整个物流网络及基础设施进行管理，包括多式联运码头基础设施建设、运输通道设计等。设施管理者可以通过优化运输通道和基础设施来提升整个物流网络的运营效率。

管理机构（institutional authority）一般是指政府和行政部门，通过制定政策、提供补贴、征税等多种手段引导、规范多式联运服务，使得社会福利得到优化。例如，使用更加环保的运输工具、公路运输向铁路和内河运输进行转换等。

3.1.2　多式联运的优势和特点

1. 多式联运有助于提高运输质量和效率

首先，集装箱多式联运全程以集装箱为单位进行运输，货物在整个运输过程中是封存完好的，转运过程采用专业的机械设备对集装箱进行操作，有效地减少了中间环节对货物造成的损失，使货物的安全性和质量得到了较好的保障。其次，多式联运能有效提升整体运输效率。由于多式联运采用了多种不同的运输方式，发挥各种运输方式的特长，通过多式联运的方式进行组织协调，能使各种运输方式相互配合、取长补短，进而提升整个物流系统运作效率。最后，多式联运的使用也使得设施管理者能获得更多的运输策略和资源储备，能够更合理、高效地规划运输路径，提升货运效率。

2. 多式联运能够有效地降低运输成本

集装箱多式联运是在设施管理者的统筹管理下多种运输方式的统筹和优化，托运人只需要与一个承运人达成统一的货运标准，就可以获得整条运输线路的统一货运单证，即在整个运输过程中，只需要进行一次托运、签署一张单证、办理一次保险即可，大大减少了运输过程中的交易成本。流程中出现的问题均由设施管理者来进行统一协调。此外，多式联运的运输路径有很多选择，而设施管理者可以通过对运输路径的优化来选择总成本最低的运输组合方式，从而有效地降低运输成本。

3. 多式联运能实现运能的合理利用

多式联运出现之前，各种运输方式独立运营，没有统一的标准和组织形式，每条线路的运能和经营范围都受到一定程度的限制。而多式联运的整个货运过程由多个不同的承运人共同参与完成，由统一的设施管理者进行协调运营，可以兼顾不同运输方式的运能和经营范围。同时，多式联运的运行流程使其能够充分发挥不同运输方式的优点，如公路运输的灵活性、便捷性，水路和铁路运输的大运力、运价便宜，空运的快速性等，能达到取长补短的目的。

3.1.3　集装箱多式联运的网络构成

目前，多式联运网络体系主要分为两大类型：一是由运行线路沿线基础设施构成的网络体系，二是由多式联运经营人为核心的参与人网络体系。二者共同构成一个具有多种运输方式、多种班期服务、多个中转节点的复杂网络系统。

1. 货运起终点

起终点是运输需求的发货点和收货点，一般情况下，多式联运在规划期间内有多个发货点和收货点，涉及多个托运人的多批次货物，设施管理者统筹整个规划期内的货运需求。

2. 中转点

中转点是多式联运网络中不同运输方式转换的节点，一般包括了整条路径上的所有节点，如公路运输的公路货运站、铁路运输的铁路货运站、海运的集装箱码头、空运的货运站等，都是中转点。这些中转点起到了衔接不同运输方式的重要作用，保证了多式联运"门到门"服务。货物在中转点需要完成集装箱的装卸、堆存、报关、清关等中转操作，有时候也进行掏箱、拼箱、拼装等操作。

3. 运输通道及服务

运输通道是连接节点之间的路线，是为了满足两点之间货物运输需求而具有相应服务基础设施的交通线路。中欧集装箱运输通道以陆运通道和水运通道为核心。公路一般用来完成短途的集货和接送箱等衔接性作业，不受固定时间限制，较为灵活，而铁路和水路则用来完成长距离运输，一般会有固定组织形式，按照一定的班期来开行。

3.2　集拼备选节点的筛选与确定

中欧班列货运集拼中心是中欧班列运营网络的核心节点，具有整合区域货运资源，提升国际班列服务效率，完善全国货运网络体系等功能，其与集拼中心所在地的交通情况、集货能力及未来发展定位均有密切关系。为了使集拼中心的选择更科学合理，采用以下步骤确定初选点。

3.2.1　省级行政区筛选

首先在全国所有的省级行政区内进行筛选，剔除了西藏、青海、海南、台湾、北京、香港、澳门等目前不适宜作为全国物流中转与集拼的省区市。

西藏、青海、新疆皆属于地域辽阔但交通网络基础设施建设仍有待完善的地区。其中新疆境内拥有阿拉山口、霍尔果斯等"丝绸之路经济带"上的重要出境口岸，同时《推动共建丝绸之路经济带和 21 世纪海上丝绸之路的愿景与行动》①明确了新疆作为"丝绸之路经济带"核心区的地位，因此可以考虑在新疆选择集拼中心备选城市；而西藏和青海的社会经济与交通发展水平皆不高，自身产业发展程度与集拼服务能力均无法达到中欧班列货物集拼中心要求，因此将其剔除。

海南与台湾均是海岛型行政区，在铁路、公路交通便利性方面无法满足集拼中心需求。

北京作为我国首都，是全国政治中心、文化中心、国际交流中心和科技创新中心，虽然交通路网发达、产业发展程度高、服务能力强，但城市定位决定了它不适合作为中欧班列货物集拼中心。与北京不同，作为港口城市的上海，自 2010 年以来连续十多年集装箱吞吐量居于全球首位，国际航运中心是上海的城市功能定位"五个中心"之一，同时，上海作为"21 世纪海上丝绸之路"起始点，其在连接"丝绸之路经济带"与"21 世纪海上丝绸之路"方面具有重大意义，因此保留上海作为全国货运集拼中心的备选直辖市。

除此之外，剩余的 27 个省级行政区均可作为全国货运集拼中心的备选地区。

---

① http://www.scio.gov.cn/31773/35507/35519/Document/1535279/1535279.htm。

3.2.2　确定选择标准

考虑到集拼中心的均衡布局、建设成本和辐射货源等因素，27 个备选省区市中均只选取一个城市作为全国货运集拼备选点。

首先，集拼中心承担着中欧班列在中国境内的发班重任，目前城市具有直通各口岸的铁路线路以及中欧班列运营经验是选择集拼中心备选城市的重要因素，因此确定标准①：考虑目前已经开通国际班列的城市。

其次，城市经济规模、物流发展水平、商品流通量、信息集聚程度、辐射带动能力等是考量一个城市能否成为集拼备选城市的另一重要因素。《全国流通节点城市布局规划（2015—2020 年）》中的流通节点城市是依据城市的商流、物流、资金流、信息流汇聚和辐射带动能力等基础条件，采取定量与定性相结合的评价方法得出的，能够较为全面地覆盖上述几个因素，因此确定标准②：考虑《全国流通节点城市布局规划（2015—2020 年）》确定的物流节点城市。

最后，省会城市是各省政治、经济、文化中心，拥有更好的交通基础设施和综合管理能力，也是确定集拼备选城市需要考虑的重要因素，因此确定标准③：考虑各省的省会城市。

根据《全国流通节点城市布局规划（2015—2020 年）》，全国共有 37 个国家级流通节点城市和 66 个区域级流通节点城市被列为重点发展对象，其中包含省会城市及直辖市 31 个，且皆属于国家级流通节点城市。而截至 2015 年底全国已开通中欧班列的城市共有 32 个，其中除辽宁省营口市，新疆维吾尔自治区奎屯市、库尔勒市、石河子市，浙江省义乌市以及甘肃省武威市外，其余皆为国家级或区域级流通节点城市。

3.2.3　筛选过程

为了确保每个省份只有一个备选城市获选，采取以下步骤进行集拼备选节点的筛选。

第一步：优先将各省份中同时满足三个标准的城市作为备选节点。

第二步：若通过第一步之后，在该省份中没有符合要求的节点，则根据标准的优先级筛选出同时满足两个标准的城市作为备选节点。需要注意的是，因为本书规定了筛选标准的优先级，所以第二步的筛选依然要按照优先级进行，即在第二步，优先筛选出同时满足标准①和标准②的城市；若没有，则筛选出同时满足标准①和标准③的城市；若仍没有，则筛选出同时满足标准②和标准③的城市；否则，进入第三步。

第三步：若仍没有筛选出符合要求的节点，则根据筛选标准的优先级筛选出仅满足一个标准的城市作为备选节点。第三步的筛选也要按照优先级进行。在第三步，优先筛选出满足标准①的城市；若没有，则筛选出满足标准②的城市；若仍没有，则筛选出满足标准③的城市。具体步骤如图 3-1 所示。

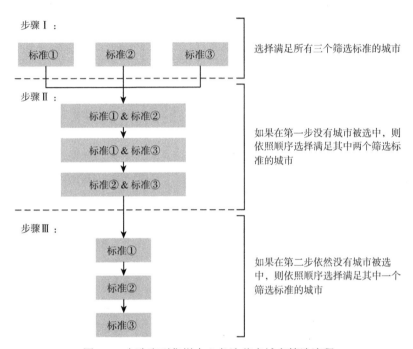

图 3-1　中欧班列集拼中心备选节点城市筛选流程

以江苏省内集拼初选城市的筛选过程为例具体说明如下。首先，苏州于 2012 年先后成功开通了苏满欧和苏新欧，连云港于 2015 年开通了连新亚，而南京虽为国家级流通节点城市，但还未开通国际货运班列，因此剔除南京。其次，苏州为国家级流通节点城市，连云港为区域级流通节点城市，剔除连云港。因此，苏州作为江苏省的国际班列集拼初选点更为合理。

各步骤的节点选择结果如下所示。

步骤一结果：天津、重庆、哈尔滨、长春、沈阳、乌鲁木齐、银川、合肥、南昌、郑州、武汉、长沙、广州、成都、贵阳、昆明、西安、兰州。

步骤二-1 结果：苏州、宁波、厦门、青岛、柳州。

步骤二-2 结果：无。

步骤二-3 结果：上海、呼和浩特、石家庄、太原。

步骤三结果：无。

最终此过程在全国初步确定了 27 个货运集拼备选点，即天津、重庆、上海、哈尔滨、长春、沈阳、乌鲁木齐、西安、兰州、银川、呼和浩特、石家庄、太原、苏州、宁波、合肥、厦门、南昌、青岛、郑州、武汉、长沙、广州、柳州、成都、贵阳、昆明。相应选择依据如表 3-1 所示。

表 3-1　集拼初选城市选择及依据

省区市	初选点	选择依据		
		是否开行国际班列（2015 年底）	是否为国家/区域级流通节点城市	是否省会
天津	天津	津满欧	国家级流通节点	直辖市
重庆	重庆	渝新欧	国家级流通节点	直辖市
上海	上海	无	国家级流通节点	直辖市
黑龙江	哈尔滨	哈欧国际班列	国家级流通节点	省会城市
吉林	长春	长春–德国国际货运班列	国家级流通节点	省会城市
辽宁	沈阳	沈满欧	国家级流通节点	省会城市
新疆	乌鲁木齐	中亚国际班列、新疆–莫斯科班列	国家级流通节点	省会城市
宁夏	银川	中阿号	国家级流通节点	省会城市
内蒙古	呼和浩特	无	国家级流通节点	省会城市
河北	石家庄	无	国家级流通节点	省会城市
山西	太原	无	国家级流通节点	省会城市
江苏	苏州	苏满欧、苏新欧	国家级流通节点	否
浙江	宁波	甬新欧	国家级流通节点	否
安徽	合肥	合新欧	国家级流通节点	省会城市
福建	厦门	厦新欧	国家级流通节点	否
江西	南昌	赣满欧	国家级流通节点	省会城市
山东	青岛	青岛号中亚班列	国家级流通节点	否
河南	郑州	郑新欧	国家级流通节点	省会城市
湖北	武汉	汉新欧	国家级流通节点	省会城市
湖南	长沙	湘新欧	国家级流通节点	省会城市
广东	广州	粤新欧	国家级流通节点	省会城市
广西	柳州	中俄国际联运班列	区域级流通节点	否
四川	成都	蓉新欧	国家级流通节点	省会城市
贵州	贵阳	无	国家级流通节点	省会城市
云南	昆明	滇新欧	国家级流通节点	省会城市
陕西	西安	"长安号"国际货运班列	国家级流通节点	省会城市
甘肃	兰州	"兰州号"中欧国际货运班列	国家级流通节点	省会城市

3.3　交通拓扑网络的构建与特性分析

中欧班列是以铁路为主要运输载体，集装箱为主要货物运输单元的国际货运班列，现已成为连通中国与中亚及欧洲各国陆路运输的重要通道，具备海运所不具备的运距短、速度快、安全性高等优势。本章考虑使用公路、铁路、水路三种运输方式进行中欧班列货物的集拼。目前，国内已经建立起了相当完善的公铁水运输网络。截至 2018 年末，全国公路总里程达 484.65 万公里，其中，高速公路达 14.26 万公里，居世界第一，我国公路密度已达 5048 公里/公里²；全国铁路营业里程达 13.1 万公里以上，全国铁路路网密度达 136.9 公里/万公里²；全国内河航道通航里程达 12.71 万公里，其中，三级及以上航道里程达 1.35 万公里。与此同时，2018 年，全国港口完成货物吞吐量 143.51 亿吨，集装箱吞吐量 2.51 亿标箱。通过国内发达的公铁水网络进行中欧班列货物的集拼，将克服中欧班列在末端运输上货量小、不够灵活等缺陷，充分利用公路"门到门"运输的优势，铁路绿色环保的优势，水路运费低的优势等。由于航空运输一般适用于货值高、对时效性要求极强的货物，因此，本章将其排除在中欧班列多式联运集拼网络之外。

对于一个交通拓扑网络 $G=\{V, E, M\}$，令 $V=\{v_i \mid i \in I\}$ 表示节点城市的集合，$E=\{e_{ij}=(v_i, v_j) \mid i, j \in I\} \subseteq V \times V$ 表示节点城市之间通过某种交通运输方式的连接关系的集合，其中，$I=\{1, 2, \cdots, N\}$，N 表示节点城市的数量，$M=(m_{ij})_{n \times n}$ 表示该网络所对应的邻接矩阵，对 m_{ij} 定义如下：

$$m_{ij} = \begin{cases} 1, (v_i, v_j) \in E \\ 0, (v_i, v_j) \notin E \end{cases}$$

即两个节点城市 v_i 与 v_j 之间以某种交通运输方式连接，则 $m_{ij}=1$；否则，$m_{ij}=0$。由于两个相同的城市节点之间同时存在几种不同的交通运输方式，将就不同交通网络中的城市节点性质分别进行研究。

3.3.1　构建铁路货运网络

根据铁路客户服务中心网站公开的快运和直达货运班列信息（https://www.12306.cn/index/），本书筛选了集拼备选城市所在的 27 个省区市内的货运站点，最终梳理出备选节点之间 136 组货运铁路连通关系，将其作为网络的边并最终形成货运铁路网络。需要注意的是，由于铁路运输抵达目的站点后还需要借助公路进行"门到门"运输服务，因此抵达备选城市相应省份的铁路线路，即使站点不在集拼备选城市附近，也可以认为其能够通过省内公路运输抵达。例如，"新都站—柯桥站”，可以根据新都与柯桥所在的四川省和浙江省，进一步考虑由于柯桥站所在的绍兴市未开行中欧班列，因此以距其最近的宁波市来代替，即近似为“成都市—宁波市”的连接关系。

利用省份连通关系来近似地表示备选城市间的连通关系具有两个优势。其一，降低了数据复杂性，国家货运站点分布零散，多位于县、镇级地区，用省份近似可以极大地降低数据处理的难度。其二，符合货物在辐射范围内集结的事实：最终选定的集拼城市不仅需要吸收周围多个省份货源地的货物，更要承担本省货物运输服务，因此省内的铁路站点无论距离多远均可视作在集拼备选城市可达范围内。

3.3.2 构建高速公路网络

根据中国国家高速公路网“7918”信息，即 7 条首都放射线、9 条南北纵线和 18 条东西横线，本书梳理了集拼备选节点城市之间 45 组高速公路连接关系，将其作为网络的边最终形成高速公路网络。与上述货运铁路网络不同，虽然高速公路也能通过国、省、县、乡道等其他类型公路实现地区之间的互联互通，但是考虑到公铁多式联运的终端运输方式为强调“门到门”服务的公路运输，因此只考虑节点城市之间高速公路直接连接关系，即便某条高速线路连接备选城市所在省份的其他地区，仍不能将其视作集拼备选城市之间的连通关系。

3.3.3 构建国道网络

我国国道分为三类，分别为 12 条首都放射线，28 条南北向国道，以及 30 条东西向国道。根据以上 70 条国道途经的城市信息，采用与高速公路网络同样的建模方法，利用集拼中心备选城市间的国道连接情况，梳理出 37 组城市节点间的国道连接关系，将其作为网络的边最终形成国道网络。

3.4 中欧班列节点城市综合集货能力评价

城市集货能力是选择集拼中心的重要指标。本书中集货能力被定义为某城市与其他地区交通基础设施的网络连通性，旨在考察一个节点城市对周边城市货物的潜在辐射能力。因此，需要建立交通网络并对其中的节点属性进行研究。

3.4.1 城市节点重要性指标分析

寻找交通网络中的关键城市节点是国际货运班列集拼中心选址问题的重要研究内容。基于交通网络拓扑结构，利用复杂网络理论中的节点重要性排序指标可以对各网络中的城市节点重要程度分别进行评价。本书主要选用度中心性、接近中心性、介数中心性以及改进 k-壳分解四个指标进行重要性分析。

1. 度中心性

度中心性 DC_i 是体现节点重要性的最直观指标，可以定义为城市节点 v_i 的实际度值与其可能存在的最大度值的比值。DC_i 反映了城市节点 v_i 与其他城市的直接交通交互程度，DC_i 越大，意味着城市节点 v_i 对外有连接关系的城市越多，因而就越重要。若以 d_i 表示交通拓扑网络 $G = \{V, E, M\}$ 中节点 v_i 的度值，则

$$DC_i = \frac{d_i}{(N-1)} \tag{3-1}$$

2. 接近中心性

接近中心性 CC_i 可被表达为从城市节点 v_i 出发到其他所有城市的平均最短路径长度的倒数，CC_i 越大，表示城市节点 v_i 距离整个交通拓扑网络中心的程度越高，各城市集货到城市节点 v_i 的可能性越高，说明城市节点 v_i 在该网络中的重要性越大。若以 l_{ij} 表示从节点 v_i 到节点 v_j 的最短路径长度，则

$$CC_i = \frac{(N-1)}{\sum_{j=1}^{N} l_{ij}} \tag{3-2}$$

3. 介数中心性

介数中心性 BC_i 可以用城市之间连通时通过城市节点 v_i 的频率进行刻画，BC_i 越大，反映了城市节点 v_i 的流通负载量越大，各城市运输过程中经过城市节点 v_i 的频次越大，在城市节点 v_i 进行集拼的可行性就越高，从而它对交通拓扑网络的影响力越大。若以 k_{jr} 表示从城市 v_j 到城市 v_r 的最短路径的总数，$k_{jr}(i)$ 表示其中经过城市 v_i 的最短路径数量，则

$$BC_i = \sum_{i \neq j \neq r \in V} \frac{k_{jr}(i)}{k_{jr}} \tag{3-3}$$

4. 改进 k-壳分解

改进 k-壳分解方法（improved k-shell method，IKs）是一种粗粒化的节点重要性分类方法，通过每次都去除网络中度值最小的城市节点及其相关连接关系，逐次给已去除的城市节点赋予 IKs 值。假设原始交通拓扑网络为 G_0，首先找到 G_0 中度值最小的城市，赋予其 IKs 为 $\text{IKs}^1 = 1$，然后移除这些城市及其连接关系，得到子网络 G_1，类似地找到 G_1 中度值最小的城市，赋予其 IKs 为 $\text{IKs}^2 = \text{IKs}^1 + 1$，不断重复迭代上述移除步骤直至所有城市都被移除。如果某城市的度在第 k 次移除中变为 0，则定义其 IKs 为 $k+1$。图 3-2 为改进 k-壳分解的示意图，首先对其中度值为 1 的节点标记，令其 $\text{IKs}^1 = 1$，而后将其删除，选择当前网络度值为 1 的节点标记为 $\text{IKs}^2 = \text{IKs}^1 + 1 = 2$，依次类推，最终原始网络被划分为六壳，精确地反映了节点的局部特征区别。该指标实质是对交通拓扑网络的城市节点进行了具体的层次划分，IKs 值越大的城市节点越靠近网络的核心，一旦其交通瘫痪则会对其他城市造成巨大影响，从而在交通网络中的重要程度越大。

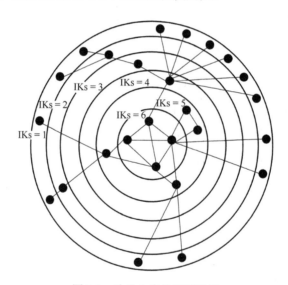

图 3-2　改进 k-壳分解示意图

3.4.2　节点重要性综合评价方法

度中心性、介数中心性、接近中心性以及改进 k-壳分解虽然都可以用于研究交通拓扑网络中城市节点的重要性，但是由于这些指标只能体现城市节点的某个方面的特性，无法全面、综合地评价城市节点的重要程度，而集拼中心的集货能力需要综合考虑铁路、高速公路和国道三大交通网络中节点的交通基础设施连通性，通过四个指标的综合评价结果进行表征。因此，为了对筛选出来的 27 个备选城市进行综合排序，采用基于熵权的 TOPSIS 模型进一步研究。

TOPSIS 模型是系统工程中有限方案多目标决策分析的一种常用决策技术，可根据目标与理想解的接近程度对目标重要性进行评价：若目标最接近正理想解而最远离负理想解，则该目标为最优目标，反之亦然。本书以上述四个指标为节点特征因子，是一个多特征因子排序问题，具体步骤如下所示。

1. 城市节点特征因子矩阵

以 $F = \{f_1, f_2, f_3, f_4\} = \{DC, CC, BC, IKs\}$ 表示四个评价指标，根据城市节点集合 $V = \{v_1, v_2, \cdots, v_N\}$，可以用 $v_i(f_j)(i = 1, 2, \cdots, N; j = 1, 2, 3, 4)$ 表示城市 v_i 的第 j 个重要性指标（特征因子），则城市节点的特征因子矩阵 P 可表示为

$$P = \begin{bmatrix} v_1(f_1) & v_1(f_2) & v_1(f_3) & v_1(f_4) \\ v_2(f_1) & v_2(f_2) & v_2(f_3) & v_2(f_4) \\ \vdots & \vdots & \vdots & \vdots \\ v_N(f_1) & v_N(f_2) & v_N(f_3) & v_N(f_4) \end{bmatrix} \tag{3-4}$$

2. 矩阵标准化

考虑到指标间不同的度量，需将城市节点特征因子矩阵进行标准化，若用 t_{ij} 表示标准化处理的矩阵中第 i 行第 j 个元素，则

$$t_{ij} = \frac{v_i(f_j)}{\sqrt{\sum_{i=1}^{N} v_i(f_j)^2}}, (j = 1, 2, 3, 4) \tag{3-5}$$

3. 考虑权重的节点特征因子矩阵

由于四个指标分别考察交通拓扑网络中城市节点的不同方面特性，在表达城市重要性程度时需考虑权重以平衡各指标间关系。以 $w_j(j = 1, 2, 3, 4; \sum w_j = 1)$ 表示第 j 个特征因子加权系数，则标准化后的加权特征因子矩阵 R 可表示为

$$R = (r_{ij}) = (w_j t_{ij}) = \begin{bmatrix} w_1 t_{11} & w_2 t_{12} & w_3 t_{13} & w_4 t_{14} \\ w_1 t_{21} & w_2 t_{22} & w_3 t_{23} & w_4 t_{24} \\ \vdots & \vdots & \vdots & \vdots \\ w_1 t_{N1} & w_2 t_{N2} & w_3 t_{N3} & w_4 t_{N4} \end{bmatrix} \tag{3-6}$$

其中，加权系数向量 $W^{\mathrm{T}} = (w_{DC}, w_{CC}, w_{BC}, w_{IKs})$ 可以通过层次分析法进行求

解。本书此处采用构造判断矩阵的两阶段法，可使构造出的判断矩阵自然满足一致性的要求。求解过程如下所示。

1）构造特征因子判断标度矩阵

第一阶段采用 $(0,1,2)$ 三标度法来对每一元素进行两两比较后，建立一个比较矩阵并计算出各元素的排序指数。令 $H = (h_{ij}) = \{0,1,2\}$ 表示判断标度集合，$h_{ij} = 0$ 表示特征因子 i 没有特征因子 j 重要；$h_{ij} = 1$ 表示特征因子 i 与特征因子 j 同等重要；$h_{ij} = 2$ 表示特征因子 i 比特征因子 j 重要。

根据复杂网络节点评价原理，DC 利用城市的度大小体现城市重要性，反映了各城市的局部特征而非交通网络整体特性，故 DC 最不重要。相较而言，同样利用城市度的指标 IKs 既反映了度这一局部特征，又基于交通网络整体对城市进行了层次划分，因此 IKs 最为重要。而 BC 和 CC 二者都体现了各城市节点在交通网络中与其他城市的关系，前者表示某一城市的负载量，后者表达了某一城市与其他城市的距离，皆属于交通网络的整体特征，但是考虑到集拼需求，假如各个城市单独开行国际班列，某城市的 BC 值越大，则它被交通网络中的其他城市途经利用的频率越大，该城市就越适合成为集拼中心，因此令 BC 比 CC 更为重要。据此建立特征因子比较矩阵如表 3-2 所示，其中 b_i 为特征因子比较矩阵每行加和。

表 3-2　特征因子比较矩阵

项目	度中心性	接近中心性	介数中心性	改进 k-壳分解	b_i（特征因子比较矩阵每行加和）
度中心性	1	0	0	0	1
接近中心性	2	1	0	0	3
介数中心性	2	2	1	0	5
改进 k-壳分解	2	2	2	1	7

2）确定特征因子判断矩阵

第二阶段以极差法构造判断矩阵。以 a_{ij} 表示特征因子 i 与特征因子 j 的重要性之比，则特征因子 j 与特征因子 i 的重要性之比为 $\dfrac{1}{a_{ij}}$ ，根据极差法 $f(b_i, b_j) = a_{ij} = a_b^{\frac{b_i - b_j}{B}}$ ，所得的矩阵 $A = (a_{ij})$ 即为一致性判断矩阵，其中 a_b 为常量，是按某种标准预先给定的极差元素对的相对重要程度，一般在实践应用中常取 $a_b = 9$ ；

$B = \max(b_1, b_2, b_3, b_4) - \min(b_1, b_2, b_3, b_4)$ 称为极差，本书中令 $B = 6$。据此，特征因子判断矩阵为

$$A = (a_{ij}) = \begin{bmatrix} a & DC & CC & BC & IKs & M_i & W_i & \overline{W_i} \\ DC & 1 & 0.481 & 0.231 & 0.111 & 0.012 & 0.333 & 0.061 \\ CC & 2.080 & 1 & 0.481 & 0.231 & 0.231 & 0.693 & 0.127 \\ BC & 4.327 & 2.080 & 1 & 0.481 & 4.327 & 1.442 & 0.264 \\ IKs & 9 & 4.327 & 2.080 & 1 & 81 & 3 & 0.548 \end{bmatrix} \quad (3\text{-}7)$$

式（3-7）中：

$$M_i = \prod_{j=1}^{4} a_{ij} \quad (3\text{-}8)$$

$$W_i = \sqrt[4]{M_i}, \sum_{i=1}^{4} \overline{W_i} = 5.469 \quad (3\text{-}9)$$

$$\overline{W_i} = \frac{w_i}{\sum_{i=1}^{4} w_i}, (i = 1, 2, 3, 4) \quad (3\text{-}10)$$

$$\sum_{i=1}^{4} \overline{W_i} = 1 \quad (3\text{-}11)$$

$W^T = \{0.061, 0.127, 0.264, 0.548\}$ 即为所求权重值。

3）进行一致性检验

设 $A = (a_{ij})$，C 为矩阵 A 的前 4 列；则 $L = (l_i)_{4 \times 1} = C \cdot W_i^T = (0.2438, 0.5035, 1.0549, 2.1942)^T$，则其最大特征根 $\lambda_{\max} = \frac{1}{4} \times \sum_{i=1}^{4} \frac{l_i}{W_i} = 4$，因此 $P_{C.I.} = \frac{\lambda_{\max} - 4}{4 - 1} = 0 \leqslant \varepsilon$（$\varepsilon = 0.001$），满足一致性检验。因此各特征因子权重 $\overline{W_i} = (w_{DC}, w_{CC}, w_{BC}, w_{IKs}) = (0.061, 0.127, 0.264, 0.548)$。

4. 确定城市重要性正负理想值

城市重要性排名的正理想值 A^+ 与负理想值 A^- 可由加权特征因子矩阵 R 来确定，取加权特征因子矩阵 R 每列的最大值（或最小值）作为 A^+（或 A^-）。

$$A^+ = \left\{ \max_{i \in \{1,2,\cdots,N\}} \{r_{i1}\}, \max_{i \in \{1,2,\cdots,N\}} \{r_{i2}\}, \cdots, \max_{i \in \{1,2,\cdots,N\}} \{r_{i4}\} \right\} = \{r_1^+, r_2^+, r_3^+, r_4^+\} \quad (3\text{-}12)$$

$$A^- = \left\{ \min_{i \in \{1,2,\cdots,N\}} \{r_{i1}\}, \min_{i \in \{1,2,\cdots,N\}} \{r_{i2}\}, \cdots, \min_{i \in \{1,2,\cdots,N\}} \{r_{i4}\} \right\} = \{r_1^-, r_2^-, r_3^-, r_4^-\} \quad (3\text{-}13)$$

5. 距离计算

利用相对熵的距离模型——Kullback-Leibler 距离来度量计算城市节点 v_i 到正负理想值 A^+ 和 A^- 的距离。

$$S_i^+ = \left\{ \sum_{j=1}^4 \left[r_j^+ \log \frac{r_j^+}{r_{ij}} + (1 - r_j^+) \log \frac{1 - r_j^+}{1 - r_{ij}} \right] \right\}^{\frac{1}{2}} \tag{3-14}$$

$$S_i^- = \left\{ \sum_{j=1}^4 \left[r_j^- \log \frac{r_j^-}{r_{ij}} + (1 - r_j^-) \log \frac{1 - r_j^-}{1 - r_{ij}} \right] \right\}^{\frac{1}{2}} \tag{3-15}$$

6. 计算接近度

利用上述距离值计算城市节点 v_i 与正负理想值 A^+ 和 A^- 的接近程度。以 C_i^* 表示某城市节点的重要性程度：

$$C_i^* = \frac{s_i^-}{s_i^+ + s_i^-}, i = 1, 2, \cdots, N \tag{3-16}$$

C_i^* 越大，表示节点 v_i 距离负理想值距离越大，距离正理想值距离越小，其重要程度就越高。因此该指标可用于城市重要性评价，如果 $C_i^* = 0$，表示该点最不重要，此时 $A_i = A^-$，否则 $C_i^* = 1$，表示该点最重要，此时 $A_i = A^+$。

3.4.3　中欧班列节点城市货运网络重要性排名

表 3-3 至表 3-5 显示了利用 Pajek 软件计算所得的中国铁路、高速公路和国道交通拓扑网络各节点的四个重要性指标（度中心性 DC_i、接近中心性 CC_i、介数中心性 BC_i 以及城市度），以及基于熵权的 TOPSIS 模型计算得出的重要性综合排名。银川由于没有专用的铁路快运货物班列和直达货物班列，因此表 3-3 中银川的各项网络评价指标皆为 0。在中国 70 条国道线路中，宁波、苏州、天津之间以及它们与其他 24 个备选节点城市之间均无直接的国道连接关系，因此表 3-5 中以上三个城市的各项网络评价指标皆为 0。

表 3-3　货运铁路网络指标情况

序号	标签	度	度中心性	接近中心性	介数中心性	城市度	节点重要性程度	排名
1	成都	19	0.7308	0.7766	0.0758	12	0.9971	（1）
2	广州	16	0.6154	0.7081	0.0444	11	0.7816	（5）

序号	标签	度	度中心性	接近中心性	介数中心性	城市度	节点重要性程度	排名
3	贵阳	9	0.3461	0.5599	0.0083	8	0.4366	（15）
4	哈尔滨	4	0.1538	0.5015	0.0026	3	0.2375	（25）
5	合肥	8	0.3077	0.5599	0.0018	10	0.3712	（20）
6	呼和浩特	3	0.1154	0.4815	0.0012	2	0.1857	（26）
7	昆明	8	0.3077	0.5599	0.0080	7	0.4119	（17）
8	兰州	7	0.2692	0.5599	0.0125	5	0.4026	（18）
9	柳州	700	0.2692	0.5599	0.0067	6	0.3749	（19）
10	南昌	11	0.4231	0.6173	0.0106	12	0.5208	（13）
11	宁波	12	0.4615	0.6173	0.0296	10	0.6550	（8）
12	青岛	16	0.6154	0.7081	0.0506	12	0.8302	（3）
13	厦门	7	0.2692	0.5599	0.0042	6	0.3456	（21）
14	上海	11	0.4231	0.6173	0.0161	9	0.5330	（12）
15	沈阳	7	0.2692	0.5599	0.0061	5	0.3448	（22）
16	石家庄	6	0.2308	0.5471	0.0018	5	0.2836	（23）
17	苏州	17	0.6538	0.7295	0.0763	12	0.9753	（2）
18	太原	14	0.5385	0.6687	0.0504	11	0.8142	（4）
19	天津	14	0.5385	0.6687	0.0724	7	0.7611	（7）
20	乌鲁木齐	13	0.5000	0.6507	0.0164	12	0.5775	（10）
21	武汉	9	0.3462	0.5732	0.0101	9	0.4722	（14）
22	西安	14	0.5385	0.6687	0.0234	12	0.6359	（9）
23	长春	5	0.1923	0.5122	0.0029	4	0.2729	（24）
24	长沙	11	0.4231	0.6173	0.0178	10	0.5622	（11）
25	郑州	15	0.5769	0.6878	0.0431	11	0.7703	（6）
26	重庆	9	0.3462	0.5732	0.0099	7	0.4339	（16）
27	银川	0	0	0	0	1	0	（27）

表 3-4　高速公路网络指标情况

序号	标签	度	度中心性	接近中心性	介数中心性	城市度	节点重要性程度	排名
1	成都	4	0.1538	0.4000	0.0167	11	0.4051	（11）
2	广州	4	0.1538	0.3939	0.0567	5	0.3668	（12）
3	贵阳	5	0.1923	0.4127	0.1306	10	0.6257	（5）
4	哈尔滨	1	0.0385	0.2185	0	1	0	（27）
5	合肥	2	0.0769	0.3467	0.0118	3	0.1744	（18）

序号	标签	度	度中心性	接近中心性	介数中心性	城市度	节点重要性程度	排名
6	呼和浩特	2	0.0769	0.2889	0.0033	3	0.1390	（23）
7	昆明	5	0.1923	0.4000	0.0981	9	0.5535	（7）
8	兰州	5	0.1923	0.4127	0.1389	8	0.5999	（6）
9	柳州	1	0.0385	0.2889	0	1	0.0327	（26）
10	南昌	1	0.0385	0.3291	0	1	0.0484	（24）
11	宁波	2	0.0769	0.3714	0.0185	3	0.1951	（17）
12	青岛	2	0.0769	0.3133	0.0075	3	0.1581	（20）
13	厦门	1	0.0385	0.2955	0	1	0.0354	（25）
14	上海	6	0.2308	0.5000	0.3664	9	0.8828	（1）
15	沈阳	3	0.1154	0.3662	0.1777	3	0.4375	（9）
16	石家庄	3	0.1154	0.3250	0.0179	5	0.2714	（15）
17	苏州	3	0.1154	0.3562	0.0490	4	0.3075	（14）
18	太原	4	0.1538	0.4063	0.0620	6	0.4098	（10）
19	天津	2	0.0769	0.2826	0.0077	3	0.1568	（21）
20	乌鲁木齐	2	0.0769	0.3023	0.0066	3	0.1538	（22）
21	武汉	7	0.2692	0.4815	0.2156	9	0.7484	（3）
22	西安	8	0.3077	0.5200	0.2902	10	0.8773	（2）
23	长春	2	0.0769	0.2766	0.0769	2	0.2585	（16）
24	长沙	2	0.0769	0.3562	0.0103	3	0.1705	（19）
25	郑州	3	0.1154	0.3824	0.0350	6	0.3480	（13）
26	重庆	6	0.2308	0.4483	0.1231	11	0.6310	（4）
27	银川	4	0.1538	0.3881	0.0734	7	0.4587	（8）

表 3-5　国道网络指标情况

序号	标签	度	度中心性	接近中心性	介数中心性	城市度	节点重要性程度	排名
1	成都	6	0.2308	0.3794	0.0875	9	0.6973	（5）
2	广州	4	0.1538	0.2729	0.0131	7	0.4087	（8）
3	贵阳	3	0.1154	0.2881	0.0162	6	0.3976	（12）
4	哈尔滨	2	0.0769	0.1111	0	4	0.2976	（17）
5	合肥	2	0.0769	0.3050	0.0222	4	0.3572	（15）
6	呼和浩特	2	0.0769	0.2509	0.0585	3	0.4059	（10）
7	昆明	3	0.1154	0.2828	0.0089	6	0.3604	（14）
8	兰州	6	0.2308	0.3989	0.1409	9	0.8315	（1）

序号	标签	度	度中心性	接近中心性	介数中心性	城市度	节点重要性程度	排名
9	柳州	1	0.0385	0.1920	0	2	0.2108	（23）
10	南昌	4	0.1538	0.2637	0.0105	6	0.3722	（13）
11	宁波	0	0	0	0	1	0	（25）
12	青岛	1	0.0385	0.1809	0	2	0.2074	（24）
13	厦门	1	0.0385	0.1969	0	2	0.2122	（22）
14	上海	3	0.1154	0.2729	0.0129	5	0.3544	（16）
15	沈阳	2	0.0769	0.1111	0	4	0.2976	（18）
16	石家庄	2	0.0769	0.2322	0.0585	3	0.4029	（11）
17	苏州	0	0	0	0	1	0	（25）
18	太原	3	0.1154	0.3111	0.1108	4	0.5681	（7）
19	天津	0	0	0	0	1	0	（25）
20	乌鲁木齐	1	0.0385	0.2682	0	2	0.2316	（21）
21	武汉	6	0.2308	0.3382	0.0956	8	0.7023	（4）
22	西安	7	0.2692	0.4094	0.2110	6	0.8122	（2）
23	长春	2	0.0769	0.1111	0	4	0.2976	（19）
24	长沙	2	0.0769	0.2593	0.0585	3	0.4072	（9）
25	郑州	2	0.0769	0.3111	0.0073	4	0.2954	（20）
26	重庆	5	0.1923	0.3618	0.1288	8	0.7813	（3）
27	银川	4	0.1538	0.3457	0.1252	5	0.6535	（6）

3.5　备选城市节点综合评价

中欧班列的开行主要依赖经出境口岸连接中亚、欧洲各国的铁路线路，而国内货源的组织和铁路终端门到门的运输服务大多由公路完成，因此对于货运班列集拼城市而言，铁路网络是国际货运班列开行的基础，较之公路网络具有更高的重要性。

根据中国铁路客户服务中心网站（https://www.12306.cn/index/）的运价数据，当前我国货运铁路分为整车、零担和集装箱运输，若集装箱载重取国际货运常用集装箱规格的最大载重量，即 20 英尺①（载重 22 吨）和 40 英尺（载重 27 吨），计算得到铁路运输基价平均为 0.149 元/（吨·千米）；而根据我国公路运输货物等级表及运价表，我国公路运输货物分为砂、土、粉煤灰等一等货物，木材、水

---

① 1 英尺＝3.048×10⁻¹ 米

泥、钢铁等二等货物，陶瓷、油漆、石料等三等货物，以及炸药、雷管、香蕉水等特等危险货物，由于国际货运班列不会涉及特等危险货物，遂根据一、二、三等货物运价计算得出公路货运均价为 0.44 元/（吨·千米），其中高速公路和国道价格看作等同。鉴于运价是选择货运交通方式的重要依据之一，运价越低，该交通方式的发展潜力越大，因此本书取运输均价的倒数比 {0.5962, 0.2019, 0.2019} 作为铁路货运网络、高速公路网络和国道网络的运价权重，把运价权重分别乘以各城市的铁路货运网络、高速公路网络和国道网络的 C_i^* 值，然后加和求得所有备选城市节点的综合集货能力，综合排名如表 3-6 所示。

表 3-6　城市节点集货能力综合排名

排名	城市	综合集货能力	序号 i
（1）	成都	0.8171	1
（2）	西安	0.7202	22
（3）	太原	0.6829	18
（4）	郑州	0.6453	25
（5）	苏州	0.6435	17
（6）	广州	0.6225	2
（7）	武汉	0.5744	21
（8）	青岛	0.5687	12
（9）	上海	0.5676	14
（10）	兰州	0.5290	8
（11）	长沙	0.4914	24
（12）	天津	0.4854	19
（13）	贵阳	0.4669	3
（14）	昆明	0.4301	7
（15）	宁波	0.4299	11
（16）	乌鲁木齐	0.4221	20
（17）	重庆	0.4164	26
（18）	南昌	0.3954	10
（19）	沈阳	0.3540	15
（20）	合肥	0.3287	5
（21）	石家庄	0.3052	16
（22）	长春	0.3046	23
（23）	柳州	0.2726	9
（24）	厦门	0.2560	13
（25）	呼和浩特	0.2207	6
（26）	哈尔滨	0.2017	4
（27）	银川	0.1671	27

全国 27 个集拼备选城市的排名越靠前，说明这些城市在国内公铁多式联运货运网络中集货能力越强，能够更好地完成中欧班列在国内段的集货。从中欧班列集拼中心的集货能力考虑，排名前十的城市遍布全国，可有力辐射国内各区域：成都地处西南，可集拼来自四川、重庆、贵州、云南等地货物；西安与兰州位于西北，可集拼来自陕西、甘肃、宁夏、青海等地货物；太原地处华北，可集拼来自北京、天津、山西、河北等地货物；郑州与武汉位于华中，可集拼河南、湖北和湖南等地货物；而上海、苏州和青岛地处华东，可集拼来自上海、江苏、浙江、安徽、山东等地货物；广州则位于华南，可集拼来自广东、海南等地货物。从地理条件来看这十座城市分别覆盖国内不同区域，都具有成为中欧班列集拼中心的条件。

对比建设集拼中心呼声较高的乌鲁木齐、呼和浩特及哈尔滨，虽然三座城市靠近中欧班列出境口岸，对某条国际货运大通道的运输集拼具有得天独厚的地理优势，但由于其地处中国的边境地区，远离中国经济腹地，公铁多式联运网络不发达，显然在国内货源的组织和回程货物的国内分拨方面缺乏优势。而排名前十的城市中，成都位于西南，西安、兰州位于西北，太原处于华北，郑州、武汉地处华中，这些城市靠近中国经济腹地，公铁联运网络连通性强，便于辐射全国货源，货物在这些城市集拼后选择任意一条国际货运通道出境都更为便利，同时国外回程货物入境后向全国分拨也十分便利。同处前十名的上海、广州、青岛、苏州四座城市则皆分布在我国沿海地区，虽然距离国际货运大通道出境口岸较远，但其基础设施完善，公铁联运网络发达，同时具有海陆联运组织能力，便于承接东南亚以及日韩等国的国际货源。

城市集货能力评价结果对中欧班列网络的优化和发展具有重要的指导意义。一方面，能帮助决策者选择排名靠前的城市作为中欧班列的集拼中心，使得国内货物集结运往欧洲，欧洲货物抵华进行分拨，提高了去回程的满载率，提高了中欧班列网络整体运营水平；另一方面，各集拼中心备选城市在铁路、高速公路和国道网络的排名情况也凸显了部分城市不同交通方式在建设过程中存在不均衡情况，排名结果能够指导地方政府对短板进行弥补。例如，在综合排名前十的城市中，成都的铁路、高速公路和国道运输都相较于其他城市具有优势，分别排名第 1 名、第 11 名和第 5 名，因此综合排名第一，其更适合成为具备公铁联运功能的中欧班列集拼中心；武汉的铁路、高速公路和国道运输分别排名第 14 名、第 3 名和第 4 名，可见其在公路运输领域具有优势，而货运铁路服务还需继续加强。而目前集拼呼声较高的乌鲁木齐，虽然铁路运输排名中较为靠前（第 10 名），但是高速公路与国道运输相当落后，分别排名第 22 名和第 21 名，导致综合排名并不理想，适合作为中欧班列出境前的铁路中转中心而非境内承担公铁联运的集拼中心。

3.6　中欧班列国内集拼中心选址研究

备选城市的货物集结能力和分拨能力是选择中欧班列集拼中心的关键因素，根据集货能力评价得到的排名结果说明越靠前的城市越适合成为集拼中心。但是还应考虑货源需求量、运输距离、运输价格等诸多因素以确定最优集拼方案。因此本章选取评价排名前十的集拼备选城市作为选址规划模型的集拼中心备选节点以确定最优的集拼方案。

来自各地区的货物利用铁路或公路运输抵达集拼中心，进行集拼中转后搭载国际货运班列经过西部、中部和东部三大口岸出境抵达境外目的地。图 3-3 为中欧班列货运集拼和运输的假设模型，该模型表示货物从 n 个起始点起运，经过 m 个集拼中心进行集拼后分别运往 3 个口岸进而运送到 l 个目的地。

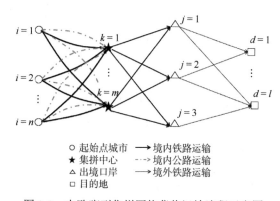

图 3-3　中欧班列集拼网络货物运输流程示意图

3.6.1　国际货运班列集拼模型假设及符号说明

1. 集合

（1）$I = \{1, 2, \cdots, n\}$ 为货运起点集合，$i \in I$。

（2）$J = \{1, 2, 3\}$ 表示出境口岸集合，$j \in J$。

（3）$D = \{1, 2, \cdots, m\}$ 为货运终点集合，$d \in D$。

（4）经过前文集拼中心备选点的评价分析，集拼中心从起点城市中选择，因此 $K = \{1, 2, \cdots, l\} \subseteq I$ 为集拼中心备选点集合，$k \in K$。

（5）$L = \{1, 2\}$ 表示交通方式集合，$l \in L$。其中 $l = 1$ 表示铁路运输，$l = 2$ 表示公路运输。

因此货物从起始点出发抵达目的地的过程可以描述为：从 $\forall i$ 出发的货物可以选择任一集拼中心 k 运输一定的货量，集拼后选择任一口岸点 j 运往终点 d。

2. 参数

（1）D_{id} 表示起点 i 运往目的地 d 的固定货运需求量。

（2）c_k 表示在 k 点建设集拼中心的建设成本，模型假设建设成本为常数。

（3）班列在途成本。若用 s_{ik}^{l} 表示选择 l 型交通工具情况下起点 i 至集拼点 k 的运输距离；v_1^{l} 表示集拼之前运输过程中对应 l 型交通方式的速度；s_{kjd} 表示在铁路运输下从集拼点 k 经过出境口岸 j 抵达终点 d 的运输距离；v_2 表示集拼中心到境外运输过程中的铁路运输的速度。

中欧班列集拼中心选址模型中，在途成本主要包括货物的时间成本以及实际花费的运输成本。因此，若以 α 表示单位货物的单位时间价值，则集拼前每单位货物的时间成本为 $\alpha s_{ik} / v_1^{l}$，集拼后每单位货物的时间成本为 $\alpha s_{kjd} / v_2$。假设 p_1^{l} 表示在集拼前每单位货物在 l 型交通方式情况下的单位距离运输价格，p_2 表示在集拼后每单位货物在铁路运输下的单位距离运输价格，若用 c_{ik}^{l} 表示集拼前单位货物在 l 型交通方式情况下的在途成本，用 c_{kjd} 表示集拼后单位货物的在途成本：

$$c_{ik}^{l} = \alpha s_{ik}^{l} / v_1^{l} + p_1^{l} s_{ik}^{l} \tag{3-17}$$

$$c_{kjd} = \alpha s_{kjd} / v_2 + p_2 s_{kjd} \tag{3-18}$$

（4）集拼中心成本。中欧班列集拼中心选址模型中，货物在集拼中心的成本包括对货物进行装卸、搬运、拼箱、分拨等的操作费用，以及货物在集拼中心的拥挤等待时间成本和集拼等待时间成本。

本章假设单位货物在每个集拼中心的操作费用为定值，用常数 h 表示。

各地货物运往集拼中心，在超过集拼中心的处理量之后，随着货量的增加，货物因拥堵而停留的时间就越长，本章假设超过处理能力货物在集拼中心的等待时间是货量 x_{ik}^{l} 的线性函数，若用 a 表示每个集拼中心的最大处理能力，则货物在集拼中心的拥挤等待时间为 $\mu \cdot \max\{0, R_k - a\}$，其中 $R_k = \sum_{l=1,2} \sum_{i \in I} x_{ik}^{l}$ 为辅助变量，$\mu > 0$ 为拥挤参数。

货物在集拼中心需要根据目的地拼箱发运，本章假设国际班列满载即发，每条线路的发车频次一致为 f。若每列班列的核载量为 B，则该条线路的满载率为 $y_{kjd} / (B \cdot f)$，可知货物在集拼中心的集拼等待时间为 $\lambda \cdot (B \cdot f - y_{kjd})$，其中 $\lambda > 0$ 为集拼参数。

（5）T_j表示清关时间成本，即班列在通过出境口岸时因办理出关手续、换轨等流程所必须花费的时间成本。

3. 决策变量

（1）x_{ik}^l表示使用l型交通方式，从起点i出发运至集拼点k的货运量。

（2）y_{kjd}表示利用铁路运输从集拼点k出发运往口岸点j最终抵达目的地d的货运量。

（3）z_{ikjd}^l表示使用l型交通方式，从起点i出发经过集拼点k运往口岸点j最终抵达目的地d的货运量。

（4）$Y_k = \{0,1\}$表示是否在k点建设集拼中心，$Y_k = 0$表示不在k点建设集拼中心，$Y_k = 1$表示在k点建设集拼中心。

（5）R_k表示集拼中心k接收的货量。

表 3-7 列出了模型所用的所有集合、参数和变量。

表 3-7　模型所用集合、参数和变量

符号	定义
集合	
I	货运起点集合，$i \in I$
J	出境口岸集合，$j \in J$
D	目的地集合，$d \in D$
K	集拼中心集合，$k \in K$，$K \subseteq I$
L	运输方式集合，$l \in L$，$l=1$表示铁路运输，$l=2$表示公路运输
参数	
D_{id}	起始点i到目的地d的货运需求量
c_k	集拼中心k的建设成本
c_{ik}^l	集拼前单位货物在l型交通方式情况下的在途成本
c_{kjd}	集拼后单位货物的在途成本
T_j	在出境口岸j的清关时间成本
h	单位货物在集拼中心的操作费用
μ	集拼前等待时间惩罚参数（拥挤参数）
a	每个集拼中心的最大处理能力
λ	集拼后班列未满载惩罚参数
B	中欧班列的核载量

续表

符号	定义
f	中欧班列发车频次
α	单位货物的单位时间价值
M	人为设置的模型所需足够大的数字
变量	
x_{ik}^{l}	使用 l 型交通方式，从起点 i 出发运至集拼点 k 的货运量
y_{kjd}	使用铁路运输从集拼点 k 出发运往口岸点 j 最终抵达目的地 d 的货运量
z_{ikjd}^{l}	使用 l 型交通方式，从起点 i 出发经集拼点 k 运往口岸点 j 抵达目的地 d 的货运量
R_k	集拼中心 k 接收的货量
Y_k	$Y_k=1$ 表示在 k 点建设集拼中心，$Y_k=0$ 表示不建设

3.6.2　中欧班列集拼中心选址模型构建

根据上述假设与分析，需求固定情况下中欧班列集拼中心选址模型表达如下所示：

[M1]：

$$\text{Min} \sum_{k \in K} c_k Y_k + \sum_{l \in L} \sum_{k \in K} \sum_{i \in I} c_{ik}^{l} x_{ik}^{l} + \sum_{k \in K} \sum_{j \in J} \sum_{d \in D} c_{kjd} y_{kjd} + \sum_{k \in K} \sum_{j \in J} \sum_{d \in D} T_j y_{kjd}$$

$$+ \sum_{l \in L} \sum_{i \in I} \sum_{k \in K} hx_{ik}^{l} + \sum_{k \in K} \mu \cdot \max\{0, R_k - a\} + \sum_{k \in K} \sum_{j \in J} \sum_{d \in D} \lambda \cdot (B \cdot f - y_{kjd}) \tag{3-19}$$

s.t.

$$\sum_{l \in L} \sum_{i \in I} x_{ik}^{l} = R_k \quad \forall k \in K \tag{3-20}$$

$$y_{kjd} \leqslant B \cdot f \quad \forall k, j, d \tag{3-21}$$

$$\sum_{l \in L} x_{ik}^{l} = \sum_{l \in L} \sum_{j \in J} \sum_{d \in D} z_{ikjd}^{l} \quad \forall i, k \tag{3-22}$$

$$\sum_{d \in D} y_{kjd} = \sum_{l \in L} \sum_{i \in I} \sum_{d \in D} z_{ikjd}^{l} \quad \forall k, j \tag{3-23}$$

$$\sum_{l \in L} \sum_{i \in I} x_{ik}^{l} = \sum_{j \in J} \sum_{d \in D} y_{kjd} \quad \forall k \in K \tag{3-24}$$

$$\sum_{l \in L} \sum_{k \in K} \sum_{j \in J} z_{ikjd}^{l} = D_{id} \quad \forall i, d \tag{3-25}$$

$$z_{ikjd}^{l} \leqslant M \cdot Y_k \quad \forall l, i, j, k, d \tag{3-26}$$

$$Y_k \in \{0, 1\} \quad \forall k \in K \tag{3-27}$$

$$x_{ik}^{l} \geqslant 0, y_{kjd} \geqslant 0, z_{ikjd}^{l} \geqslant 0, R_k \quad \forall l \in L, i \in I, j \in J, k \in K, d \in D \tag{3-28}$$

其中，目标函数（3-19）表示国际货运班列的运输总成本最小，成本依次包含集

拼中心建设成本 $\sum_{k \in K} c_k Y_k$，集拼前铁路或公路在途成本 $\sum_{l \in L} \sum_{k \in K} \sum_{i \in I} c_{ik}^l x_{ik}^l$，集拼后铁路在途成本 $\sum_{k \in K} \sum_{j \in J} \sum_{d \in D} c_{kjd} y_{kjd}$，在出境口岸的清关时间成本 $\sum_{k \in K} \sum_{j \in J} \sum_{d \in D} T_j y_{kjd}$，在集拼中心的货物操作成本 $\sum_{l \in L} \sum_{i \in I} \sum_{k \in K} h x_{ik}^l$，拥挤等待时间成本 $\sum_{k \in K} \mu \cdot \max\{0, R_k - a\}$ 以及在集拼中心的集货等待时间成本 $\sum_{k \in K} \sum_{j \in J} \sum_{d \in D} \lambda \cdot (B \cdot f - y_{kjd})$。

约束条件（3-20）确保辅助变量 R_k 与起始点到集拼中心的运输货量相等；约束条件（3-21）约束了运输货量不大于任一线路的最大容量；约束条件（3-22）和约束条件（3-23）使得 z_{ikjd}^l 与集拼前后每条路径上的货量分别相等；约束条件（3-24）表示集拼前后货量守恒；约束条件（3-25）表示起点货运量与终点需求相等；约束条件（3-26）确保当 k 点不建集拼中心时，经过 k 点的货运量为 0，其中 M 为远大于货运量 z_{ikjd}^l 的常数；约束条件（3-27）和约束条件（3-28）分别规定了自变量的属性。

为了便于求解，本章将目标函数（3-19）中的非线性变量线性化，即在[M1]的基础上新增变量 τ_k，通过两个与 τ_k 相关的约束条件：$\tau_k \geqslant 0$ 以及 $\tau_k \geqslant R_k - a$ 来表示 $\max\{0, R_k - a\}$。因此原模型变为

[M2]：

$$\text{Min} \sum_{k \in K} c_k Y_k + \sum_{l \in L} \sum_{k \in K} \sum_{i \in I} c_{ik}^l x_{ik}^l + \sum_{k \in K} \sum_{j \in J} \sum_{d \in D} c_{kjd} y_{kjd}$$
$$+ \sum_{k \in K} \sum_{j \in J} \sum_{d \in D} T_j y_{kjd} + \sum_{l \in L} \sum_{i \in I} \sum_{k \in K} h x_{ik}^l + \sum_{k \in K} \mu \cdot \tau_k + \sum_{k \in K} \sum_{j \in J} \sum_{d \in D} \lambda \cdot (B \cdot f - y_{kjd}) \quad (3\text{-}29)$$

s.t.（3-20）-（3-28）

$$\tau_k \geqslant R_k - a, \forall k \in K \quad (3\text{-}30)$$

$$\tau_k \geqslant 0, \forall k \in K \quad (3\text{-}31)$$

[M2]为一个简单的混合整数规划模型，由于模型中包含有限个备选节点以及路线，本章采用 Lingo 软件进行求解。

3.6.3 模型求解与敏感性分析

1. 参数设定

中欧班列在欧洲地区的目的地包括杜伊斯堡、汉堡、马德里、罗兹、莫斯科等城市。由于汉堡是多条中欧班列线路的终点，如郑新欧、合新欧、厦新欧等，

同时也是欧洲最重要的港口和物流中转中心之一，因此本章在算例中将汉堡作为中欧班列的唯一终点。

为获得更符合实际的优化结果，作者在重庆、成都、徐州和西安等地实地调研了中欧班列的运营情况，并将调研所得的运输速度和价格作为模型参数取值。

以 v_1^1 表示从起始点到集拼中心的铁路运输速度，v_1^2 表示从起始点到集拼中心的公路运输速度，v_2 表示从集拼中心到目的地的班列运输速度。调研发现，中欧班列日均行驶 1000 公里，平均运输速度为 50 千米/小时，而且中国境内运输速度低于境外运输速度，因此运输速度：$v_1^1 = 40$ 千米/小时，$v_1^2 = 60$ 千米/小时，$v_2 = 80$ 千米/小时。

若以 p_1^1 表示从起始点到集拼中心的铁路运输价格，p_1^2 表示从起始点到集拼中心的公路运输价格，p_2 表示从集拼中心到目的地的铁路运输价格。根据 3.5 节的运价信息，$p_1^1 = 0.15$ 元/（吨·千米），$p_1^2 = 0.45$ 元/（吨·千米）。而调研发现从集拼中心到目的地的运输价格比从起始点到集拼中心的价格更高，因此确定 $p_2 = 0.6$ 元/（吨·千米）。

根据 $c_{ik}^l = \alpha s_{ik}^l / v_1^l + p_1^l s_{ik}^l$ 以及 $c_{kjd} = \alpha s_{kjd} / v_2 + p_2 s_{kjd}$，即可求得集拼前后单位货物的在途成本，其中距离信息从百度地图和公开的铁路信息查询获得。

由于目前还没有建成集拼中心，缺乏集拼中心相关成本信息，因此本章参考新疆、徐州等地的铁路物流园的情况，确定集拼中心固定建设成本 c_k 为 3×10^8 元；一般而言，铁路物流园日最大集装箱处理能力约为 300 个，每个集装箱平均载货量 22 吨，因此确定集拼中心的集装箱每日最大处理能力略高于物流园，即 $a = 10\,000$ 吨。

根据调研结果，集拼中心的单位货物操作费用 h 约为 20 元/吨。而 2016 年全年共有约 1700 列中欧班列开行，在考虑三条货运大通道的情况下，中欧班列的发车频率可以根据 $f = 1700 / (3 \times 365) \approx 1.5$ 列/天来计算。每个班列可平均运输 100 个集装箱，因此中欧班列的核载量 $B = 2200$ 吨。

调研发现，中欧班列运输货物的价值普遍高于船运货物但低于空运货物。班列上的一个集装箱价值平均约为 3×10^5 元，承运人一般每日收取货物价值的 0.25%作为因运输延期导致的货损惩罚成本，这意味着每吨货物每天在途货损惩罚成本约为 700 元，因此货物时间价值参数 $\alpha = 700$ 元/（吨·天）。当集拼中心的待处理货量超过其每日最大处理能力时，就会导致集拼中心堵塞，因而使每个集装箱每天将损失 60 000 元，因此集拼中心集拼等待成本 $\mu = 60\,000 / 2200 \approx 30$ 元/吨。中欧班列境外运输时成本约 0.6 元/（吨·千米），如果以境外运输距离平均 5000 千米来计算，中欧班列空载成本 λ=3000 元/天。

　　每个出境口岸的清关时间都不尽相同，这有可能导致最终选址结果不同。根据调研结果，中欧班列在满洲里出关一般花费 4 小时，在二连浩特则为 3 小时，而阿拉山口需要 5 小时（本章为 2017 年数据）。考虑到班列核载量 2200 吨，货物的时间价值成本为每吨每天 700 元，则满洲里口岸的清关时间成本 $T_1 = (700 \div 24) \times \dfrac{4}{2200} = 0.053$ 元/吨，二连浩特口岸的清关时间成本 T_2=0.040 元/吨，阿拉山口口岸的清关时间成本 T_3=0.066 元/吨。表 3-8 列出了以上参数的具体取值。

表 3-8　算例参数取值表

参数类型	参数及单位	取值
运输速度	v_1^1（千米/小时）	40
	v_1^2（千米/小时）	60
	v_2（千米/小时）	80
运输价格	p_1^1（元/（吨·千米））	0.15
	p_1^2（元/（吨·千米））	0.45
	p_2（元/（吨·千米））	0.6
其他	h（元/吨）	20
	a（吨）	10 000
	μ（元/吨）	3 000
	f（列/天）	1.5
	B（吨/班次）	2 200
	λ（元/吨）	3 000
	c_k（元）	300 000 000
	α（元/（吨·天））	700
	T_1（元/吨）	0.053
	T_2（元/吨）	0.040
	T_3（元/吨）	0.066

　　货运需求方面，《中欧班列建设发展规划（2016—2020 年）》预测到 2020 年中国与欧洲之间年班列通行量可达 5 000 余列。假设每列车运送 100 个集装箱，每个标准集装箱重 22 吨，则 2020 年中欧班列货运量可达 11 兆吨。根据《中国口岸年鉴》（2014 年版），中国 2014 年对欧出口量达 390 兆吨，假设 2014 年到 2020 年中欧贸易量年增长率为 7%，到 2020 年中国对欧出口量将达到 520 兆吨，由此

可以得出届时 2.1%的货物将通过中欧班列运往欧洲。表 3-9 显示了基于上述计算确定的各起始点城市在 2020 年通过中欧班列出口欧洲的货物量。

表 3-9　2020 年起始点城市货量需求（单位：吨/年）

城市	需求量	城市	需求量	城市	需求量
成都	7 056.81	南昌	22 405.94	天津	704 620.50
广州	9 856 012.32	宁波	605 543.89	乌鲁木齐	63 920.30
贵阳	9 873.33	青岛	897 402.31	武汉	54 816.13
哈尔滨	16 963.42	厦门	502 102.09	西安	3 496.57
合肥	21 118.76	上海	1 043 728.98	长春	5 886.44
呼和浩特	56 372.58	沈阳	411 747.06	长沙	16 453.79
昆明	35 079.23	石家庄	128 341.30	郑州	4 385.93
兰州	184.23	苏州	646 446.56	重庆	31 562.22
柳州	119 094.04	太原	8 107.39	银川	98.50

2. 模型求解与分析

通过 Lingo 求解[M2]，最终确定西安、太原、郑州、武汉和苏州为最优集拼中心方案。

选址结果中五个城市分别位于中国西北部、北部、中部和东部地区，可以承接来自全国各地的货物然后经三条国际货运大通道运往汉堡。在这五个城市中，只有西安的货运路线只经过西部和中部大通道，其余四个城市皆通过三大通道将货物运往欧洲。部分北方城市，如乌鲁木齐、哈尔滨、青岛，以及南方城市如武汉和广州在太原进行集拼。而西北城市如兰州以及西南的城市包括成都、重庆、云南、贵阳和柳州等在西安进行集拼。苏州主要负责集拼来源于东南沿海城市的货物，包括上海、宁波、合肥和厦门等。郑州则集拼来自部分中部和南部城市的货物，如南昌和广州。武汉较为特殊，它仅集拼来自湖北省以及广州来的货物，这些货物部分被直接运送到目的地汉堡，其余则被运输到太原进行进一步集拼。其原因可能源自广州巨大的对欧出口量，需要将其货量分配到四个集拼中心进行运输，而其他起始点的货源仅运送到一个集拼中心。

另外，货物运往集拼中心采用公路运输的城市比例远大于选择铁路运输的比例，其中集拼前采用铁路运输的城市比例仅占全部的 33%。这可能是由集拼前境内运输距离相较于集拼后运输距离更短导致的，即使公路运输价格更高，短距离和灵活运输等特性使其更容易被承运人接受。

3. 敏感性分析

通过节点重要性评价和整数规划模型得到了五个城市作为中欧班列集拼中

心。为了确定参数变化如何影响选址结果，对部分参数进行敏感性分析，包括集拼中心建设成本（c_k）、班列发车频次（f）、时间价值成本（α）、运输价格（p）、运输速度（v）以及清关时间成本（T_j）。根据模型求解结果，在改变某一参数取值的情况下固定其他参数取值不变以观察最终选址结果变化情况。

1）集拼中心建设成本对选址结果的影响

图 3-4 显示了选址结果随集拼中心建设成本的变化情况。当建设成本 c_k 在 [0,0.1) 之间时，随着建设成本的增加，集拼中心数量逐渐减少，模型总成本则平缓增加。当 c_k 高于 0.1 后，随着建设成本的增加，集拼中心的数量稳定为 5 个，即西安、太原、郑州、武汉和苏州，此时模型总成本则剧增。根据作者实地调研得出的结果，功能齐全的中欧班列集拼中心建设成本是远高于乌鲁木齐或徐州铁路物流园建设成本的，这意味着未来更高的建设成本对选址结果不会产生影响。

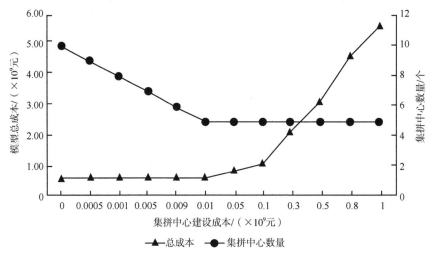

图 3-4　集拼中心建设成本敏感性分析

2）中欧班列发班频次对集拼中心选址的影响

图 3-5 反映了发班频次的变化对选址结果和模型总成本的影响。当每天发班列车小于 0.7 辆时，模型无可行解。每天发班大于 0.7 辆之后，随着发班频次的增加，中欧班列集拼中心数量逐渐减少直至全国仅有两个集拼中心。由于未来随着中欧班列的发展，每日发班频次必大于 1.5 辆，因此集拼中心的选址对发班频次十分敏感，这是由于发班频次越高意味着集拼中心具有越强的货物处理能力，导致集拼中心数量锐减。

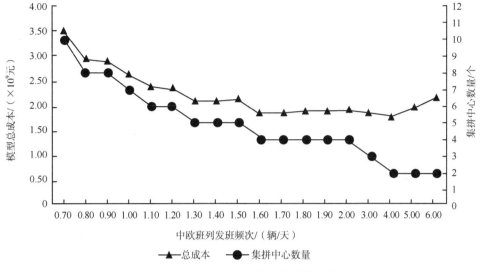

图 3-5　中欧班列发班频次敏感性分析

当发班频次介于 $[0.7,4)$ 辆之间时，模型总成本总体降低直至在 $f=4$ 处取最小值。在此之后总成本随着发班频次的增加而增加，而集拼中心数量保持不变。此变化趋势是因为，在仅有 2 个集拼中心的情况下，每个集拼中心每天发班 4 辆列车会存在空载现象，从而导致成本增加。

3）时间价值成本对集拼中心选址结果的影响

从图 3-6 可以观察得出，当时间价值成本介于区间 $[0,10\,000)$ 时，在中国选择五个集拼中心，同时总成本随着时间价值成本的增加而增加。当时间价值成本高

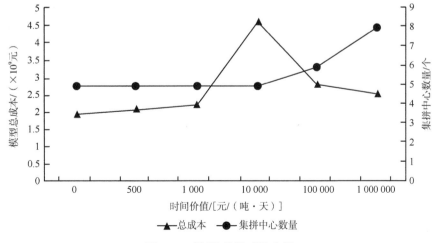

图 3-6　时间价值敏感性分析

于 10 000 时，随着时间价值成本的增加，集拼中心数量增加而总成本减少。在 $\alpha = [0,10\,000)$ 区间内总成本增加主要是由于在五个集拼中心由延迟导致的惩罚成本上升。当 $\alpha \geqslant 10\,000$ 时，由于集拼中心数量增加，在每个集拼中心的拥堵情况消失使得总成本降低。

$\alpha = [0,10\,000)$ 区间内虽然恒定有五个集拼中心，但是其城市组合是根据时间价值成本不同而变化的：五个城市中西安、太原和武汉恒出现，而 $\alpha = [0,500)$ 时剩余两个城市分别为郑州和兰州； $\alpha = [500,1000)$ 时剩余两个城市为郑州和苏州； $\alpha = [1000,10\,000)$ 时剩余两个城市为广州和苏州。

4）运输价格对集拼中心选址结果的影响

运输价格参数 p 的变化会在集拼中心备选城市集货能力评价部分影响城市评价结果，同时也会导致整数规划模型结果发生变化。考虑到铁路运输在中国的快速发展，未来铁路运输价格会不断下降而公路运输价格不断上升。因此在表 3-10 中依此变化规律调整铁路和公路的运输价格以便观察评价结果和最终选址结果的变化情况。结果显示集拼中心数量和总成本对运输价格并不敏感，但是评价结果受运输价格影响程度较大，即评价结果排名前十的城市中天津和宁波取代了兰州和武汉。表 3-10 反映了不同价格下评价排名前十的城市，其中有下划线的城市表示在混合整数规划模型中最终被选为集拼中心的城市。

表 3-10　运输价格敏感性分析

变化比例	运输价格 p			集货能力评价结果（排名 1～10）	数量	总成本/亿元
	p_1^1	p_1^2	p_2			
−10%	0.135	0.45	0.54	成都，西安，太原，苏州，郑州，广州，青岛，武汉，上海，兰州	5	21.50
−20%	0.12	0.45	0.48	成都，西安，太原，苏州，郑州，广州，青岛，上海，武汉，天津	5	21.45
−30%	0.105	0.45	0.42	成都，苏州，郑州，太原，广州，青岛，西安，天津，上海，宁波	5	21.45
−40%	0.09	0.45	0.36	成都，苏州，太原，西安，郑州，广州，青岛，天津，上海，武汉	5	21.41
−50%	0.075	0.45	0.3	成都，苏州，太原，郑州，西安，广州，青岛，天津，上海，武汉	5	21.38
+5%	0.15	0.4725	0.6	成都，西安，太原，苏州，郑州，广州，青岛，武汉，上海，兰州	5	20.90
+10%	0.15	0.495	0.6	成都，西安，太原，苏州，郑州，广州，青岛，武汉，上海，兰州	5	21.00

续表

变化比例	运输价格 p			集货能力评价结果（排名1～10）	数量	总成本/亿元
	p_1^1	p_1^2	p_2			
+15%	0.15	0.5175	0.6	成都，西安，太原，苏州，郑州，广州，青岛，武汉，上海，兰州	5	21.10
+20%	0.15	0.54	0.6	成都，西安，太原，苏州，郑州，广州，青岛，武汉，上海，兰州	5	21.20
+25%	0.15	0.5625	0.6	成都，西安，太原，苏州，郑州，广州，青岛，上海，武汉，天津	5	21.30

5）运输速度对选址结果的影响

根据调研结果，未来铁路或公路运输速度都极有可能因为科技发展而更为快速，因此本章此处分别调整三项速度参数（v_1^1、v_1^2 和 v_2）的取值的同时保证其他两项速度的参数取值不变，以确定速度和最终选址结果间的关系。图 3-7 反映了速度参数敏感性分析结果，结果显示随着速度的增加（无论 v_1^1、v_1^2，还是 v_2），总成本都呈现降低趋势，集拼中心数量恒为五个，但是五个集拼中心的组合不尽相同。

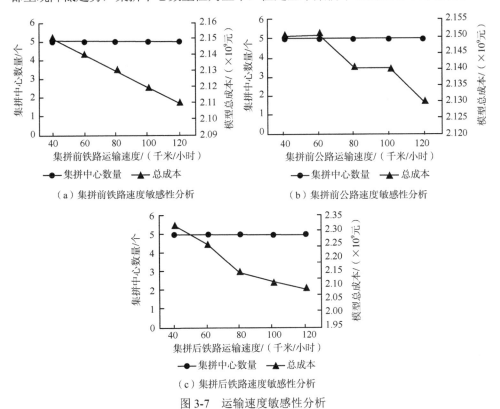

（a）集拼前铁路速度敏感性分析　　　　（b）集拼前公路速度敏感性分析

（c）集拼后铁路速度敏感性分析

图 3-7　运输速度敏感性分析

图 3-7（a）是集拼前铁路运输速度敏感性分析，当 $v_1^1 = 40$ 千米/小时和 60 千米/小时时，集拼中心分别为西安、太原、郑州、武汉和苏州；当 $v_1^1 = 80$ 千米/小时、100 千米/小时和 120 千米/小时时，集拼中心分别为西安、太原、郑州、武汉和兰州。图 3-7（b）是集拼前公路运输速度敏感性分析，当 $v_1^2 = 40$ 千米/小时时，集拼中心分别为广州、太原、郑州、武汉和苏州；当 $v_1^2 = 60$ 千米/小时和 80 千米/小时时，集拼中心分别为西安、太原、郑州、武汉和苏州；当 $v_1^2 = 100$ 千米/小时和 120 千米/小时时，集拼中心分别为西安、太原、郑州、兰州和苏州。图 3-7（c）是集拼后铁路运输速度敏感性分析，当 $v_2 = 40$ 千米/小时时，集拼中心分别为西安、太原、郑州、武汉和兰州；当 $v_2 = 60$ 千米/小时、80 千米/小时和 100 千米/小时时，集拼中心分别为西安、太原、郑州、武汉和苏州；当 $v_2 = 120$ 千米/小时时，集拼中心分别为西安、太原、广州、武汉和苏州。

6）清关时间成本对集拼中心选址结果的影响

中欧班列在通过不同国际货运大通道的口岸时，由于口岸工作效率、过关手续等的不同，进行清关的时间也不同。随着"一带一路"倡议的发展，通过国际合作与磋商可以有效降低清关时间，这意味着清关时间的未来趋势是逐渐为零。因此将满洲里、二连浩特和阿拉山口的清关时间分别设为{4,3,5}、{4,3,4}、{3,3,4}、{3,3,3}、{2,2,2}、{1,1,1}，以观察集拼中心选址的变化。结果显示清关时间的变化对集拼中心数量以及总成本没有任何影响。

3.7 本章小结

本章首先根据国家政策、班列开行情况以及地区发展情况等对中欧班列集拼中心进行定性研究，在全国范围内确定了 27 个集拼备选城市，其次以 27 个城市为节点分别构建了铁路、高速公路以及国道三种货运网络，利用复杂网络理论，采用基于熵权的 TOPSIS 模型，并综合考虑铁路、高速公路和国道的货物运价，对集拼备选城市的集货能力进行了评价，最后利用混合整数规划模型确定了集拼中心最优选址方案。主要结论如下。

（1）优化结果表明，在 2020 年中欧贸易量达到 520 兆吨的情况下，西安、太原、郑州、武汉和苏州应成为最优集拼中心组合。其中，西安、太原、郑州和武汉位于中国西北、北部和中部地区，可以承接腹地各大城市货物；而地处东南沿海地区的苏州则主要负责来自沿海城市的货物。

（2）在国内进行货物集拼的运输方式选择上，选择公路运输的城市数量远高于选择铁路运输的。这是由于起始点城市到集拼中心的距离相较集拼中心到国外目的地的距离短很多，导致公路运输总成本远小于铁路运输总成本。

（3）中欧班列集拼中心数量多少对中欧班列的发班频次和货物的时间价值的变化最为敏感，对集拼中心建设成本、运输价格和运输速度变化的敏感程度次之。

（4）分别构建了中欧班列开行城市节点的铁路、高速公路和国道货运网络，具体刻画网络拓扑结构，并分别对其网络节点城市重要性和集货能力进行科学评估，使得中欧班列运营方对自身情况一目了然，便于管理者有针对性地优化交通路网建设，确保中欧班列运输网络体系能够进一步完善。

第4章　考虑碳排放的中欧班列集拼网络优化研究

2017年首届"一带一路"国际合作高峰论坛提出建设绿色"一带一路"的具体倡议。2019年第二届"一带一路"国际合作高峰论坛再次强调了绿色发展对建设"丝绸之路经济带"的重要性。二氧化碳排放是全球气候变暖的主要原因，给人类生存发展带来了巨大挑战。为响应绿色"一带一路"倡议，从环境可持续的视角研究中欧班列集拼中心的选址和路径优化问题十分必要。本章从政府决策者的角度，研究了考虑碳减排因素下的中欧班列集拼中心选址优化问题，在此基础上，从中欧班列运营商的角度，研究了考虑碳排放的中欧班列路径优化问题（Cheng et al.，2021）。

4.1　问　题　描　述

中欧班列集拼中心选址是一个设施选址问题，本章将系统性地阐述考虑环境可持续时的集拼中心选址问题，通过适当地简化将现实问题抽象为一个数学问题。目前，为抢占中欧班列市场，中国各省、市政府独自牵头组建班列运营公司，协调国铁集团、地方铁路局和中铁集装箱公司开通直达中欧班列，因而资源没有得到有效整合。现有的中欧班列普遍按直达模式开行，由于缺乏货源等原因，大部分班列的开行频率低于1列/周，组织效率不高。

图4-1展示了集拼模式下的中欧班列运输网络，货物首先从货源地 o 运至集拼中心 i，集拼完成后，班列搭载从集拼中心 i 出发的货物通过口岸 j 出境，最终抵达目的城市 d。本章需要在满足决策目标最优的前提下，确定中欧班列集拼中心的数量以及位置。Zhao等（2018）的研究论证了集拼模式能够解决中欧班列目前存在的满载率低、利润低，以及政府为吸引货源不得不采取高额补贴的压力等问题。本章将从政府决策者的角度出发研究集拼中心的选址问题，进一步考虑绿色"一带一路"倡议对温室气体减排的影响，以使得中欧班列的运营成本最小化，同时，降低整个运输网络的温室气体排放量。

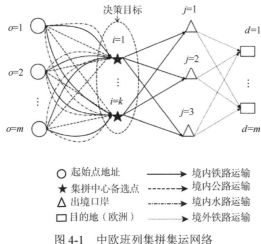

图 4-1　中欧班列集拼集运网络

《中欧班列建设发展规划（2016—2020 年）》中规划了中欧班列出境的西、中、东三大通道，分别对应了阿拉山口/霍尔果斯、二连浩特、满洲里/绥芬河五个口岸。因阿拉山口和霍尔果斯口岸，以及满洲里和绥芬河口岸在地理位置上紧紧相连，且在实际运营层面，西通道的班列主要经由阿拉山口口岸出境，东通道的班列主要经由满洲里口岸出境。为简化问题，本章根据中欧班列的三大通道，将阿拉山口、二连浩特和满洲里作为本章所讨论的中欧班列集拼集运网络的出境口岸。

4.2　集拼中心备选点筛选

当前，中国各省份均有多个城市开通中欧班列，不少省政府已经意识到资源整合对提高中欧班列运行效率的重要性，开始尝试对中欧班列线路进行整合，如山东省将班列品牌统一为"齐鲁号"欧亚班列，并将班列线路进行整合；浙江省统筹全省资源发展"义新欧+"模式，通过整合杭州、宁波、温州、金华（义乌）的货物资源，全力支持义乌开行的中欧班列，将省内其他城市的货源整合到"义新欧"班列上。此外，还有四川省的"蓉欧班列"、陕西省的"长安号"、湖北省的"长江号"等。中欧班列的竞争实际演变为中国地方政府间的竞争，为避免资源分散造成规模效应的减弱，本章将集拼中心备选节点的筛选分为两个阶段。首先，建立评价准则，在开通中欧班列的省份筛选出一个城市作为集拼中心的备选节点；其次，由于考虑了通过水路对中欧班列货物进行集拼，增加具有水铁联运优势的城市作为集拼中心备选节点。这样使得中欧班列运输网络中的起始点数量控制在较为合适的范围内，同时，筛选出了具有较大竞争力的城市作为中欧班列集拼中心的备选节点。

　　本章首先剔除了目前仍未开行中欧班列的西藏自治区、海南省、台湾省，以及香港、澳门特别行政区。由于北京市的定位是中国行政中心，不适合承担大型物流枢纽的作用，故本章也将其剔除。第一阶段，本章从班列开行累积优势、交通区位、行政支持三个维度设立了筛选标准。①该城市目前是否已开通中欧班列；②该城市是否为国家物流枢纽布局承载城市（陆港型、港口型）；③该城市是否为省会或副省级城市。

　　筛选标准①代表目前已开通中欧班列的城市在成为集拼中心方面拥有既有的资源累积优势；筛选标准②中的国家物流枢纽布局承载城市取自《国家物流枢纽布局和建设规划》，这是由国家发展改革委和交通运输部于 2018 年 12 月发布的中国物流基础设施部署规划；筛选标准③代表该节点城市是否是所属省份的行政中心。现在已开通中欧班列的城市往往有固定的货源供应，也已经积累了一定的基础设施优势，是选择作为集拼中心最重要的标准。是否被列入国家物流枢纽布局承载城市属于国家层面的战略规划，国家物流枢纽城市往往拥有良好的交通网络，能够作为是否适合成为集拼中心的重要参考。省会和副省级城市往往拥有更好的交通基础设施和综合管理能力，中欧班列受政策影响较大，各省份往往更易将资源倾斜到其省会或副省级城市上，故省会或副省级城市在成为集拼中心方面更有优势。根据第 3 章的选择标准，本章将是否为省会或副省级城市作为中欧班列集拼中心备选节点的筛选标准之一。基于以上分析，规定以上三个筛选标准的优先级为：①＞②＞③。

　　第一步结果：石家庄、青岛、沈阳、哈尔滨、长春、兰州、郑州、南京、武汉、长沙、南昌、广州、昆明、厦门、太原、成都、西安、贵阳、合肥、呼和浩特、乌鲁木齐、天津、重庆、上海。

　　第二步-1 结果：格尔木、钦州。

　　第二步-2 结果：银川。

　　第二步-3 结果：无。

　　第三步-1 结果：义乌。

　　第三步-2 结果：无。

　　第三步-3 结果：无。

　　经过以上过程，第一阶段筛选得到的结果如表 4-1 所示。

表 4-1　第一阶段备选节点城市筛选结果及其指标值

备选节点	省份	是否开通中欧班列	物流枢纽定位	是否为省会或副省级城市	班列首次开行时间
石家庄	河北省	是	陆港型	是	2018 年 6 月 2 日
青岛	山东省	是	港口型	是	2015 年 7 月 21 日

续表

备选节点	省份	是否开通中欧班列	物流枢纽定位	是否为省会或副省级城市	班列首次开行时间
沈阳	辽宁省	是	陆港型	是	2014 年 8 月
哈尔滨	黑龙江省	是	陆港型	是	2015 年 2 月 28 日
长春	吉林省	是	陆港型	是	2017 年 10 月 13 日
兰州	甘肃省	是	陆港型	是	2018 年 4 月 21 日
格尔木	青海省	是	陆港型	否	2017 年 8 月 20 日
郑州	河南省	是	陆港型	是	2013 年 7 月 18 日
南京	江苏省	是	陆港型与港口型	是	2016 年 6 月 29 日
武汉	湖北省	是	陆港型与港口型	是	2012 年 10 月 24 日
长沙	湖南省	是	陆港型	是	2014 年 10 月
南昌	江西省	是	陆港型	是	2018 年 4 月 20 日
义乌	浙江省	是	—	否	2014 年 11 月 18 日
广州	广东省	是	港口型	是	2016 年 8 月 28 日
昆明	云南省	是	陆港型	是	2017 年 12 月 19 日
厦门	福建省	是	港口型	是	2015 年 8 月 16 日
太原	山西省	是	陆港型	是	2017 年 2 月 15 日
成都	四川省	是	陆港型	是	2013 年 4 月 26 日
西安	陕西省	是	陆港型	是	2013 年 11 月 28 日
贵阳	贵州省	是	陆港型	是	2015 年 7 月 1 日
合肥	安徽省	是	陆港型	是	2014 年 6 月
呼和浩特	内蒙古自治区	是	陆港型	是	2018 年 9 月 4 日
乌鲁木齐	新疆维吾尔自治区	是	陆港型	是	2016 年 5 月 26 日
银川	宁夏回族自治区	是	—	是	2017 年 9 月 5 日
钦州	广西壮族自治区	是	港口型	否	2018 年 1 月 17 日
天津	天津市	是	港口型	是	2016 年 11 月 21 日
重庆	重庆市	是	陆港型与港口型	是	2011 年 3 月 19 日
上海	上海市	是	港口型	是	2018 年 3 月 30 日

　　本章所建立的中欧班列运输网络包括铁路、公路、水路三种集拼运输方式。其中，水路运输最具环境可持续性效益，并且不同城市的铁路基础设施和水路连通性往往差别较大。在第二阶段的筛选中，着重考虑在铁水联运方面有较大优势的城市节点。根据《"十三五"铁路集装箱多式联运发展规划》，在"一带一路"和中欧班列背景下，国家将重点发展营口、天津、青岛、连云港、上海、宁波、厦门、深圳、广州、湛江、南京、武汉和重庆共 13 个城市的港口疏港铁路

项目，支持它们统筹资源，发展集装箱铁水联运。因此，在第一阶段筛选结果的基础上，将以上 13 个港口城市重合的节点作为新增的集拼中心备选节点。第二阶段筛选后新增的集拼中心备选节点城市如表 4-2 所示。

表 4-2　第二阶段备选节点城市筛选结果及其指标值

备选节点	省份	是否开通 中欧班列	物流枢纽 定位	是否为集装箱铁水联 运重点发展城市	班列首次开行时间
连云港	江苏省	是	港口型	是	2015 年 11 月 29 日
营口	辽宁省	是	港口型	是	2014 年 10 月 18 日
深圳	广东省	是	港口型	是	2017 年 5 月 22 日

在经历过两个阶段的筛选后，筛选出的 31 个集拼中心备选节点城市是：石家庄、青岛、沈阳、哈尔滨、长春、兰州、格尔木、郑州、南京、武汉、长沙、南昌、义乌、广州、昆明、厦门、太原、成都、西安、贵阳、合肥、呼和浩特、乌鲁木齐、银川、钦州、天津、重庆、上海、连云港、营口、深圳。它们将作为本章所讨论的中欧班列运输网络的货源起点，本章将通过数学优化方法从中选择若干个节点城市作为集拼中心。

4.3　中欧班列货运网络构建

与目前大部分班列均为直达模式相比，集拼模式改变了中国境内的中欧班列运输网络，本书建立中欧班列货物集拼的多式联运网络，这会对集拼中心的选址起到至关重要的作用。

中欧班列是以铁路为主要运输载体，集装箱为主要货物运输单元的国际货运班列，现已成为连通中国与欧洲等国家的重要陆路运输通道，具备海运所不具备的运距短、速度快、安全性高等优势。本章考虑使用公路、铁路、水路三种运输方式进行中欧班列货物的集拼。目前，国内已经建立起了相当完善的公铁水运输网络。截至 2018 年末，全国公路总里程达 484.65 万公里，其中，高速公路达 14.26 万公里，居世界第一，我国公路密度已达 50.48 公里/公里 ^{2}；全国铁路营业里程达 13.1 万公里以上，全国铁路路网密度达 136.9 公里/万公里 ^{2}；全国内河航道通航里程达 12.71 万公里，其中，三级及以上航道里程达 1.35 万公里。与此同时，2018 年全国港口完成货物吞吐量 143.51 亿吨，集装箱吞吐量 2.51 亿标箱。通过国内发达的公铁水网络进行中欧班列货物的集拼，将补足中欧班列在末端运输上货量小、不够灵活等缺陷，充分利用公路"门到门"运输的优势，铁路和水路绿色环保的优势，水路运费低的优势等。由于航空运输一般适用于货值高、对时效性要求极强的货物，因此，本章将其排除在中欧班列多式联运集拼网络之外。

类似于第 3 章中的网络构建，对于一个交通拓扑网络 $G=\{V, E, M\}$，令 $V=\{v_i \mid i \in I\}$ 表示节点城市的集合，$E=\{e_{ij}=(v_i, v_j) \mid i, j \in I\} \subseteq V \times V$ 表示节点城市之间通过某种交通运输方式的连接关系的集合，其中，$I=\{1, 2, \cdots, N\}$，N 表示节点城市的数量，$M=(m_{ij})_{n \times n}$ 表示该网络所对应的邻接矩阵，对 m_{ij} 本章定义如下：

$$m_{ij} = \begin{cases} 1, (v_i, v_j) \in E \\ 0, (v_i, v_j) \notin E \end{cases} \tag{4-1}$$

其中，两个节点城市 v_i 与 v_j 之间以某种交通运输方式连接，则 $m_{ij}=1$；否则，$m_{ij}=0$。

在建立考虑环境因素的集拼中心选址模型之前，需要首先确立多式联运集拼网络的连通性，作为集拼中心选址模型的数据基础。本章将分别确立铁路、公路和水路集拼网络的连通性。由于近年来完善的基础设施建设，中国境内的铁路和公路通达性较好。4.2 节选取的 31 个备选节点城市基本都是省会城市、副省级城市或者一个省份中的大型城市，本章在中国铁路 95306 网（http://www.95306.cn/）中查询了其中任意两个城市的铁路货运情况，结果表明通过铁路可以实现任意两个城市间的货物运输。同样地，通过在百度地图（https://map.baidu.com/）中查询中国高速公路网络和国道网络，表明通过公路也可以实现任意两个城市间的货物运输。因此，本章建立了全连通的铁路和公路网络。全连通网络的邻接矩阵表达如式（4-2）所示。

$$M = \begin{cases} 1 & 1 & \cdots & 1 \\ 1 & 1 & \cdots & 1 \\ \vdots & \vdots & & \vdots \\ 1 & 1 & \cdots & 1 \end{cases}_{n \times n} \tag{4-2}$$

对于全连通网络，网络中的任意两个节点都是相连的。本章所构建的多式联运集拼网络共包括 31 个节点城市，其中，铁路和公路网络的连通性是一样的，均视为全连通的。

然而，在本章所构建的集拼网络中，很多节点城市为内陆城市，无法通过水路通达。因此，水路集拼网络是非全连通的。若想通过水路运输进行货物集拼，只能依托长江沿岸港口和沿海港口通达。故本章选择了 31 个备选节点城市中的沿海和沿长江的 14 个城市，分别是青岛、广州、厦门、钦州、天津、上海、南京、武汉、长沙、南昌、重庆、连云港、营口、深圳，建立了一个水路集拼子网络，即这 14 个沿海和沿江城市可以由水路直达或者中转的方式，通过水路运输，实现城市间的通达。

4.4　考虑碳排放的中欧班列集拼中心选址模型构建

4.4.1　环境准则度量

在货运所带来的外部效应中，温室气体排放是被研究得最为广泛的一种。其造成的大气改变和气候破坏会对自然环境产生灾难性的毁坏，同时对人类带来潜在的健康风险。美国环保署在 2009 年就已经认定温室气体会对人类健康和社会福利构成危险。因为交通运输而人为产生的温室气体主要包括二氧化碳（CO_2）、甲烷（CH_4）、氧化亚氮（N_2O）和臭氧（O_3），可以通过计算二氧化碳当量（CO_2e）对它们统一度量。本章将考虑降低温室气体的排放对集拼中心选址的影响，并通过 CO_2e 对温室气体排放进行统一度量。

量化运输过程中产生的排放量依赖于对其燃油消耗的计算和不同情况下的排放因子。有很多模型提供了计算交通工具燃油消耗的方法。这些模型依赖大量的数据输入，而中欧班列横跨了亚欧大陆，无论是发动机类型、运载工具行驶速度、路况、燃油流量或排放因子等，都很难获取到详尽和准确的参数。EcoTransIT World（https://www.ecotransit.org/）是由德国能源与环境研究院（the German Institute for Energy and Environmental Research，IFEU）开发的排放计算工具，其度量方法如式（4-3）和式（4-4）所示。

$$EMT = Dis \times M \times (EMV_{tkm} + EMU_{tkm}) \tag{4-3}$$

$$ECT = Dis \times M \times (ECF_{tkm} + ECU_{tkm}) \tag{4-4}$$

其中，EMT 为运载工具从油井到油轮（well-to-wheel，WTW）的排放量，EMV_{tkm} 为从油箱到油轮（tank-to-wheel，TTW）的排放量，EMU_{tkm} 为从油井到油箱（well-to-tank，WTT）的排放量。ECT 为运载工具在 WTW 阶段的能源消耗，ECF_{tkm} 和 ECU_{tkm} 分别为 TTW 和 WTT 阶段的能源消耗。Dis 为运输距离，M 为货运量。由于电力机车的能源消耗不会产生任何排放，为统一度量标准，本章将计算各运输方式 WTW 范围的能源消耗。EMV_{tkm}、EMU_{tkm}、ECF_{tkm} 和 ECU_{tkm} 的计算规则、参数、输入的数据由 IFEU 提供。集拼模式下的中欧班列增加了集装箱转运过程，为了将 CO_2e 排放量计算得更加精确，本章将运输过程中的碳排放和在集拼中心处理货物产生的碳排放分开处理。

4.4.2　基本假设

模型建立的基本假设如下。

（1）运输方式的转换仅发生在集拼中心处，即在货物集拼前可以选用铁路、公路和水路进行货物运输，到达集拼中心后，均需要转换成为铁路运输，这是由中欧班列运输网络的特性决定的。

（2）货物起始点为筛选出的 31 个货源地城市，目的地为欧洲城市。

（3）所有货源地城市和集拼中心都支持铁路和公路运输，但仅有部分支持水路运输，与 4.3 节构建的水路集拼网络保持一致。

（4）集拼中心有货物处理能力限制。

4.4.3　符号说明

在呈现数学模型之前，首先将模型中涉及的参数、变量等整理如表 4-3 所示。

表 4-3　选址模型中使用的符号说明

符号	定义
$O=\{1,2,\cdots,o\}$	中欧班列国内起点的集合，其中，$o \in O$
$I=\{1,2,\cdots,i\} \subseteq O$	集拼中心的集合，其中，$i \in I$
$J=\{1,2,3\}$	出境口岸的集合，其中，$j \in J$
$D=\{1,2,\cdots,d\}$	中欧班列欧洲终点的集合，其中，$d \in D$
$L=\{1,2,3\}$	其中，$l \in L$。当 $l=1$ 时，为铁路运输；当 $l=2$ 时，为公路运输；当 $l=3$ 时，为水路运输
参数	
D_o	货源地 o 的货运量
D_d	目的地 d 的货物需求量
bc_i	在备选节点 i 建设集拼中心时的建设成本
rc_{oi}^l	货物集拼前，第 l 种运输方式的单位货物在途成本
rc_{ijd}	货物集拼后，单位货物通过铁路运输的在途成本
hc_i	在集拼中心 i，单位货物的处理（装卸、搬运、拼箱等操作）费用
E	集拼中心的最大处理能力
β	集拼中心处的货物拥挤参数，大于 0
f_j	中欧班列通道的通行能力限制，与口岸 j 对应
W	一列班列的核载量
cc_j	在出境口岸 j，单位货物的通关成本，即因办理通关手续、换轨等而产生的时间成本
e_{oi}^l	单位货物通过 l 种运输方式，从起点 o 到集拼中心 i 产生的碳排放

续表

符号	定义
e_{ijd}	单位货物通过铁路运输，从集拼中心 i 通过口岸 j 到目的地 d 产生的碳排放
he_i	在集拼中心 i，处理每单位货物产生的碳排放
决策变量	
x_{oi}^l	通过第 l 种运输方式，从起点 o 运至集拼中心 i 的货量
y_{ijd}	通过铁路运输，从集拼中心 i 通过口岸 j 运至目的地 d 的货量
Y_i	0-1 变量，若在备选节点 i 建设集拼中心，则为 1；否则，为 0

4.4.4 考虑环境因素的集拼中心选址模型

本章针对如何实现中欧班列集拼中心绿色化的问题建立了如下数学模型：

$$[\text{M}_0]\ \underset{x_{oi}^l, y_{ijd}, Y_i}{\text{Min}}\quad Z_1 = \sum_{i\in I} bc_i \cdot Y_i + \sum_{l\in L}\sum_{o\in O}\sum_{i\in I} rc_{oi}^l \cdot x_{oi}^l$$

$$+\sum_{i\in I}\sum_{j\in J}\sum_{d\in D} rc_{ijd} \cdot y_{ijd}$$

$$+\sum_{l\in L}\sum_{o\in O}\sum_{i\in I} hc_i \cdot x_{oi}^l + \sum_{i\in I}\sum_{j\in J}\sum_{d\in D} cc_j \cdot y_{ijd} \tag{4-5}$$

$$+\sum_{i\in I}\beta\cdot\max\{0, R_i - E\}$$

$$\underset{x_{oi}^l, y_{ijd}}{\text{Min}}\quad Z_2 = \sum_{l\in L}\sum_{o\in O}\sum_{i\in I} e_{oi}^l \cdot x_{oi}^l + \sum_{i\in I}\sum_{j\in J}\sum_{d\in D} e_{ijd} \cdot y_{ijd}$$

$$+\sum_{l\in L}\sum_{o\in O}\sum_{i\in I} he_i \cdot x_{oi}^l \tag{4-6}$$

s.t.

$$\sum_{l\in L}\sum_{o\in O} x_{oi}^l = R_i, \forall i\in I \tag{4-7}$$

$$\sum_{i\in I}\sum_{d\in D} y_{ijd} \leqslant f_j\cdot W, \forall j\in J \tag{4-8}$$

$$\sum_{l\in L}\sum_{o\in O} x_{oi}^l = \sum_{j\in J}\sum_{d\in D} y_{ijd}, \forall i\in I \tag{4-9}$$

$$\sum_{l\in L}\sum_{i\in I} x_{oi}^l = D_o, \forall o\in O \tag{4-10}$$

$$\sum_{i\in I}\sum_{j\in J} y_{ijd} = D_d, \forall d\in D \tag{4-11}$$

$$x_{oi}^l \leqslant M\cdot Y_i, \forall l\in L, o\in O, i\in I \tag{4-12}$$

$$y_{ijd} \leqslant M\cdot Y_i, \forall i\in I, j\in J, d\in D \tag{4-13}$$

$$Y_i \in\{0,1\}, \forall i\in I \tag{4-14}$$

$$x_{oi}^l \geqslant 0, y_{ijd} \geqslant 0, R_i \geqslant 0, \forall l\in L, o\in O, i\in I, j\in J, d\in D \tag{4-15}$$

模型 M_0 是一个双目标混合整数规划模型。目标函数 Z_1 是经济目标，代表集拼模式下的中欧班列运营成本，其中，$\sum_{i\in I} bc_i\cdot Y_i$ 表示集拼中心的固定建设成本，$\sum_{l\in L}\sum_{o\in O}\sum_{i\in I}rc_{oi}^l\cdot x_{oi}^l$ 和 $\sum_{i\in I}\sum_{j\in J}\sum_{d\in D}rc_{ijd}\cdot y_{ijd}$ 分别表示货物在集拼前和集拼后的在途成本，$\sum_{l\in L}\sum_{o\in O}\sum_{i\in I}hc_i\cdot x_{oi}^l$ 表示货物在集拼中心的处理成本，$\sum_{i\in I}\sum_{j\in J}\sum_{d\in D}cc_j\cdot y_{ijd}$ 表示口岸通关成本，$\sum_{i\in I}\beta\cdot\max\{0,R_i-E\}$ 表示货物在集拼中心的拥挤等待成本，R_i 为集拼到中心 i 的货物量。目标函数 Z_2 是环境目标，代表集拼模式下的碳排放，$\sum_{l\in L}\sum_{o\in O}\sum_{i\in I}e_{oi}^l\cdot x_{oi}^l$ 和 $\sum_{i\in I}\sum_{j\in J}\sum_{d\in D}e_{ijd}\cdot y_{ijd}$ 为货物运输过程中产生的碳排放，前者表示集拼前的路段，后者表示集拼后的路段；$\sum_{l\in L}\sum_{o\in O}\sum_{i\in I}he_i\cdot x_{oi}^l$ 为集拼中心处理货物时产生的碳排放。其中，经济目标中的货物在途成本包括运输成本和货物运输的时间价值成本。

$$rc_{oi}^l=\alpha\cdot s_{oi}^l/v_1^l+p_1^l\cdot s_{oi}^l \qquad (4\text{-}16)$$

$$rc_{ijd}=\alpha\cdot s_{ijd}/v_2+p_2\cdot s_{ijd} \qquad (4\text{-}17)$$

式（4-16）表示集拼前，货物的在途成本；式（4-17）表示集拼后，货物的在途成本。其中，α 为每吨货物的单位时间价值；s_{oi}^l 为使用第 l 种运输工具运输时，从起点 o 到集拼中心 i 的运输距离；s_{ijd} 为从集拼中心 i 通过铁路运输，经过出境口岸 j 到达终点 d 的运输距离；v_1^l 为货物集拼前，第 l 种运输方式的运输速度；v_2 为从集拼中心至境外运输段上的铁路运输的速度；p_1^l 为货物集拼前，使用第 l 种运输方式时，每吨货物的单位运输距离价格；p_2 为货物集拼后，每吨货物通过铁路运输的单位运输距离价格。

约束条件（4-7）表示流入集拼中心的货量总和等于在集拼中心处理的货量。约束条件（4-8）表示中欧班列通道的通行能力限制。约束条件（4-9）表示流入和流出集拼中心的货流量守恒。约束条件（4-10）和（4-11）表示货源地和终点的货运需求分别与路径上的货流量守恒。约束条件（4-12）和（4-13）表示选址结果与货流量守恒，当备选节点城市未被选中为集拼中心时（$Y_i=0$），到达或从节点 i 出发的货流量也应为 0；否则，相应的货流量应小于 M 的值，这里 M 取一个较大的值。约束条件（4-14）定义了集拼中心选址的 0-1 变量，约束条件（4-15）定义了与货流量相关的连续型决策变量。

4.5 模型求解方法

4.5.1 模型线性化

在 M_0 中，目标函数 Z_1 的 $\sum_{i\in I}\beta\cdot\max\{0,R_i-E\}$ 这一项导致目标函数是非线

性的，这为模型的求解增加了难度。为使 M_0 变得更易处理，避免求解过程中计算量的增加，本节将 M_0 进行变形，使用以下方法将模型线性化。

$$[M_1] \quad \min_{x_{oi}^l, y_{ijd}, Y_i} \quad Z_1 = \sum_{i \in I} bc_i \cdot Y_i + \sum_{l \in L} \sum_{o \in O} \sum_{i \in I} rc_{oi}^l \cdot x_{oi}^l$$

$$+ \sum_{i \in I} \sum_{j \in J} \sum_{d \in D} rc_{ijd} \cdot y_{ijd} + \sum_{l \in L} \sum_{o \in O} \sum_{i \in I} hc_i \cdot x_{oi}^l \quad (4\text{-}18)$$

$$+ \sum_{i \in I} \sum_{j \in J} \sum_{d \in D} cc_j \cdot y_{ijd} + \sum_{i \in I} \beta \cdot \pi_i$$

$$\min_{x_{oi}^l, y_{ijd}} Z_2 = \sum_{l \in L} \sum_{o \in O} \sum_{i \in I} e_{oi}^l \cdot x_{oi}^l + \sum_{i \in I} \sum_{j \in J} \sum_{d \in D} e_{ijd} \cdot y_{ijd} \quad (4\text{-}19)$$

$$+ \sum_{l \in L} \sum_{o \in O} \sum_{i \in I} he_i \cdot x_{oi}^l$$

s.t.

$$\pi_i \geqslant R_i - E, \forall i \in I \quad （4\text{-}20）$$

$$\pi_i \geqslant 0, \forall i \in I \quad （4\text{-}21）$$

$$X \in \Omega \quad （4\text{-}22）$$

其中，$X = \{ x_{oi}^l，y_{ijd}，Y_i \}$，$\forall o \in O，i \in I，j \in J，d \in D，l \in L$ 表示全体决策变量，Ω 表示 M_0 的约束条件（4-7）～（4-15），且表示全体约束条件的集合。

此外，为替换掉 M_0 中目标函数的 $\max\{0，R_i - E\}$ 这一项，新增变量 π_i，同时，为使得 M_1 与 M_0 保持一致，新增约束条件（4-20）和（4-21）。至此，本节将求解一个线性规划问题。

4.5.2　多目标问题的求解方法

M_1 是一个典型的多目标混合整数规划模型，这意味着几乎不存在使得所有目标都达到最优的解，因此，需要遵循帕累托最优概念对各目标进行权衡。如果一个解是帕累托最优的，那么意味着不存在帕累托改进的余地，即不能够在使其他目标不变坏的情况下，将其中一些目标变得更好。通过该概念能够产生一系列的帕累托最优解，由帕累托最优解集绘制的图像被称作帕累托前沿。

目前，求解多目标规模模型的方法主要有：ε 约束法、分层序列法、功效系数法、评价函数法等，考虑到 M_1 的两个目标函数，经济目标和环境目标的数量级差别较大，以及本书想通过求得帕累托前沿给政府决策者提供更多的决策参考。因此，本节采用 Mavrotas 于 2009 年提出的增广 ε 约束方法对所建立的双目标规划模型进行求解，该方法在 ε 约束方法的基础上进行改进。应用增广 ε 约束方法进行求解的伪代码如表 4-4 所示。

表 4-4　增广 ε 约束方法伪代码

1. Lexicographic optimization to create the payoff table

  1.1 $\min Z_1(X)$

    s.t.

    Eqs.（18）-（20）

    Output：solution $x_1 = (z_1^*, z_2)$

  1.2 $\min Z_2(X)$

    s.t.

    Eqs.（18）-（20），$Z_1(X) = z_1^*$

    Output：solution $x_2 = (z_1^*, z_2^*)$

  1.3 Repeat（1.1）for $Z_2(X)$

  1.4 Determine the payoff table for the two objectives

2. Set ε values

  2.1 Set range of the objective function：

    $r = Z_{2\max} - Z_{2\min}$

  2.2 Set the number of grid points q

  2.3 Set the variation of ε：

    $\Delta\varepsilon = r / q$

3. Solve problem（where S is the surplus variable and eps is a small number，usually between 10^{-3} and 10^{-6}）

  $n = 0$

  while　$n \leqslant q$

  do

  $\min Z_1(X) - \mathrm{eps} \cdot (s / r)$

    s.t.

    Eqs.(18)-(20)

    $Z_2(X) + s = Z_{2\max} - n \cdot \Delta\varepsilon$

    $n = n + 1$

    $s \geqslant 0$

  end

  ε 约束方法对多个目标中的其中一个进行优化，将其他目标转变为约束条件，使用可允许范围内的 ε 值进行约束，通过改变 ε 的值获得完整的帕累托解集，该方法具有很多优点。作为一种后验的求解方法，它可以先产生所有帕累托有效解，之后再由决策者根据自身的偏好在其中选择最满意的解。根据 Mavrotas（2009）可知，传统 ε 约束方法在应用的过程中有三个问题需要特别关注：①如何计算目标函数在有效解集内的取值范围；②所求得解的有效性（可能会产生弱有效解）；③目标函数过多时对求解时间的增加。而增广 ε 约束方法能够很好地解决这三个问题，首先，通过次序优化方法计算各目标函数在问题可行域范围内的取值；其次，通过把目标函数的约束转换为等式保证只产生有效解；最后，对于有三个以上目标函数的模型，设计了提前退出的加速算法，以加快求解速度。

如表 4-4 所示，增广 ε 约束方法的实现分为三个步骤。

步骤 1：通过次序优化方法创建偿还表。

对于本书所提出的双目标混合整数规划模型，本节通过将环境目标转化为约束对经济目标进行优化。因此，只要确定环境目标 Z_2 的取值范围即可。通过表4-4 中的步骤 1.2 求得 Z_{2max}，通过步骤 1.3 求得 Z_{2min}。

步骤 2：设定 ε 的值。

在完成步骤 1 之后，本节将目标函数 Z_2 的取值范围设为 $r=Z_{2max}-Z_{2min}$，同时确定栅格点数量 q 的值。取 $\Delta\varepsilon=r/q$ 作为步骤 3 迭代求解的步长。

步骤 3：迭代求解。

增广 ε 约束法将对目标函数的约束由不等式转换为等式，并使用 $\Delta\varepsilon$ 作为步长进行迭代求解，最终求得若干个有效解。

在中欧班列背景下，由于还没有制定明确的碳减排标准和详细的减排机制，本节将优化经济目标，把环境目标作为限制条件，对 M_1 进行求解。这样的做法有两方面的好处：一方面，在权衡经济目标和环境目标进行折中求解时，以经济目标为主导，通过环境目标进行约束更符合实际；另一方面，若未来出台了中欧班列相应的碳减排标准，可轻易地通过改变模型中环境目标的取值范围求得达到减排目标的解。本节将使用求解器 Cplex12.8.0 对模型进行求解。

4.6　模型实证分析

4.6.1　输入数据评估

1. 运输距离评估

本书构建了铁路、公路和水运网络，并确定了节点之间的连通性，为求解模型，需要确定各节点间的运输距离。本书通过中国铁路 95306 网（http://www.95306.cn/）查询到了 31 个备选城市节点间的铁路运距，在百度地图网站（https://map.baidu.com）查询了节点间的公路运距，水路运距数据来源为港口里程查询工具（https://www.cnss.com.cn）和长江航道主要港口里程表（http://www.360doc.com/content/18/0118/15/52117377_723074229.shtml）。完成集拼后，通过铁路运输将货物由集拼中心运至欧洲目的地，由于涉及境外段的铁路运距数据，本书通过 EcoTransIT World 网站的"CALCULATION"功能获取相应的数据。该计算工具中的距离数据通过 GIS（geographic information system，地理信息系统）获取，数据可靠性高。

2. 中欧班列货运需求评估

货运中心属于大型物流基础设施，考虑到集拼中心的建设周期和货物处理能力规划，本书将对中欧班列的货运需求进行预测，使用预测的需求数据对模型进行求解。从图 1-1 可以看出，近年来中欧班列的开行数量呈指数型爆发增长，若直接预测中欧班列的货运增长可能会产生较大偏差。目前，中欧贸易主要通过远洋运输，中欧班列的发展将为中欧贸易运输提供新的选择，成为中欧间航运的主要竞争对手。本书首先预测未来的中欧贸易量，其次通过相应的系数估算未来的中欧班列货运需求。通过《中国口岸年鉴》（2001～2017 年）查询到的历年中国出口贸易量如表 4-5 所示。

表 4-5　2000～2016 年中国出口贸易量

项目	2000 年	2001 年	2002 年	2003 年	2004 年	2005 年	2006 年	2007 年	2008 年
出口贸易量/10^9 吨	0.3194	—	1.1534	1.0661	1.3584	1.3013	1.2309	—	1.3009

项目	2009 年	2010 年	2011 年	2012 年	2013 年	2014 年	2015 年	2016 年
出口贸易量/10^9 吨	1.2519	1.2915	1.4532	1.3613	1.2969	1.5195	1.5693	—

由于 2001 年中国加入世界贸易组织（World Trade Organization，WTO），当年的出口贸易量并未对外公布。自 2016 年之后，中国国家口岸管理办公室调整了《中国口岸年鉴》的数据统计方式，不再公布中国出口贸易量的具体数值。对比 2000 年与 2002 年的出口贸易量数值，可以发现，中国加入 WTO 使得出口贸易实现了 3～4 倍的增长。考虑到数据的可获得性，本书使用 2002～2015 年的出口贸易量进行预测。其中，缺失了 2007 年的数据，本书使用三次样条函数插值法进行补齐。补齐后的 2007 年中国出口贸易量为 1.2686×10^9 英吨（1 英吨≈1.016 04 吨）。至此，本书获得了一组包含了 14 个数据点的时间序列。本书使用 EViews 10 对这组时间序列进行了 ADF（augmented Dickey-Fuller，增广迪基-富勒）检验，发现这是一组带趋势项和截距项的时间序列，将其进行一阶差分后是平稳的。但由于数据样本点较少，无论是使用 ARIMA（autoregressive integrated moving average，差分自回归移动平均）模型，还是线性回归方法都没有取得满意的预测效果。ADF 检验通常用来检验一组时间序列的平稳性，其统计方程能够很好地刻画一组时间序列的趋势。考虑到数据样本较少，本书将这组时间序列滞后 1 项，得到 ADF 检验的统计方程如式（4-23）所示。

$$\Delta y_t = C + \beta t + \alpha_1 y_{t-1} + \alpha_2 \Delta y_{t-1} + \varepsilon_t \tag{4-23}$$

其中，y_t 表示中国出口贸易量的时间序列；C 表示截距项，表示数据的偏移；t 表示时间指标；β 表示斜率，表示这组时间序列的趋势；α_1 为表示过程根的系数；

α_2 表示滞后项前的系数；ε_t 表示残差。

进一步得

$$y_t = C + \beta t + (1 + \alpha_1 + \alpha_2) y_{t-1} - \alpha_2 y_{t-2} + \varepsilon_t \qquad (4\text{-}24)$$

对于本书所研究的这组时间序列，通过 EViews 10 进行 ADF 检验后，得到各参数的值分别为：C=2.4×10^9，β=39 085 300，α_1= −2.042 826，α_2=0.738 964。

使用式（4-23）对 2025 年中国出口贸易量进行预测的结果如图 4-2 所示。

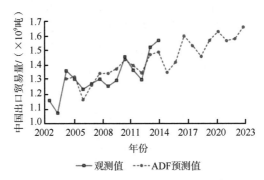

图 4-2　中国出口贸易量原始数据及预测值

预测得到的 2025 年中国出口贸易量的总和为 1.6609 英吨，预测值与原始数据的残差序列的均值为 0.0023，标准差为 0.0436，残差范围是 −6.0% 至 7.1%。残差序列的趋降标准 Q-Q 图如图 4-3 所示，可以看到，残差以 0 为中心对称均匀扩散，这表明该组残差序列近似正态分布。通过拟合得到，$\varepsilon_t \sim N (0, \sigma^2)$，$\sigma$=0.0437。残差的随机性和不可预测性表明使用 ADF 统计方程预测这组中国出口贸易量的时间序列的合理性和准确性。令 V 表示中国出口贸易量，中国出口贸易量中出口到欧洲的比例为 σ，其中，铁路货运（中欧班列）分担率为 ζ，所以，预测的中欧班列需求量为 $V \times \sigma \times \zeta$。

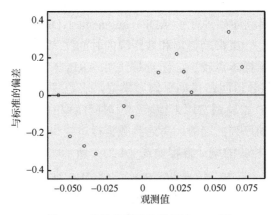

图 4-3　残差序列的趋降标准 Q-Q 图

国家统计局公布的《中国统计年鉴》显示，2013～2017 年，中国出口到欧洲的出口总额占中国出口总额的比例维持在稳定的水平，故本书取其平均值 σ=18.5%。Jiang 等（2018）分析了腹地模式下中欧班列的主要运输线路，预测未来中欧班列在中欧贸易间的货运分担率在 5%左右，故取 ζ=5.0%。这样，本书就得到了未来中欧班列的货运需求。2018 年中欧班列开行数量已经提前达到了《中欧班列建设发展规划（2016—2020 年）》中的目标。根据规划的制定周期一般为五年，考虑到历史数据量较少，因此，本书认为使用预测的 2025 年的需求作为集拼中心选址优化的数据输入是较为合理的。为将货运需求分摊到各货源起点上，本书使用《中国统计年鉴》中 2013～2017 年各省份出口额占比的平均值对中欧班列货运需求进行分摊。同样地，对于同一省份中有多个货源起点的情况，使用城市的出口额占比对中欧班列货运需求进行分摊。到 2025 年，各起点的中欧班列货运量估计值如表 4-6 所示。需要说明的是，由于以上出口比例在 2013～2017 年内的变化非常细微，本书假设各省市出口额占比在未来也不会有明显变化。

表 4-6　2025 年各货运地的中欧班列货运需求量估计值（单位：吨/年）

起点	货运需求量	起点	货运需求量	起点	货运需求量
石家庄	296 839.19	长沙	119 650.16	合肥	203 503.47
青岛	1 066 617.20	南昌	168 366.40	呼和浩特	39 387.27
沈阳	335 198.44	义乌	1 983 832.81	乌鲁木齐	110 106.38
哈尔滨	35 750.82	广州	4 584 451.61	银川	18 090.22
长春	35 674.10	昆明	65 318.12	钦州	97 616.61
兰州	11 446.40	厦门	625 685.34	天津	289 213.37
格尔木	1 917.96	太原	93 949.47	重庆	256 255.11
郑州	338 435.96	成都	237 934.73	上海	1 180 421.41
南京	2 541 990.53	西安	161 154.87	连云港	279 618.96
武汉	196 598.81	贵阳	37 177.78	营口	136 928.56
深圳	3 635 470.12				

4.6.2　参数设定

根据已确定的集拼中心 31 个备选节点，对于本次数值实验所使用的中欧班列终点，本书在中铁集装箱网站（http://www.crct.com/）获取了 2018 年中欧班列的开行周期表，统计得到 2018 年中欧班列发到欧洲国家的开行数量，如表 4-7 所示。开行周期表上的中欧班列线路大多为常态化开行的线路，可以看到，目的地为德国、俄罗斯和波兰三个国家的去程班列开行数量已经占到了开行总量的87.09%。为了对中欧班列运输网络进行合理简化，本书选择德国、俄罗斯和波兰作为目的地国家。在这三个国家中，中欧班列的目的地也较为固定，一般为汉堡、莫斯科和华沙。因此，选择汉堡、莫斯科和华沙作为本书构建的中欧班列运输网络的终点站，相应的货物需求量按其中欧班列开行数量进行分摊，分别为46.23%、27.96%、12.90%。

表 4-7　2018 年发到欧洲国家的中欧班列开行数量

序号	国家	班列开行数量/（列/周）	开行数量占比	开行数量累计占比
1	德国	43	46.23%	46.23%
2	俄罗斯	26	27.96%	74.19%
3	波兰	12	12.90%	87.09%
4	荷兰	6	6.45%	93.54%
5	白俄罗斯	2	2.15%	95.69%
6	土耳其	2	2.15%	97.84%
7	捷克	0.5	0.54%	98.38%
8	西班牙	0.5	0.54%	98.92%
9	匈牙利	0.5	0.54%	99.46%
10	比利时	0.5	0.54%	100%
总计	—	93	100%	—

中欧班列集拼中心与内陆铁路集装箱中心站的定位大致相同，参考中国物流园区建设投资规模（https://www.iyiou.com/p/36323.html），本书取集拼中心的固定建设成本 $bc_i=3\times10^8$ 元。Zhao 等（2018）对中欧班列的运营情况进行了调研，研究结果显示中欧班列集拼前平均时速能达到 $v_1^1=40$ 千米/小时，集拼后的平均时速为 $v_2=80$ 千米/小时。考虑到中国的公路建设情况及长江航道的通航情况，本书取 $v_1^2=60$ 千米/小时，$v_1^3=20$ 千米/小时。货物在集拼中心的平均处理成本取 $hc_i=20$ 元/天，集拼中心的日处理能力 $E=10\ 000$ 吨。

对于货运费率，根据在中国铁路 95306 网中查询到的整车集装箱和快运货物的平均运价，取集拼前铁路货运费率 $p_1^1=0.20$ 元/（吨·千米）。目前，中欧班列境外段的运费率明显高于境内段，通过对中欧班列实际运营情况进行调研，本书取集拼后的铁路货运费率 $p_2=0.35$ 元/（吨·千米）。根据国家发展改革委（http://www.ndrc.gov.cn/）价格监测中心的数据，本书取集拼前的公路货运费率 $p_1^2=0.45$ 元/（吨·千米）。根据中国交通运输部（http://www.mot.gov.cn/）公布的长江航道主要航线运价，本书取集拼前的水路货运费率 $p_1^3=0.10$ 元/（吨·千米）。对于 20 英尺的标准集装箱，配货毛重一般为 17.5 吨，自重 2.3 吨。因此，一个集装箱按总重 20 吨计算。按每列班列运载 100 个集装箱计算，本书取 W=2000 吨。2018 年，经由西、中、东三大通道出境的班列数量分别为 2792 列、1052 列、2519 列，分别占班列总数的 43.88%、16.53%、39.59%。按 4.6.1 节估计的中欧班列需求量，到 2025 年每天将开行接近 23 趟班列。根据以上比例，本书设定西、中、东三大通道的班列通行能力分别为 f_j=10 列/日，f_j=4 列/日，f_j=9 列/日。

中欧班列运输的货物一般价值较高，单个集装箱的货值超过 3×10^5 元，托运人一般按天收取货值的 0.25% 作为运输延误的赔偿，因此，货物的时间价值 α=300 000×0.25%/20=37.5 元/（吨·天）。在出境口岸，通关成本与通关时间成正比，公开资料显示，对于中欧班列，阿拉山口口岸的平均通关时间为 4 小时，二连浩特口岸为 2 小时，满洲里口岸为 3 小时（本章为 2019 年数据）。本书取通关成本 cc_1=37.5×（4/24）=6.25 元/吨，同样地，取 cc_2=37.5×（2/24）=3.13 元/吨，cc_3=37.5×（3/24）=4.69 元/吨。在内陆铁路集装箱货运中心站处理集装箱消耗的能源约为 4.4 千瓦时/20 英尺集装箱，中国地区在 WTT 阶段相应的 CO_2e 的排放因子为 332 克/兆焦耳。因此，取 he_i=0.26 千克/吨。所有参数的取值如表4-8 所示。

表 4-8 集拼中心选址模型的参数取值表

参数	数值	单位	参数解释
bc_i	300 000 000	元	集拼中心的固定建设成本
v_1^1	40	千米/小时	集拼前的铁路时速
v_1^2	60	千米/小时	集拼前的公路时速
v_1^3	20	千米/小时	集拼前的水路时速
v_2	80	千米/小时	集拼后的中欧班列时速
hc_i	20	元/吨	集拼中心处的货物处理成本
E	10 000	吨	集拼中心的日处理能力
p_1^1	0.20	元/（吨·千米）	集拼前铁路费率
p_1^2	0.45	元/（吨·千米）	集拼前公路费率
p_1^3	0.10	元/（吨·千米）	集拼前水路费率
p_2	0.35	元/（吨·千米）	集拼后中欧班列费率
W	2 000	吨	每列中欧班列的核载量
f_j	[10,4,9]	列/天	中欧班列通道通行能力
α	37.5	元/（吨·天）	中欧班列货物的时间价值
cc_1	6.25	元/吨	阿拉山口口岸的通关成本
cc_2	3.13	元/吨	二连浩特口岸的通关成本
cc_3	4.69	元/吨	满洲里口岸的通关成本
he_i	0.26	千克/吨	集拼中心处转运产生的碳排放

4.6.3 数值结果

使用增广 ε 约束方法对模型进行求解，通过次序优化方法求得的偿还表如表 4-9 所示。可以看到，单独对经济目标进行优化时所获得的最优值为 z_1^*=5.3136×10^{10} 元。通过在模型中加入约束 Z_1=z_1^*，单独对环境目标进行优化求得 z_{2max}=4.9408 兆吨 CO_2e 的排放。本书取环境目标 Z_2 的取值范围为 269 344 吨 CO_2e 的排放量（r=z_{2max}−z_{2min}）。在定义了环境目标的取值范围后，本书需要确定栅格点的数量，这会影响求解得到的帕累托最优解的数量和计算时间。由于本书的最终目标不是产生所有的帕累托最优解，只需要得到帕累托前沿的近似估计即可，求解得到的有限个有效解是对经济目标和环境目标折中后的集拼中心选址方案，可供政府决策者根据对环境目标的偏好进行选择。因此，本书取 10 作为栅格点的数量。

表 4-9 使用次序优化法求得的偿还表

项目	Z_1/（×10^{10}元）	Z_2/兆吨
Min Z_1	5.3136	4.9408
Min Z_2	6.6140	4.6714

本书使用 MATLAB R2018a 对模型进行求解，实验环境如下：
处理器：Intel（R）Core（TM）i5-8250U CPU @ 1.60GHz
安装内存（RAM）：8.00 GB
操作系统：Windows 10

11 次求解的平均求解时间为 316.3 秒。求得的包含 11 个有效解的帕累托解集如表 4-10 所示，使用该帕累托解集绘制的帕累托前沿的近似曲线如图 4-4 所示。可以发现，班列运营成本和 CO_2e 的排放量在相互权衡的过程中，经济目标 Z_1 的上升幅度要远高于环境目标 Z_2 的下降幅度。比如，环境目标的值从 4.9408 兆吨下降到 4.6714 兆吨时（5.5%），经济目标的值从 5.3136×10^{10} 元上升到了 6.6140×10^{10} 元（24.5%），这说明要将中欧班列的碳排放量降低到较低的水平，需要付出较大的经济代价。但值得一提的是，图 4-4 中的第 8 个和第 9 个解的 CO_2e 排放量较第一个解已经分别下降了 3.8%和 4.4%，非常接近于 CO_2e 排放量的最低值，但相应的运营成本只上升了 2.4%和 4.2%。这样的有效解在权衡班列运营成本和 CO_2e 的排放量时，既保证了排放量接近最低水平，又没有带来巨额的成本增加。

表 4-10　帕累托最优解结果

序号	集拼中心选址结果	集拼中心数量	运营成本/（×10^10 元）	CO_2e 排放量/兆吨
1	哈尔滨、兰州、乌鲁木齐、天津、营口	5	5.3136	4.9408
2	哈尔滨、兰州、乌鲁木齐、天津、营口	5	5.3217	4.9138
3	哈尔滨、兰州、乌鲁木齐、天津、营口	5	5.3307	4.8869
4	哈尔滨、兰州、乌鲁木齐、天津、营口	5	5.3406	4.8600
5	哈尔滨、兰州、乌鲁木齐、天津、营口	5	5.3510	4.8330
6	哈尔滨、兰州、乌鲁木齐、天津、营口	5	5.3630	4.8061
7	哈尔滨、兰州、乌鲁木齐、天津、营口	5	5.3753	4.7792
8	哈尔滨、兰州、乌鲁木齐、天津、营口	5	5.4412	4.7522
9	哈尔滨、兰州、太原、乌鲁木齐、天津、营口	6	5.5360	4.7253
10	哈尔滨、兰州、太原、乌鲁木齐、天津、营口	6	5.8977	4.6984
11	哈尔滨、格尔木、郑州、武汉、义乌、昆明、太原、成都、西安、呼和浩特、乌鲁木齐、银川、天津、重庆、营口	15	6.6140	4.6714

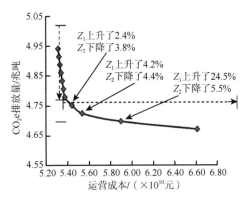

图 4-4　权衡运营成本和碳排放量的帕累托前沿

由表 4-10 可以看到，集拼中心的选址结果是较为稳定的。在绿色"一带一路"的背景下，中欧班列集拼中心的选址需要兼顾经济效益和环境效益，政府决策者希望在降低 CO_2e 排放量的同时，尽可能地避免运营成本的大幅增加。因此，政府决策者可以根据对环境因素的偏好制定相应的集拼中心选址策略。本书认为第 9 个解在权衡运营成本和 CO_2e 排放量方面的效果较好，决策者可以考虑将第 9 个解作为集拼中心选址方案。该方案下，共建设 6 个集拼中心，分别为哈尔滨、兰州、太原、乌鲁木齐、天津、营口，总运营成本为 5.5360×10^10 元，产生的 CO_2e 排放量为 4.7253 兆吨。

可以看到，这 6 个集拼中心分别分布在中国的东北部、东部、中西部和西部地区，能够很好地覆盖全国的货运需求，并且都处于靠近口岸的位置。其中，天津和营口主要通过水路运输进行货物的集拼，天津的货源主要来自青岛、广州、厦门、钦州、上海、长沙、南昌，营口的货源主要来自上海、连云港、深圳。哈尔滨靠近满洲里口岸，在作为集拼中心方面具有很好的地缘优势，它的货源主要来自东北地区。太原的货源主要来自石家庄和呼和浩特。乌鲁木齐依托靠近阿拉山口口岸的优势，其货源主要来自南京、武汉、义乌、成都、西安、合肥、重庆、连云港等地。兰州作为中欧班列西通道的必经之地，相比成都、重庆、西安等地，更加靠近阿拉山口口岸，拥有成为集拼中心的地理位置优势，它的货源主要来自郑州、南京、昆明、贵阳。在本次数值结果中，有 37.3%的货物通过阿拉山口口岸出境，19.3%的货物通过二连浩特口岸出境，43.3%的货物通过满洲里口岸出境。该结果与现实情况较为接近，但相比于现实情况，从二连浩特和满洲里口岸出境的货物比例稍高。这是因为本书考虑了通过水路进行货物的集拼，为了权衡环境目标，一定比例的货物会通过水路运输到天津和营口进行集拼，继而从二连浩特和满洲里口岸出境。因此，分流了部分原先从阿拉山口口岸出境的货物。

基于中欧班列的国内货源需求，本书的集拼中心选址结果均位于比较靠近口岸的位置，这样的地理位置决定了它们在成为中欧班列集拼中心方面有较大的优势，因为靠近东部地区的货源通过陆路运输到欧洲时，必然会经过这些靠近出境口岸的节点城市。若集拼中心选在了靠近东部地区的位置，则很多货源需要集拼后再往返运输，无论从经济目标还是环境目标的角度都是不划算的。此外，类似于天津、营口等港口城市，由于比较靠近二连浩特和满洲里口岸，同时能够通过水路运输方式集拼货物，在成为集拼中心方面也具有较大优势。在实际运营层面，也有很多其他节点城市具有很好的地缘优势，比如连云港作为新亚欧大陆桥的起点，有很好的海陆联运优势，在集拼来自日韩的货物方面有很大优势。由连云港开往哈萨克斯坦的中亚班列也一直发展得良好。诸如连云港这种节点，虽然在集拼中欧班列国内货源方面优势较小，但可以结合其自身区位及产业优势，发展特色中欧班列，如跨境商贸班列等。

当不考虑环境因素时，最优的集拼中心数量为 5 个，分别为哈尔滨、兰州、乌鲁木齐、天津、营口，总运营成本为 5.3136×10^{10} 元，产生的 CO_2e 排放量为 4.9408 兆吨。不考虑环境因素时，通过铁路、公路、水路三种运输方式进行集拼的占比分别为 56.0%、0.4%、43.6%；而考虑环境因素时，该占比分别为 46.0%、0.6%、53.4%。该结果说明通过水路进行货物集拼更加有利于促进环境可持续，由于公路运输产生的 CO_2e 排放较多，因此，仅有不到 1%的货物通过公路运输进行集拼。

4.6.4　敏感性分析与选址结果

在求解集拼中心选址的过程中，输入数据中的货运需求量 D 不是通过班列实际运营情况得到的，集拼中心的货物处理能力 E 也有一定的变化空间。为了探究它们对经济目标和环境目标权衡的影响，对 D 和 E 取不同的数值进行敏感性分析，分析不同情景对集拼中心选址结果的影响，如图 4-5、图 4-6、图 4-7、图 4-8 所示。

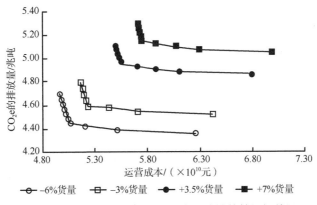

图 4-5　不同货运量下求解集拼中心选址的帕累托前沿

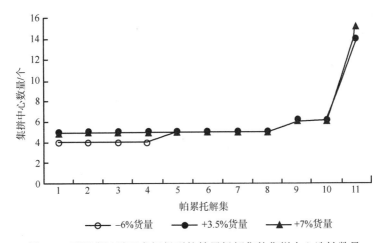

图 4-6　不同货运量下求解得到的帕累托解集的集拼中心选址数量

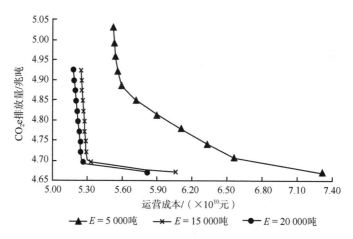

图 4-7　不同货物处理能力下求解集拼中心选址的帕累托前沿

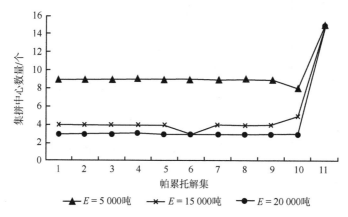

图 4-8　不同货物处理能力下求解得到的帕累托解集的集拼中心选址数量

1. 对货运量 D 进行敏感性分析

根据前文估计的 2025 年中欧班列的货运量，估计值与实际值的残差范围是 -6.0% 至 7.1%。图 4-5 展示了，在货运量估计值 D 的基础上，将其分别减少 6.0% 和 3.0%，分别增加 3.5% 和 7.0% 后，求解得到的帕累托前沿。可以看到，货运量的大小与运营成本和 CO_2e 排放量直接相关，运营成本和 CO_2e 排放量会随着货运量的增加而增加。经济目标与环境目标相互权衡的曲线的变化趋势与图 4-4 中的结果大致相同，一开始，运营成本增加缓慢，而 CO_2e 排放量降低效果显著。拐点出现在第 7 个帕累托最优解，在该点之后，运营成本的增加速率明显快于 CO_2e 排放量的降低速率。这样的解能够保证在尽可能少地增加运营成本的同时实现最大的 CO_2e 减排效果。图 4-6 展示了使用不同货运量求得的最优集拼中心选址数量，随着 CO_2e 排放量的降低，集拼中心的数量虽有波动，但总体呈上升趋势，同时，运营成本逐渐增加。值得注意的是，在这 4 种情景下，所求帕累托解集中的第 8 个帕累托最优解的集拼中心选址结果均为：哈尔滨、兰州、乌鲁木齐、天津、营口。因此，货运量的改变对集拼中心的选址结果没有太大影响。

2. 对集拼中心的货物处理能力 E 进行敏感性分析

本章分别取集拼中心的货物处理能力 E=5000 吨、E=15 000 吨、E=20 000 吨进行敏感性分析。由图 4-8 可以发现，集拼中心的货物处理能力直接影响集拼中心选址的数量。E 越小，集拼中心选址数量越多；E 越大，集拼中心选址数量越少。由图 4-7 可以发现，E=15 000 吨和 E=20 000 吨的帕累托前沿的变化趋势相似，拐点均产生在第 10 个有效解处。当 E=15 000 吨时，其第 10 个有效解的选址结果为哈尔滨、乌鲁木齐、银川、天津、营口。当 E=20 000 吨时，其第 10 个有效解的选址结果为乌鲁木齐、天津、营口。当 E=5000 吨时，帕累托前沿没有明显的拐点，其帕累托最优解结果如表 4-11 所示。

表 4-11　当 E=5000 吨时的帕累托最优解结果

序号	集拼中心选址结果	集拼中心数量/个	运营成本/ （×10^10 元）	CO_2e 排放量/兆吨
1	哈尔滨、长春、兰州、太原、西安、乌鲁木齐、银川、天津、营口	9	5.5256	5.0292
2	哈尔滨、长春、兰州、太原、西安、乌鲁木齐、银川、天津、营口	9	5.5321	4.9934
3	哈尔滨、长春、兰州、太原、西安、乌鲁木齐、银川、天津、营口	9	5.5420	4.9576
4	哈尔滨、长春、兰州、太原、西安、乌鲁木齐、银川、天津、营口	9	5.5646	4.9219
5	哈尔滨、长春、兰州、太原、西安、乌鲁木齐、银川、天津、营口	9	5.5960	4.8861
6	哈尔滨、长春、兰州、太原、西安、乌鲁木齐、银川、天津、营口	9	5.7179	4.8503
7	哈尔滨、长春、兰州、太原、西安、乌鲁木齐、银川、天津、营口	9	5.8999	4.8145
8	哈尔滨、长春、兰州、太原、西安、乌鲁木齐、银川、天津、营口	9	6.1103	4.7788
9	哈尔滨、长春、兰州、太原、西安、乌鲁木齐、银川、天津、营口	9	6.3274	4.7430
10	哈尔滨、兰州、武汉、太原、西安、乌鲁木齐、天津、营口	8	6.5636	4.7072
11	哈尔滨、格尔木、郑州、南京、武汉、义乌、昆明、太原、成都、西安、呼和浩特、乌鲁木齐、天津、重庆、营口	15	7.3056	4.6714

4.7　考虑碳排放的中欧班列集拼集运路径优化

4.7.1　问题描述

在集拼中心的数量和位置确定的情况下，从中欧班列运营商的角度，需要进一步研究在考虑环境因素时，中欧班列集拼集运的路径选择问题。本书考虑的环境因素依然是温室气体排放，中欧班列运营商并不会主动进行温室气体的减排，因此，在建立模型时使用碳税作为运营商运营过程中的碳成本，以此将碳减排作为路径选择时必须要考量的因素之一。

集拼模式下中欧班列路径选择网络如图 4-9 所示，与图 4-1 不同的是，在图 4-9 中，集拼中心的数量 k 以及位置是确定的。作为中欧班列的运营商，若有一票确定了起点 o 和终点 d 的货物，则其要决策的目标是如何选择路线，使得在满足约束条件的情况下，达到总配送成本最小。这是一个典型的最短路径问题，配送成本的表现形式一般有总路程、总费用、配送时间等。由于本章在路径选择时会考虑环境因素对中欧班列运营商决策的影响，使用总费用最小作为目标函数能更好地反映中欧班列运营商的运营成本。图 4-9 所示的路径选择网络是一个典型的有向图，该有向图所有节点的集合是由起点集合 O、集拼中心集合 I、出境口岸集合 J 以及终点集合 D 组成的，即 $\{O, I, J, D\}$ 表示该有向图的点集。而对于该有向图的边，起点 o 与集拼中心 i 之间有连接，而且是三种运输方式；集拼中心 i 与出境口岸 j 之间通过境内铁路运输连接；出境口岸 j 与终点 d 之间通过境外铁路运输连接。考虑到通过铁路、公路和水路三种运输方式进行中欧班列货物的集拼，本章增加虚拟集拼中心节点，将中欧班列运输网络进行扩展，如图 4-10 所示。

由于货源地与集拼中心之间可通过三种运输方式进行连接，因此，本章将每个集拼中心虚拟出两个额外的虚拟节点，这样起点到集拼中心节点的有向边便可以表示所有运输方式的连接。并且，网络的连通性与第 3 章所构建的多式联运集拼网络保持一致。对于中欧班列运营商来说，当一票货运需求产生时，货物的起点和终点也就固定了，而运营商需要选择合适的运输方式、集拼中心进行货物的集拼，之后，通过合适的口岸出境将货物送达目的地，以实现收益最大化。因此，在中欧班列运营商进行路径选择时的网络中，货物的起点和终点就已经确定了，如图 4-11 所示。本章要解决的问题是选择合适的运输方式以及路线完成运输，并实现成本最小化。

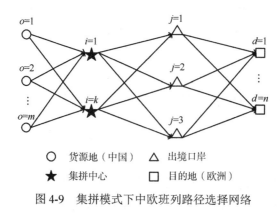

图 4-9　集拼模式下中欧班列路径选择网络

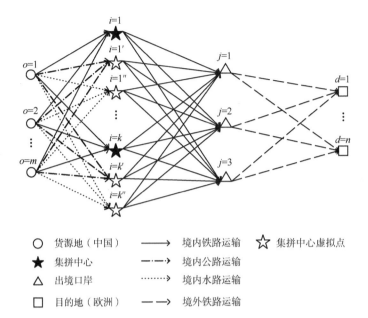

图 4-10　中欧班列扩展运输网络

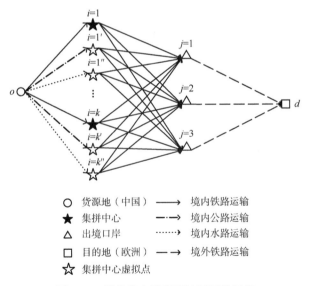

图 4-11　简化的中欧班列扩展运输网络

　　本章将在考虑温室气体减排影响下研究中欧班列的集拼集运路径优化问题。由于目前还没有成熟的政策机制来约束中欧班列的碳排放问题，因此，本章将碳减排对路径选择的影响体现在目标函数中。如前文所述，目标函数的运营成本最小，这里的成本主要包含两部分，一是运输活动所带来的运营成本，二是碳成本。目前，国际上已经有很多国家开始征收碳税，如美国、法国、瑞典、丹麦、意大利、加拿大等。加拿大更是通过立法的形式于 2019 年 1 月 1 日起开始全面征收碳税，征收标准为 20 加元/吨，并计划此后每年每吨上涨 10 加元，到 2022 年上涨至 50 加元/吨后封顶。而中国也早在 2010 年就针对开征碳税问题展开了研究，国家发展改革委和财政部有关课题组经过调研，形成了"中国碳税税制框架设计"的专题报告（苏明等，2009）。课题组根据碳税的环境和经济影响的测算结果，并结合具体的碳税税率征收方案，到 2020 年，按照 40 元/吨征收碳税。本章将把运输过程中产生的 CO_2e 排放按照相应的碳税税率折算成碳成本，并放在路径选择模型的目标函数中。

4.7.2　基本假设

模型建立的基本假设如下。

（1）运输方式的转换仅发生在集拼中心处，即在货物集拼前可以选用铁路、公路和水路进行货物运输，到达集拼中心后，均需要转换成为铁路运输，这是由中欧班列运输网络的特性决定的。

（2）同一批货物只能进行一次集拼，不能在集拼中心间再次中转。

（3）在集拼中心处，只能发生一次运输方式的转换，不能进行多次转换，且认为不同运输方式转换为铁路运输时所花费的时间、成本差别不大。

（4）假设需要集拼的货物量均不超过一列中欧班列的核载量，且从货源地到集拼中心的运输能够一次完成，不存在多趟运输。

（5）货物起始点为筛选出的 31 个货源地城市，集拼中心为模型 M_1 求得的选址结果。

（6）所有货源地城市和集拼中心都支持铁路和公路运输，但仅有部分支持水路运输，与 4.3 节构建的水路集拼网络保持一致。

（7）每个节点都有充足的能力满足中欧班列货物的运输、换装等操作。

（8）运输产生的碳成本以碳税的形式向中欧班列运营商征收，且仅对境内产生的碳排放征税。

4.7.3　符号说明

在呈现数学模型之前，将模型中涉及的参数、变量等整理如表 4-12 所示。

表 4-12　路径优化模型中使用的符号说明

符号	定义
$I=\{1, 2, \cdots, i\}$	集拼中心的集合，其中，$i\in I$。这里集拼中心的数量和位置是确定的
$J=\{1, 2, 3\}$	出境口岸的集合，其中，$j\in J$
$L=\{1, 2, 3\}$	其中，$l\in L$。当 $l=1$ 时，为铁路运输；当 $l=2$ 时，为公路运输；当 $l=3$ 时，为水路运输

续表

符号	定义
参数	
p_1^l	集拼前，第 l 种运输方式的货物单位运输成本
p_2	集拼后，货物的单位运输成本
hc_i	在集拼中心 i 处，单位货物的处理（装卸、搬运、拼箱等操作）费用
ht_i	在集拼中心 i 处，一列班列所花费的时间（包括集拼、处理货物等）
RT_i^l	从起点至集拼中心 i 路段，使用运输方式 l 花费的时间
RT_{ij}	从集拼中心 i 通过口岸 j 到目的地花费的时间
cc_j	在出境口岸 j，单位货物的通关成本，即因办理通关手续、换轨等而产生的时间成本
ct_j	在出境口岸 j，班列的平均通关时间
e_i^l	从起点至集拼中心 i 路段，使用运输方式 l 的单位排放量
e_{ij}	从集拼中心 i 通过口岸 j 路段的单位排放量
he_i	在集拼中心 i 处，处理单位货物产生的碳排放
D	中欧班列运营商一票货物的运输需求
P	碳税税率，单位为元/吨
LT	一列中欧班列货物运达目的地的运输时间限制
s_i^l	从起点至集拼中心 i 路段，使用运输方式 l 的实际运输距离
s_{ij}	从集拼中心 i 通过口岸 j 到达目的地的实际运输距离
决策变量	
m_i^l	0-1 变量，若通过运输方式选择从起点至集拼中心 i 的路段，则为 1；否则，为 0
n_{ij}	0-1 变量，若选择从集拼中心 i 通过口岸 j 到达目的地的路段，则为 1；否则，为 0

4.7.4　模型构建与求解

根据前文假设，构建以下考虑环境因素的集拼集运路径优化模型：

$$\underset{m_i^l, n_{ij}}{\text{Min }Z} = D \cdot \left[\begin{array}{l} \sum_{i \in I} \sum_{l \in L} p_1^l \cdot s_i^l \cdot m_i^l + \sum_{i \in I} \sum_{j \in J} p_2 \cdot s_{ij} \cdot n_{ij} + \sum_{i \in I} \sum_{l \in L} hc_i \cdot m_i^l \\ + \sum_{i \in I} \sum_{j \in J} cc_j \cdot n_{ij} + P \cdot \left(\sum_{i \in I} \sum_{l \in L} e_i^l \cdot m_i^l + \sum_{i \in I} \sum_{j \in J} e_{ij} \cdot n_{ij} \right. \\ \left. + \sum_{i \in I} \sum_{l \in L} he_i \cdot m_i^l \right) \end{array} \right] \tag{4-25}$$

s.t.

$$\sum_{l \in L} m_i^l = \sum_{j \in J} n_{ij}, \forall i \in I \tag{4-26}$$

$$\sum_{i \in I} \sum_{l \in L} m_i^l = 1 \tag{4-27}$$

$$\sum_{i \in I} \sum_{j \in J} n_{ij} = 1 \tag{4-28}$$

$$\sum\nolimits_{i\in I}\sum\nolimits_{l\in L}RT_i^l \cdot m_i^l + \sum\nolimits_{i\in I}\sum\nolimits_{j\in J}RT_{ij} \cdot n_{ij}$$
$$+\sum\nolimits_{i\in I}\sum\nolimits_{l\in L}ht_i \cdot m_i^l + \sum\nolimits_{i\in I}\sum\nolimits_{j\in J}ct_j \cdot n_{ij} \leqslant LT \quad\quad (4\text{-}29)$$

$$m_i^l \in \{0,1\}, n_{ij} \in \{0,1\}, \forall i \in I, j \in J, l \in L \quad\quad (4\text{-}30)$$

该模型是一个线性的 0-1 整数规划模型，目标函数表示中欧班列运营成本最小。其中，$\sum\nolimits_{i\in I}\sum\nolimits_{l\in L}p_1^l \cdot s_i^l \cdot m_i^l$ 表示货物集拼前路段的运输成本，$\sum\nolimits_{i\in I}\sum\nolimits_{j\in J}p_2 \cdot s_{ij} \cdot n_{ij}$ 表示货物集拼之后路段的运输成本，$\sum\nolimits_{i\in I}\sum\nolimits_{l\in L}hc_i \cdot m_i^l$ 表示在集拼中心处转运带来的成本，$\sum\nolimits_{i\in I}\sum\nolimits_{j\in J}cc_j \cdot n_{ij}$ 表示在口岸的通关成本，$\sum\nolimits_{i\in I}\sum\nolimits_{l\in L}e_i^l \cdot m_i^l$ 表示集拼前路段的碳排放量，$\sum\nolimits_{i\in I}\sum\nolimits_{j\in J}e_{ij} \cdot n_{ij}$ 表示集拼之后境内路段的碳排放量，$\sum\nolimits_{i\in I}\sum\nolimits_{l\in L}he_i \cdot m_i^l$ 表示在集拼中心处转运带来的碳排放量。

约束条件（4-26）保证路径中形成完整的通路，约束条件（4-27）表示仅使用一种运输方式将货物运往一个集拼中心进行集拼，约束条件（4-28）表示同一批次货物将使用中欧班列经由一个出境口岸发往目的地，约束条件（4-29）表示运输的时间限制，约束条件（4-30）定义了 0-1 决策变量。由于货主或者托运人总是会对运输时效性有一定的要求，约束条件（4-28）的存在使得以上模型是一个有时间限制的最优路径模型。在约束条件（4-28）中，货物在途时间 RT_i^l 和 RT_{ij} 的表达如式（4-31）和式（4-32）所示。

$$RT_i^l = s_i^l / v_1^l \quad\quad (4\text{-}31)$$
$$RT_{ij} = s_{ij} / v_2 \qu\quad (4\text{-}32)$$

其中，s_i^l 为集拼之前路段使用运输方式 l 的实际运输距离，v_1^l 为集拼之前使用运输方式 l 的平均速度，s_{ij} 为集拼后路段的实际运输距离，v_2 为集拼后中欧班列的平均速度。本章将使用求解器 Cplex12.8.0 对模型进行求解。

4.7.5　参数设定

在求解中欧班列集拼集运路径优化模型时，将使用集拼中心选址结果作为基础，本章使用表 4-10 中的第 9 个有效解的集拼中心选址结果，即在现在的中欧班列集拼集运网络中，集拼中心为哈尔滨、兰州、太原、乌鲁木齐、天津、营口。模型求解涉及的所有参数取值如表 4-13 所示。

表 4-13　集拼集运路径优化模型的参数取值表

参数	数值	单位	参数解释
v_1^1	40	公里/小时	集拼前的铁路时速
v_1^2	60	公里/小时	集拼前的公路时速
v_1^3	20	公里/小时	集拼前的水路时速
v_2	80	公里/小时	集拼后的中欧班列时速
p_1^1	0.20	元/（吨·千米）	集拼前铁路费率
p_1^2	0.45	元/（吨·千米）	集拼前公路费率
p_1^3	0.10	元/（吨·千米）	集拼前水路费率
p_2	0.35	元/（吨·千米）	集拼后中欧班列费率
hc_i	20	元/吨	集拼中心处货物处理的单位成本
ht_i	82	小时/吨	集拼中心处一列班列所花费的时间（包括集拼、处理货物等）
he_i	0.26	千克/吨	集拼中心处货物处理产生的碳排放
cc_1	6.25	元/吨	阿拉山口口岸的通关成本
cc_2	3.13	元/吨	二连浩特口岸的通关成本
cc_3	4.69	元/吨	满洲里口岸的通关成本
ct_1	4	小时/火车	阿拉山口口岸的通关时间
ct_2	2	小时/火车	二连浩特口岸的通关时间
ct_3	3	小时/火车	满洲里口岸的通关时间
P	40	元/吨	碳税税率
LT	12	天	上海出发到莫斯科的铁路运输开行的时间限制

其中，ht_i 表示在集拼中心处，一列班列所花费的时间，包括集拼、货物处理等的时间。需要注意的是，即使货主只运输很少量的集装箱，由于集拼的存在，它也需要等待一列班列的其他货物处理完毕后，才能开始运输。按照国际标准，一列中欧班列通常需要达到 41 组以上集装箱，即 82 个 20 英尺的集装箱才能开行。在集拼中心处理每吨货物的时间大概为 0.05 小时，一个集装箱按总重 20 吨计算，因此，取 ht_i=82 小时。

4.7.6　算例分析

上海是中国最大的枢纽港之一，正在大力发展上海自贸试验区和国际航运中心建设，未来要打造全球航运网络枢纽，建设国际航运海上物流大通道。与此同时，上海也在积极融入"一带一路"建设。2017 年 10 月，上海市推进"一带一路"建设工作领导小组办公室发布《上海服务国家"一带一路"建设发挥桥头堡作用行动方案》，明确指出要联动东中西发展，扩大对外开放的新枢纽，推动

"一带一路"跨境电子商务发展。其实，上海一直有广大的中欧贸易运输需求，过去以国际远洋运输为主。自中欧班列诞生以来，许多来自上海的货物选择苏州、义乌、南京、郑州等地的班列承运。2018 年 3 月 30 日，中欧班列（上海—莫斯科）首开，这趟班列命名为"沪欧通"，定位为跨境电商班列，历时 12 天，从上海出发，通过二连浩特口岸出境，最终抵达莫斯科。但由于政策支持不足、货源少、缺乏规模效应以及对上海开行中欧班列认识上的分歧，"沪欧通"的开行并不具备显著的经济效益，据了解，"沪欧通"只开行过一次，但上海的中欧班列货运需求的确大量存在。

本书将以上海到莫斯科的陆路货运需求为例进行算例分析。假设现有 20 个 20 英尺集装箱的货物，计划从上海运往莫斯科，途经的可选择的集拼中心有哈尔滨、兰州、太原、乌鲁木齐、天津、营口，出境口岸有阿拉山口、二连浩特、满洲里，现中欧班列运营方需要选择合适的运输方式及线路进行货物的集拼，在满足运输时间限制的前提下（12 天），以最低的成本将货物运至目的地莫斯科。此处的成本包含了碳成本。本章首先以碳成本为 40 元/吨进行计算。结果显示，最优路线为"上海—[铁路]—乌鲁木齐—[铁路]—阿拉山口—[铁路]—莫斯科"，即中欧班列运营商选择通过铁路将这批货物运送到乌鲁木齐进行集拼，之后从阿拉山口口岸出境抵达莫斯科是成本最优的。全程耗时 253.1 小时，总成本为 1.0689×10^{6} 元，全程产生的 CO_2e 排放为 132.7 吨。此时，碳成本占总成本的 0.26%。

4.7.7　敏感性分析

1. 对碳税税率 P 进行敏感性分析

为了探究碳税税率 P 对中欧班列运营商路径选择的影响，本章对参数 P 进行敏感性分析，求解结果如图 4-12 所示。

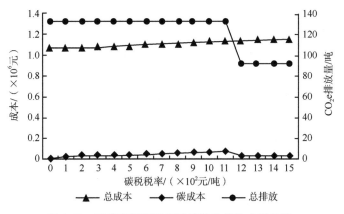

图 4-12　对碳税税率进行敏感性分析的求解结果

图 4-12 中的碳税税率从 0 元/吨按照 100 元/吨递增。可以看到，当碳税税率为 0 元/吨时，该趟运输产生的 CO_2e 排放量与碳税税率为 400 元/吨时相同，均为132.7 吨，运输路线的选择也依然为"上海—[铁路]—乌鲁木齐—[铁路]—阿拉山口—[铁路]—莫斯科"。此后，依次增加碳税税率，运输路线及 CO_2e 排放量依然保持不变，直到碳税税率 P 达到 1200 元/吨时，此时，运输路线的选择发生改变，新的路线为"上海—[水路]—天津—[铁路]—二连浩特—[铁路]—莫斯科"，即最优的路线选择是让中欧班列运营商通过水路将货物运到天津进行集拼，并通过二连浩特口岸出境，运达莫斯科。此时，新路线的碳排放量只有 91.4 吨，相较原来下降了 31.1%，碳成本也随之下降。当然，总成本由原来的 1.0689×10^6 元上升到 1.1483×10^6 元，上升幅度为 7.4 %，这是因为新路线相比原来的路线，运输相关的成本有一定幅度的增加。

可以看到，当碳税税率达到一定水平后，的确可以影响中欧班列运营商在进行路线选择时的决策，表现为运营商会选择不同运输方式进行集拼，并且可能会选择其他出境口岸出境，最终将货物运达目的地。通过数值分析本章也发现，在中欧班列集拼网络中，铁路是最经济的运输方式，水路是最环保的运输方式，相较之下，公路运输的优势是其运输时间短且更加灵活。

2. 对运输时间限制 LT 进行敏感性分析

在算例分析时，本章取 LT=12 天，这是因为上海曾经开行的"沪欧通"班列的运输时间为 12 天，在集拼模式下取 LT=12 天能够使得运输路线具有同样的时效性优势。本章取 LT 为不同的值，探究其对中欧班列运营商路径选择的影响，求解结果如图 4-13 所示。

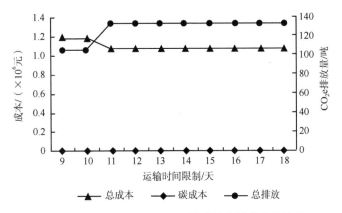

图 4-13　对运输时间限制进行敏感性分析的求解结果

由图 4-13 可以看到，当运输时间限制 LT=11 天及以上时，运输路线选择的

求解结果是不变的，与 LT=12 天时的求解结果相同。此时，运输总成本为
1.0689×10^6 元，其中，运输成本为 1.0661×10^6 元，碳成本为 0.0028×10^6 元。
CO_2e 排放量为 132.7 吨，全程耗时 253.1 小时。运输路线的选择为"上海—[铁
路]—乌鲁木齐—[铁路]—阿拉山口—[铁路]—莫斯科"。但当运输时间限制逐渐
减小时，求解结果发生了改变，变化出现在 LT=10 天时。此时，运输路线的选择
为"上海—[铁路]—太原—[铁路]—二连浩特—[铁路]—莫斯科"。运输总成本为
1.1758×10^6 元，其中，运输成本为 1.1745×10^6 元，碳成本为 0.0013×10^6 元。
CO_2e 排放量为 105.1 吨，全程耗时 214.8 小时。运输时间限制 LT=9 天时的求解
结果与 LT=10 天的求解结果相同，当 LT 继续变小，没有可行解产生。可以发
现，改变全程运输时间限制的确会影响中欧班列运营商对运输路线的选择。对于
上海到莫斯科的中欧班列货运需求，运输时间限制为 9 天或者 10 天时，货物将
改由在太原进行集拼，并通过二连浩特口岸出境抵达莫斯科。该方案的运输时间
缩短了 15.1%，与此同时，运输成本增加了 10.3%。

3. 对不同运输方式的费率 p 进行敏感性分析

无论是铁路运输、公路运输，还是水路运输市场都已经发展得较为稳定，因
此，本章分别将铁路、公路、水路运输的费率上下浮动 50.0%，探究费率变化对
中欧班列运营商路线选择的影响。对运输费率 p 进行敏感性分析的求解结果如表
4-14 所示。

表 4-14　对运输费率进行敏感性分析的求解结果

运输方式	变化比例	运输价格				运输路线选择
		p_1^1	p_1^2	p_1^3	p_2	
铁路	−25.0%	0.15	0.45	0.10	0.26	
铁路	−50.0%	0.10	0.45	0.10	0.18	
铁路	+25.0%	0.25	0.45	0.10	0.44	
铁路	+50.0%	0.30	0.45	0.10	0.53	
公路	−25.0%	0.20	0.34	0.10	0.35	
公路	−50.0%	0.20	0.23	0.10	0.35	上海—[铁路]—乌鲁木齐—[铁路]—阿拉山口—[铁路]—莫斯科
公路	+25.0%	0.20	0.56	0.10	0.35	
公路	+50.0%	0.20	0.68	0.10	0.35	
水路	−25.0%	0.20	0.45	0.08	0.35	
水路	−50.0%	0.20	0.45	0.01	0.35	
水路	+25.0%	0.20	0.45	0.13	0.35	
水路	+50.0%	0.20	0.45	0.15	0.35	

由表 4-14 可以看到，分别对铁路、公路、水路的运输费率进行敏感性分析发现，调整运输费率±50%，运营商所选路线不变，均为"上海—[铁路]—乌鲁木齐—[铁路]—阿拉山口—[铁路]—莫斯科"。这可能是对运输费率的调整幅度不够大导致的，但依据市场情况，运输费率的变化幅度不会过大，因此，中欧班列路线选择对运输费率不敏感。

4.8　本 章 小 结

在绿色"一带一路"的背景下，研究了考虑碳排放的中欧班列集拼中心选址与路径优化问题。首先通过构建两阶段筛选机制筛选出集拼中心备选节点城市，并构建了基于铁路、公路和水路的中欧班列多式联运集拼网络；其次建立了包含经济目标和环境目标的双目标混合整数规划模型，并设计了增广 ε 约束方法对模型进行求解；最后在考虑碳成本的情况下，建立了以班列运营总成本最小为目标的混合整数规划模型，并求解出最优集拼集运路径。主要结论如下。

（1）对于考虑环境因素的中欧班列集拼中心选址，在经济目标和环境目标相互权衡的过程中，运营成本的上升幅度远高于 CO_2e 排放量的下降幅度。但在帕累托解集中，存在既能保证 CO_2e 排放量接近最低水平，又能保证没有带来运营成本大幅增加的有效解，政府决策者可以根据其对环境因素的偏好进行集拼中心选址的决策。

（2）在估计 2025 年中欧班列的货运需求超过 15 兆吨的情况下，哈尔滨、兰州、太原、乌鲁木齐、天津、营口可作为集拼中心选址最优组合，天津和营口主要覆盖东部沿海地区货源，哈尔滨主要覆盖东北地区货源，太原主要覆盖中国北方的中部地区货源，乌鲁木齐和兰州覆盖来自西北、西南地区的大部分货源。

（3）通过水路进行集拼能够使得中欧班列的运营环境更加可持续。在考虑环境成本的情况下，货运量的改变对集拼中心选址结果影响不大，但集拼中心货物处理能力的改变对选址结果有显著影响。

（4）当碳税税率达到一定水平时，会影响中欧班列运营商进行货物集拼时对运输方式的选择、集拼中心的选择以及出境口岸的选择。同样地，改变运输时间限制，也会影响中欧班列运营商对运输路线的选择。

第5章 中欧班列欧洲集拼网络优化研究

中欧班列运行网络是一个典型的跨国物流网络，涉及中国、欧洲及班列沿线多个国家。只有中国、班列目的地国以及班列沿线国家合作才能解决中欧班列运营过程中出现的诸多问题。因此，不仅要在中国境内建立中欧班列集拼中心，还应该在欧洲建立中欧班列回程集拼中心，这对解决班列回程货源少、去回程运输需求不平衡等问题尤为重要。本章首先对欧洲交通市场和政策进行分析，构建了欧洲公铁水多式联运货运网络；其次建立了网络节点中心性重要性评价指标体系，并对节点重要性进行了综合评价，确定了集拼中心备选节点城市；最后构建了中欧班列欧洲集拼中心选址模型，确定了集拼中心选址方案（Zhao 等，2020）。

5.1 欧洲的交通市场和政策

20 世纪 90 年代初，欧洲的运输政策由欧洲共同体（欧盟的前身）成员国负责制定。1992 年，欧洲委员会制定了"共同运输政策"，并提出以多式联运方式建设跨欧洲运输网络（trans-European transport networks，TEN-T）的构想，将成员国之间不相连的运输网络进行合并，形成一个覆盖全欧盟的综合运输网络。由于欧洲共同市场需要在运输、电信和能源等领域共享基础设施，因此需要努力实现运输网络的一体化。欧洲的运输政策不仅注重基础设施建设，还注重消除各种障碍，如行政、技术标准、价格、税收和收费差异等，以建立一个统一的欧洲运输体系。东欧国家顺利地融入欧洲运输网络被视为欧洲运输政策的重大成功。

长期以来，欧洲各国在交通运输领域都奉行自由市场理念，自由市场在航空领域取得了显著成功，实现了航空运输市场的强劲增长，提高了航空安全性，建立了更加完善的航空运输管制机制。然而，在铁路运输领域，欧洲的运输政策却不太成功。在国家层面上，欧洲各国的市场、基础设施、技术和标准仍然十分分散，整合工作进展缓慢。从 1991 年开始，欧洲委员会要求铁路网所有者和铁路运营商在组织结构上要分离开，但是在许多国家，这些分离的组织仍然归属于同一家国有企业。尽管欧洲委员会提出消除跨欧洲铁路货运的障碍，建立"单一欧洲铁路区"的目标，但是直到 2001 年，欧洲陆路运输的主体仍是公路运输，所占份额超过 77%，铁路运输的市场份额一直维持在 17%左右。欧洲委员会的运输政策强调，为了实现气候目标，未来需要将客运和货运更多地转移到铁路上。如今，由于欧洲运输政策的实施，货物、车辆和随车人员可以在欧盟内自由通行。2004 年至 2014 年间，欧盟内部的技术和行政标准已基本统一，道路死亡人数下降了 43%。与其他运输方式相比，内河运输在货运市场中所占份额较低，约 6%，但潜力很大。尽管内河运输具有低成本、潜力大、能源效率高和安全性等优势，但是只有 13 个成员国拥有相互连接的水路网络，而且这些国家都集中在西欧，从而大大限制了内河水运的发展。

2013 年 TEN-T 进行了改革，建立了一个综合网络和一个核心网络。综合网络包括整个欧盟，核心网络则主要是综合网络中的关键点和关键边。网络由铁路、公路和水路作为边，铁路-公路终端、港口和机场作为节点组成。TEN-T 政策着重于推动建设多种运输方式、可相互连接的节点和边，该网络有望在 2030 年完成建设。本章以铁路、公路和水路的跨欧洲运输网络为基础运输网络。

欧盟的运输政策主要侧重于欧洲内部的运输，而对涉及欧洲以外国家的对外运输只作了简要提及。欧洲委员会计划通过双边和多边条约推广欧洲运输标准，并将欧洲运输政策和基础设施延伸到邻国，以打开欧洲以外国家的运输市场。为了在同欧洲以外的伙伴贸易中有效地推动铁路货运发展，欧盟运输政策强调贸易双方在技术标准和行政规则方面必须密切协调。

在中欧贸易中，海运占主导地位，占 92%。公路货运占 3%，空运和其他运输方式各占 2%，铁路货运目前仅占 1%。这意味着，如果能设法降低运费，中欧班列就有很大的潜力从海运市场中赢得货运量，但这也意味着与海运的竞争很激烈。中欧班列集拼中心建设可以有效降低中欧班列的成本，减少对政府补贴的依赖，并提高服务效率和竞争优势。当然，仅靠一组最优的集拼中心无法全部解决稳定运输时间、平衡东西向运输的需求和安全、技术等多方面问题。欧洲运输市场和政策为最终实现中欧班列集拼网络规划提供了必要的背景信息和数据。

5.2　备选节点城市选择

统计地区单位术语 NUTS[①]（Ninetech urban technology systems，Ninetech 城市技术系统）是由欧盟统计局（Eurostat）为欧洲各地区开发的一种等级分类系统。标签"NUTS0"表示国家，"NUTS1"表示地方一级的重点经济区域，"NUTS2"表示中等规模的经济区域，"NUTS3"表示最低水平的经济区域。由

---

① https://ec.europa.eu/eurostat/web/nuts/background。

于在低于 NUTS1 级别上欧盟统计局的许多数据是无法获取的，所以本书选择
NUTS1 作为分析级别，其中没有通过隧道或桥梁与欧洲大陆相连的 NUTS1 地区
不被考虑在内。由于使用了欧盟的 TEN-T 政策来定义网络链接，因此本书仅将
欧盟当前成员国作为有效的货物来源地，而非欧盟国家/地区，因为无法获得类似
的数据而不予考虑。在 TEN-T 政策下，每个欧盟成员国可以自行选择哪些城市
作为铁路-公路终端。一些国家，如德国，大量使用了这一政策并指定了许多铁
路-公路终端，而其他国家（如英国）没有指定任何铁路-公路终端。为了平衡不
同国家之间的终端数量差距，本书制定了一组选择标准来达到研究的目标，即在
每个地方一级的重点经济区域（NUTS1）设置一个备选节点，将其可视化为一个
决策树，如图 5-1 所示。

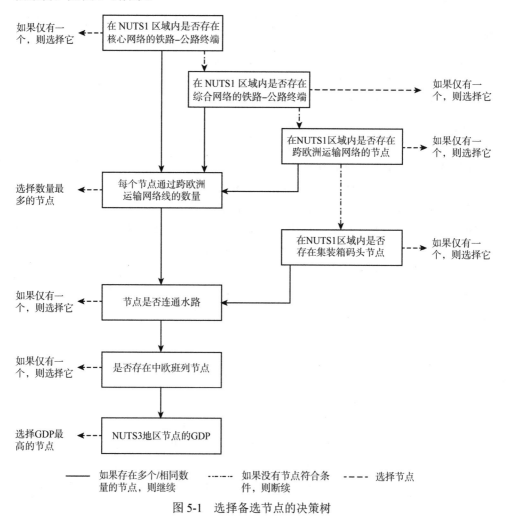

图 5-1　选择备选节点的决策树

　　决策目标是在每个 NUTS1 区域中找到一个备选节点。首先，我们从现有的终端中选择中欧班列集拼中心候选节点，所以第一个标准是检查 TEN-T 政策是否已经在该地区分配了铁路-公路终端。优先选择核心网络的铁路-公路终端而不是综合网络的铁路-公路终端。如果在给定的 NUTS1 区域中存在多个核心网络的铁路-公路终端，则计算经过每个铁路-公路终端的跨欧洲运输网络线的数量。与多条跨欧洲运输网络线相连代表着与欧洲运输网络融合度较高。如果在 NUTS1 区域中不存在铁路-公路终端，则将检查 TEN-T 节点是否存在。这部分数据通过查阅 Agora 的多式联运码头清单，并研究来自各个 NUTS1 的所有多式联运集装箱码头来获得。Agora 网站由欧盟 Agora Marco Polo 项目（2009～2010 年）发起。Agora 网站上列出的终端必须满足严格的标准，如所有获得许可的运营商的铁路必须与公路连接，以确保互通性。

　　其次，如果一个 NUTS1 区域中有多个节点连接到跨欧洲运输网络线的数量相同，则需要确定其中某些节点是否有水路通道。根据 TEN-T 政策，进一步筛选出被指定为核心或综合内河港口地位的节点。在欧洲交通网络中，比较常见的是某节点被包含在铁路网和公路网中，但连接水路网络的节点较少。本书之所以优先考虑它们，是因为水路运输既便宜又环保。

　　如果 NUTS1 区域中的多个节点都有水路通道，则进一步检查它们是否开行中欧班列。之所以优先考虑开行中欧班列的节点，是因为将它们升级为中欧班列集拼中心的障碍和成本都较低。最后，如果 NUTS1 区域中的多个备选节点都开行了中欧班列，则选择 NUTS3 中 GDP 最高的备选节点。一般情况下，当地经济实力较强的备选节点会对中欧班列产生更大的需求，从而提高集拼中心的利用率。在完成选择过程后，每个 NUTS1 区域只剩下一个备选节点。各节点的属性如表 5-1 所示。

表 5-1　选择的备选节点和属性

地区	一级重点经济区域	选择标准					
		铁路-公路终端类型	跨欧洲运输网络线路数	集装箱枢纽	水路可达性	中欧班列节点	节点生产总值 / (×10⁶ 欧元)
安特卫普	BE2	核心	3	不适用	核心	不是	45 685
阿蒂斯	BE3	欧洲综合网络	0	不适用	没有	不是	1 356
巴塞罗那	ES5	核心	1	不适用	没有	不是	144 820
柏林	DE3	核心	4	不适用	核心	不是	118 082
伯明翰	UKG	核心	2	不适用	没有	不是	32 825
博洛尼亚	ITH	核心	4	不适用	没有	不是	38 308
波尔多	FR6	核心	2	不适用	没有	不是	47 891
布拉迪斯拉发	SK0	核心	3	不适用	核心	不是	21 126
不来梅	DE5	核心	4	不适用	核心	不是	26 170

续表

地区	一级重点经济区域	选择标准					
		铁路-公路终端类型	跨欧洲运输网络线路数	集装箱枢纽	水路可达性	中欧班列节点	节点生产总值/（×10⁶欧元）
布里斯托尔	UKK	没有	1	不适用	没有	不是	18 821
布鲁塞尔	BE1	没有	3	不适用	核心	不是	73 399
布加勒斯特	RO3	核心	2	不适用	欧洲综合网络	不是	36 424
布达佩斯	HU1	核心	4	不适用	核心	是	38 702
加的夫	UKL	没有	1	不适用	没有	不是	14 889
克卢日-纳波卡	RO1	欧洲综合网络	1	不适用	没有	不是	6 710
哥本哈根	DK0	核心	1	不适用	没有	不是	48 682
科尔多瓦	ES6	核心	3	不适用	没有	不是	12 767
达文特里	UKF	欧洲综合网络	0	不适用	没有	不是	13 780
德累斯顿	DED	欧洲综合网络	1	不适用	没有	不是	18 462
杜伊斯堡	DEA	核心	2	不适用	核心	是	16 767
爱尔福特	DEG	没有	2	不适用	没有	不是	7 682
费利克斯托	UKH	没有	1	不适用	没有	不是	23 103
法兰克福	DE7	核心	3	不适用	核心	不是	65 719
格但斯克	PL6	核心	1	不适用	没有	不是	11 053
格拉斯哥	UKM	核心	2	不适用	没有	不是	26 948
哥德堡	SE2	核心	2	不适用	核心	不是	71 997
格拉茨	AT2	核心	1	不适用	没有	不是	18 836
格罗宁根	NL1	没有	0	是	欧洲综合网络	不是	24 782
汉堡	DE6	核心	3	不适用	核心	是	105 498
汉诺威	DE9	核心	3	不适用	核心	不是	45 701
克莱佩达	LT0	核心	1	不适用	没有	不是	4 302
科伊杜拉	EE0	欧洲综合网络	0	不适用	没有	不是	3 370
科沃拉	FI1	核心	0	不适用	没有	不是	5 847
克拉科夫	PL2	核心	1	不适用	没有	不是	13 131
利兹	UKE	核心	1	不适用	没有	不是	28 308
勒阿弗尔	FR2	核心	2	不适用	核心	不是	38 452
里尔	FR3	核心	2	不适用	核心	不是	74 021
林茨	AT3	核心	1	不适用	核心	不是	27 600
利物浦	UKD	核心	1	不适用	没有	不是	14 772
卢布尔雅那	SI0	核心	2	不适用	没有	不是	13 706
伦敦-巴金	UKI	没有	2	不适用	没有	不是	11 184

地区	一级重点经济区域	选择标准					
		铁路-公路终端类型	跨欧洲运输网络线路数	集装箱枢纽	水路可达性	中欧班列节点	节点生产总值/（×10⁶欧元）
吕贝克	DEF	核心	1	不适用	核心	不是	8 034
吕勒奥	SE3	没有	1	不适用	没有	不是	11 165
卢森堡	LU0	核心	2	不适用	核心	不是	49 273
里昂	FR7	核心	3	不适用	核心	不是	76 800
马德里	ES3	核心	3	不适用	没有	是	195 368
马格德堡	DEE	核心	3	不适用	核心	不是	7 440
美因茨	DEB	核心	2	不适用	核心	不是	11 333
马瓦谢维切	PL3	欧洲综合网络	0	不适用	没有	不是	1 965
曼海姆	DE1	核心	3	不适用	核心	不是	18 026
马赛-米拉马斯	FR8	核心	3	不适用	核心	不是	67 591
米兰	ITC	核心	3	不适用	欧洲综合网络	不是	158 886
米什科尔茨市	HU3	欧洲综合网络	0	不适用	没有	不是	4 690
那不勒斯-诺拉	ITF	核心	1	不适用	没有	不是	55 567
奈梅亨	NL2	没有	1	不适用	核心	不是	24 544
纽伦堡	DE2	核心	3	不适用	核心	yes	26 408
巴黎	FR1	核心	3	不适用	核心	不是	207 288
佩特雷	EL6	核心	1	不适用	没有	不是	4 123
比雷埃夫斯	EL3	核心	1	不适用	核心	不是	9 664
布拉格	CZ0	核心	2	不适用	核心	不是	37 904
雷恩	FR5	欧洲综合网络	0	不适用	没有	不是	33 195
里加	LV0	没有	1	不适用	没有	不是	12 793
罗马	ITI	核心	1	不适用	没有	不是	149 897
罗斯托克	DE8	核心	2	不适用	没有	不是	7 149
鹿特丹	NL3	核心	4	不适用	核心	不是	58 495
鲁塞	BG3	核心	2	不适用	核心	不是	1 134
萨尔布吕肯	DEC	没有	0	是	没有	不是	14 161
桑坦德	ES1	欧洲综合网络	0	不适用	没有	不是	11 937
施瓦茨海德	DE4	欧洲综合网络	0	不适用	没有	是	2 604
锡尼什	PT1	核心	1	不适用	没有	不是	1 952
索菲亚	BG4	核心	2	不适用	没有	不是	16 711
肖普朗	HU2	欧洲综合网络	0	不适用	没有	不是	6 150
南安普敦	UKJ	没有	1	不适用	没有	不是	7 982

续表

地区	一级重点经济区域	选择标准					
		铁路-公路终端类型	跨欧洲运输网络线路数	集装箱枢纽	水路可达性	中欧班列节点	节点生产总值/（×10⁶欧元）
斯德哥尔摩	SE1	核心	2	不适用	核心	不是	136 915
斯特拉斯堡	FR4	核心	3	不适用	核心	不是	35 750
苏恰瓦	RO2	欧洲综合网络	1	不适用	没有	不是	2756
什切青	PL4	核心	2	不适用	核心	不是	5 158
哈特尔浦	UKC	没有	1	不适用	没有	不是	7 557
塞萨洛尼基	EL5	核心	2	不适用	没有	不是	15 140
蒂米什瓦拉	RO4	核心	2	不适用	没有	不是	6 709
巴利亚多利德	ES4	核心	2	不适用	没有	不是	11 871
文洛	NL4	欧洲综合网络	0	不适用	欧洲综合网络	不是	7 227
维也纳	AT1	核心	3	不适用	核心	不是	84 255
华沙	PL1	核心	3	不适用	没有	是	54 112
弗罗茨瓦夫	PL5	核心	2	不适用	没有	不是	11 120
萨格勒布	HR0	核心	2	不适用	没有	不是	14 290
安特卫普	ES2	核心	2	不适用	没有	不是	23 767

注：“一级重点经济区域”列中的字母组合表示对该地区的 NUTS 编号

5.3　欧洲多式联运网络构建与分析

5.3.1　多式联运网络构建

在 TEN-T 核心网络的基础上建立了欧洲多式联运网络模型[①]。铁路和水路网络中节点的距离在 TEN-T 网站上可以得到，公路网络中节点的距离在谷歌地图上可以得到。该网络模型不考虑空运，因为在实践中极少出现欧洲境内先通过飞机运输，然后再通过铁路将货物运往中国的情况。此外，基于数据的可得性，本书不考虑短距离海运。

本书将明斯克、圣彼得堡和莫斯科添加为途经节点，即假设往返于中欧之间的火车都必须经过这些节点，但不装卸货物。许多中欧班列把这三个城市作为中转节点，而且通过这三个城市将芬兰的科沃拉与东欧很多城市连接起来。值得注意的是，这三个城市没有被当作集拼中心备选节点，主要是由于选址模型所依赖

---

① http://ec.europa.eu/transport/infrastructure/tentec/tentec-portal/map/maps.html。

的数据（包括通过不同的运输方式与其他节点的连接、人工成本、租赁物流设施的成本、运输需求等）在这些国家无法获得。

通过边连接节点产生加权的无方向运输网络 $G = \{V, E\}$，包括一个铁路子网络、一个公路子网络、一个水运子网络以及铁路、公路、水运合成的综合网络。V 表示节点集，E 包括所有的备选节点和途经节点（明斯克、圣彼得堡、莫斯科），表示连接节点的边。综合网络中 $|V(G)|$=90 表示节点数，$|E(G)|$=649 表示网络中的边数。G 是由 G_{RR}、G_R 和 G_W 三个子网络组成的，G_{RR}、G_R 和 G_W 分别表示铁路、公路和水路运输网络，并且 $G_{RR} \subseteq G, G_R \subseteq G, G_W \subseteq G$。在每个子图中，任何两个节点之间仅允许有一条边，但在完整的网络 G 中，任何两个节点之间最多可允许有三条边，即每个运输网络代表一条边。每个网络都有孤立点，水运网络甚至被分为三个互不相连的部分。铁路网络的边数是 $|E(G_{RR})|$=337，公路网络的边数是 $|E(G_R)|$=242，水运网络的边数是 $|E(G_W)|$=70。欧洲运输政策更倾向于铁路货运而非卡车运输，这能很好地解释跨欧洲运输的核心网络中铁路边数较多的原因。

5.3.2　网络节点中心性分析

采用三种不同的加权方法来评估节点的中心性：加权度中心性、加权接近度中心性和加权介数中心性。加权度中心性确保所选节点处于局部节点的核心，而加权接近度中心性评估跨网络距离的影响，加权介数中心性评估节点间可能的货运量。

1. 加权度中心性

节点度 d_i 的值等于将一个节点与其相邻节点连接起来的边的总数。由于度中心性不考虑边权重（即节点之间地理距离的倒数），这使其不适合描述运输网络的拓扑结构。度中心性的一种常用的替代指标是节点强度 s_i，它是连接到一个节点的所有边的权重的总和。节点强度 s_i 的缺点是它不考虑相邻节点的数量，而这对于集拼中心的选择很重要。因此，本书选择了 Opsahl 等（2010）的加权度中心性 WC_D，采用一个平衡因子 α 来调整度与强度的关系。当 α=0 时，WC_D 对应的是度 d_i，当 α=1 时，WC_D 对应的是强度 s_i。本书选择 α=0.5 是为了让度和强度具有同等的影响，因为节点连接到其他节点的数量以及这些节点之间的距离都会影响其作为集拼中心的资格。如果一个城市与多个其他城市相连，但其地理位置远离网络的实际中心，那么在该节点集拼货物将导致较高的运输成本，这意味着该节点不应作为集拼中心。同样，仅连接少数节点但边权重较高的节点也不适合作为集拼中心，因为它们不在网络的中心。出于相同的原因，Opsahl 等关于加权度的文献将 α 设置为 0.5。如果 d_i 是节点 i 的度，s_i 是节点 i 的强度，α 是调整参数，则

$$WC_D(i) = d_i \times \left(\frac{s_i}{d_i}\right)^{\alpha} \tag{5-1}$$

2. 加权接近度中心性

节点的接近度中心性（WC_C）的值等于从节点 i 到任何其他节点 j 的最短距离之和的倒数。未加权的接近度将距离 $d(i,j)$ 计算为两节点之间所要经历的边的最小数目。加权接近度使用 Dijkstra 算法来计算最短距离 $d_w(i,j)$，该距离将必须通过的所有边的权重相加。如果 $d_w(i,j)$ 是从一个节点 i 到另一个节点 j 的加权最短路径数，则

$$WC_C(i) = [\textstyle\sum_j^N d_w(i,j)]^{-1} \tag{5-2}$$

3. 加权介数中心性

介数中心性的值等于节点 j 和节点 k 之间经过节点 i 的最短路径数量 g_{jk} 与节点 i 和节点 k 之间最短路径总数的比值。未加权的介数中心性度量了路径距离与途经节点数之间的关系。加权介数（WC_B）将节点 j 和 k 之间最短路径的边权重相加来计算距离。如果 wg_{jk} 是网络中任意两节点之间加权最短路径的数量，$wg_{jk}(i)$ 是通过节点 i 的数量，则

$$WC_B(i) = \frac{wg_{jk}(i)}{wg_{jk}} \tag{5-3}$$

三个加权度量均在 R 软件的 tnet 软件包中计算获得。

5.3.3　合并中心性指标

计算出三个运输网络的三个加权中心性指标后，需要进一步将这些中心性指标合并为一个指标。本章采用 TOPSIS 进行指标合并，并对节点进行综合排名。

1. 标准化加权特征矩阵

前文中用一组加权中心性指标 $F = \{f_1, f_2, f_3\} = \{WC_D, WC_B, WC_C\}$ 计算节点集

$V = \{v_1, v_2, \cdots, v_N\}$ 中每个节点的中心性，则可以得到每个子网的特征矩阵 P。在特征矩阵中，$v_i(f_j)$ 表示第 i 个节点的第 j 个中心性指标。因此，节点中心性特征矩阵可以表示为

$$P = \begin{bmatrix} v_1(f_1) & v_1(f_2) & v_1(f_3) \\ v_2(f_1) & v_2(f_2) & v_2(f_3) \\ \vdots & \vdots & \vdots \\ v_N(f_1) & v_N(f_2) & v_N(f_3) \end{bmatrix} \tag{5-4}$$

为了比较矩阵，首先将每个中心性指标标准化。用 t_{ij} 表示标准化处理的矩阵中第 i 行第 j 个中心性指标，则

$$t_{ij} = \frac{v_i(f_j)}{\sqrt{\sum_{i=1}^{N} v_i(f_j)^2}}, j = 1, 2, 3 \tag{5-5}$$

信息熵用于计算各个运输网络内每个中心度指标的权重 w_j。信息熵衡量了数据中固有信息的数量。当数据值相差较大时，固有信息量较大，信息熵越高；当数据值相差不大时，固有信息量较小，信息熵越低。式（5-6）定义了第 j 个中心性指标的信息熵 H_j，其中 m 表示指标 j 的个数，n 表示节点 i 的个数：

$$H_j = -k \sum_{i=1}^{m} f_{ij} \ln f_{ij}, j = 1, 2, 3 \tag{5-6}$$

其中 $f_{ij} = \dfrac{t_{ij}}{\sum_{j=1}^{n} t_{ij}}$，$k = 1/\ln n$，如果 $f_{ij} = 0$，那么 $f_{ij} \ln f_{ij} = 0$。则第 j 个中心性指标的权重为

$$w_j = 1 - \frac{H_j}{m - \sum_{j=1}^{m} H_j} \tag{5-7}$$

其中 $\sum w_j = 1$，$w_j \in \{0,1\}$。将标准化分数 t_{ij} 乘以加权系数 w_j，得出第 j 个中心性指标的第 i 个节点的加权分数 r_{ij}：

$$R = (r_{ij}) = (w_j t_{ij}) = \begin{bmatrix} w_1 t_{11} & w_2 t_{12} & w_3 t_{13} \\ w_1 t_{21} & w_2 t_{22} & w_3 t_{23} \\ \vdots & \vdots & \vdots \\ w_1 t_{N1} & w_2 t_{N2} & w_3 t_{N3} \end{bmatrix} \tag{5-8}$$

2. TOPSIS 模型

如上所述，TOPSIS 模型计算节点到指标的正理想值（r_j^+）和负理想值

（r_j^-）的距离，表示为矩阵 R 的第 j 个中心性指标列的最大值与最小值：

$$A^+ = \left\{ \max_{i \in \{1,2,\cdots,N\}} \{r_{i1}\}, \max_{i \in \{1,2,\cdots,N\}} \{r_{i2}\}, \cdots, \max_{i \in \{1,2,\cdots,N\}} \{r_{i4}\} \right\} = \left\{ r_1^+, r_2^+, r_3^+ \right\} \qquad (5\text{-}9)$$

$$A^- = \left\{ \min_{i \in \{1,2,\cdots,N\}} \{r_{i1}\}, \min_{i \in \{1,2,\cdots,N\}} \{r_{i2}\}, \cdots, \min_{i \in \{1,2,\cdots,N\}} \{r_{i4}\} \right\} = \left\{ r_1^-, r_2^-, r_3^- \right\} \qquad (5\text{-}10)$$

本书使用相对熵距离和 TOPSIS 组合的改进公式来计算每个节点到理想值的距离。信息熵模型的起始方程式如下，其中 S_i^+ 表示与正理想值的距离，S_i^- 表示与负理想值的距离。

$$S_i^+ = \left\{ \sum_{j=1}^{3} \left[r_i^+ \log \frac{r_i^+}{r_{ij}} + (1-r_j^+) \log \frac{1-r_j^+}{1-r_{ij}} \right] \right\}^{\frac{1}{2}} \qquad (5\text{-}11)$$

$$S_i^- = \left\{ \sum_{j=1}^{3} \left[\log \frac{r_j^-}{r_{ij}} + (1-r_j^-) \log \frac{1-r_j^-}{1-r_{ij}} \right] r_j^- \right\}^{\frac{1}{2}} \qquad (5\text{-}12)$$

本书改进了这些公式，使它们能够适合 r_{ij} 分数为 0 的顶点：

$$S_i^+ = \left\{ \sum_{j=1}^{3} \left[r_j^+ + (1-r_j^+) \log \frac{1-r_j^+}{1-r_{ij}} \right] \right\}^{\frac{1}{2}} \qquad (5\text{-}13)$$

$$S_i^+ = \left\{ \sum_{j=1}^{3} \left[r_j^- (1 \times 10^{-100}) + (1-r_j^-) \log \frac{1-r_j^-}{1-r_{ij}} \right] \right\}^{\frac{1}{2}} \qquad (5\text{-}14)$$

有了正 S_i^+ 的和负 S_i^- 的距离分数，就可以计算每个运输网络中的每个节点的中心性分数（C_i^*）：

$$C_i^* = \frac{S_i^-}{S_i^+ + S_i^-}, i = 1, 2, \cdots, n \qquad (5\text{-}15)$$

中心性分数（C_i^*）越接近 1 则越接近理论最大值，表示节点位于网络的中心附近。中心性分数接近 0 意味着节点远离网络的中心。

5.3.4 节点城市重要性综合评价分析

为了得到欧洲多式联运网络中各个节点城市中心性的综合排名，将三个中心性指标合并为一个指标。三个指标代表运输网络 G_{RR}、G_R 和 G_W 中的一个。使用所有有备选节点或途经节点的国家（地区）的运输方式份额来对 C_i^* 分值进行加权。其中具有备选节点的国家是指通过桥梁或隧道连接到欧洲大陆的 25 个欧盟成员国（因此不包括塞浦路斯、爱尔兰和马耳他），俄罗斯和白俄罗斯两个国家是途经节点，总共有 27 个国家[①]。这些数据来自欧盟统计局以及俄罗斯和白俄罗斯的统计机构（Rosstat，2017）。计算出 27 个国家不同运输方式的所占比重的平均值，得到了 G_{RR}、G_R 和 G_W 的模式权重 $\lambda_j = \{0.24, 0.72, 0.05\}$。将运输模式权重与中心性分数 C_i^* 相乘，然后相加得到节点综合性得分 CC_i，如式（5-16）所示，其中 m 表示指标 j 的数量，n 表示节点 i 的数量。表 5-2 显示了每个节点的综合排名以及运输网络中每个节点中心性的值。

$$CC_i = \sum_{j=1}^{m} \lambda_j C_i^*, i = 1, 2, \cdots, n \qquad (5\text{-}16)$$

表 5-2　综合节点中心性排名和中心性分数

节点	节点综合性得分	综合排名	铁路中心性分数	铁路排名	公路中心性分数	公路排名	水路中心性分数	水路排名
柏林	0.746	1	0.186	3	0.544	3	0.017	12
里尔	0.746	2	0.171	6	0.561	1	0.014	18
法兰克福	0.727	3	0.213	1	0.480	6	0.034	4
伦敦-巴金	0.693	4	0.186	2	0.507	4	0.000	32
汉诺威	0.671	5	0.151	9	0.479	7	0.041	2
安特卫普	0.665	6	0.150	10	0.496	5	0.019	11
布达佩斯	0.658	7	0.184	4	0.460	9	0.014	20
纽伦堡	0.655	8	0.156	8	0.471	8	0.028	6
杜伊斯堡	0.640	9	0.041	66	0.553	2	0.046	1
维也纳	0.627	10	0.171	5	0.431	12	0.025	8
布鲁塞尔	0.551	11	0.142	11	0.393	17	0.016	14
巴黎	0.526	12	0.103	20	0.418	13	0.004	30
林茨	0.526	13	0.142	12	0.358	19	0.026	7
汉堡	0.525	14	0.117	16	0.395	15	0.012	21
斯特拉斯堡	0.518	15	0.157	7	0.352	20	0.009	24
达文特里	0.499	16	0.105	19	0.395	16	0.000	32
华沙	0.495	17	0.039	68	0.456	10	0.000	32
马格德堡	0.494	18	0.073	39	0.398	14	0.023	9
德累斯顿	0.484	19	0.096	25	0.374	18	0.015	17

---

① 本章研究在英国脱欧（2020 年 1 月 31 日）之前完成。

节点	节点综合性得分	综合排名	铁路中心性分数	铁路排名	公路中心性分数	公路排名	水路中心性分数	水路排名
文洛	0.461	20	0.000	82	0.445	11	0.016	16
米兰	0.431	21	0.117	17	0.314	22	0.000	32
卢森堡	0.421	22	0.115	18	0.306	24	0.000	32
波尔多	0.418	23	0.074	37	0.344	21	0.000	32
布拉迪斯拉发	0.415	24	0.086	32	0.309	23	0.021	10
卢布尔雅那	0.391	25	0.097	24	0.294	27	0.000	32
布拉格	0.389	26	0.090	29	0.290	28	0.008	26
不来梅	0.386	27	0.088	30	0.284	29	0.014	19
伯明翰	0.355	28	0.091	27	0.264	31	0.000	32
蒂米什瓦拉	0.343	29	0.041	65	0.302	26	0.000	32
美因茨	0.339	30	0.086	31	0.212	41	0.041	3
布加勒斯特	0.335	31	0.059	50	0.277	30	0.000	32
马德里	0.320	32	0.090	28	0.229	36	0.000	32
奈梅亨	0.319	33	0.136	13	0.152	56	0.031	5
博洛尼亚	0.317	34	0.079	34	0.238	33	0.000	32
哥本哈根	0.316	35	0.072	41	0.244	32	0.000	32
爱尔福特	0.312	36	0.118	15	0.194	46	0.000	32
里昂	0.308	37	0.076	36	0.227	38	0.005	28
施瓦茨海德	0.306	38	0.078	35	0.228	37	0.000	32
曼海姆	0.305	39	0.082	33	0.207	42	0.016	13
里加	0.305	40	0.000	82	0.305	25	0.000	32
巴塞罗那	0.300	41	0.099	22	0.201	44	0.000	32
塞萨洛尼基	0.298	42	0.074	38	0.224	39	0.000	32
克拉科夫	0.282	43	0.051	57	0.231	35	0.000	32
马瓦谢维切	0.278	44	0.127	14	0.151	57	0.000	32
格拉茨	0.276	45	0.044	62	0.232	34	0.000	32
萨拉戈萨	0.266	46	0.100	21	0.166	51	0.000	32
马赛-米拉马斯	0.264	47	0.039	67	0.220	40	0.005	28
布里斯托尔	0.256	48	0.072	40	0.184	48	0.000	32
阿蒂斯	0.255	49	0.068	43	0.186	47	0.000	32
弗罗茨瓦夫	0.244	50	0.071	42	0.173	50	0.000	32
鹿特丹	0.244	51	0.062	47	0.166	52	0.016	15
罗马	0.238	52	0.062	46	0.176	49	0.000	32
利兹	0.233	53	0.035	70	0.198	45	0.000	32

节点	节点综合性得分	综合排名	铁路中心性分数	铁路排名	公路中心性分数	公路排名	水路中心性分数	水路排名
什切青	0.231	54	0.058	51	0.165	53	0.008	25
利物浦	0.217	55	0.061	48	0.156	54	0.000	32
萨格勒布	0.210	56	0.091	26	0.119	72	0.000	32
科伊杜拉	0.202	57	0.000	82	0.202	43	0.000	32
吕贝克	0.201	58	0.045	60	0.143	60	0.012	22
圣彼得堡	0.200	59	0.048	58	0.152	55	0.000	32
费利克斯托	0.198	60	0.056	53	0.142	63	0.000	32
格但斯克	0.191	61	0.052	55	0.139	64	0.000	32
明斯克	0.183	62	0.098	23	0.085	83	0.000	32
南安普敦	0.180	63	0.060	49	0.120	71	0.000	32
加的夫	0.180	64	0.044	61	0.135	66	0.000	32
哈特尔浦	0.179	65	0.057	52	0.122	69	0.000	32
格拉斯哥	0.179	66	0.051	56	0.128	67	0.000	32
巴利亚多利德	0.177	67	0.035	72	0.143	62	0.000	32
佩特雷	0.177	68	0.033	74	0.144	58	0.000	32
斯德哥尔摩	0.176	69	0.032	76	0.144	59	0.000	32
罗斯托克	0.174	70	0.038	69	0.136	65	0.000	32
索非亚	0.162	71	0.042	63	0.120	70	0.000	32
纳波卡	0.160	72	0.055	54	0.105	78	0.000	32
克莱佩达	0.152	73	0.027	80	0.125	68	0.000	32
哥德堡	0.151	74	0.035	71	0.115	74	0.000	32
苏恰瓦	0.146	75	0.042	64	0.104	79	0.000	32
比雷埃夫斯	0.145	76	0.034	73	0.111	75	0.000	32
莫斯科	0.143	77	0.065	44	0.078	84	0.000	32
桑坦德	0.143	78	0.000	82	0.143	61	0.000	32
科尔多瓦	0.138	79	0.029	78	0.109	76	0.000	32
那不勒斯-诺拉	0.137	80	0.033	75	0.104	80	0.000	32
鲁塞	0.136	81	0.031	77	0.100	81	0.005	27
锡尼什	0.133	82	0.028	79	0.105	77	0.000	32
勒阿弗尔	0.123	83	0.000	82	0.119	73	0.004	30
科沃拉	0.112	84	0.027	81	0.085	82	0.000	32
吕勒奥	0.069	85	0.000	82	0.069	85	0.000	32

续表

节点	节点综合性得分	综合排名	铁路中心性分数	铁路排名	公路中心性分数	公路排名	水路中心性分数	水路排名
萨尔布吕肯	0.064	86	0.064	45	0.000	86	0.000	32
米什科尔茨	0.047	87	0.047	59	0.000	86	0.000	32
格罗宁根	0.012	88	0.000	82	0.000	86	0.012	23
雷恩	0.000	89	0.000	82	0.000	86	0.000	32
肖普朗	0.000	90	0.000	82	0.000	86	0.000	32

注：城市按 CC_i 值递减的顺序排列

　　图 5-2 是综合节点排名与综合节点中心性得分 CC_i 的关系图。每个数据点代表一个节点。节点的分布较为均匀，但在散点图的顶部有一个分离的节点集，其节点排名低于 84，在散点图的底部有一个分离的节点集，其节点排名为 10 或更高（表 5-2）。图 5-2 中的距离线段显示了排名最高的节点集与相邻的节点集之间的中心性评分的差是 0.07。如上所述，具有高中心性排名的节点更适合作为集拼中心。由于与相邻组之间存在明显差距，因此选择中心性得分最高的 10 个节点作为集拼中心备选节点。集拼中心备选节点除了布达佩斯外，其他主要位于中欧和西欧。中欧和西欧强大的经济相互依存关系以及发达的基础设施使得该地区各节点之间建立了紧密联系，从而提高了中心性得分。布达佩斯之所以被包括在内，是因为它与东欧和东南欧城市之间有众多联系。网络边缘的节点不被选作备选节点，是因为根据定义可知它们的中心性很低。

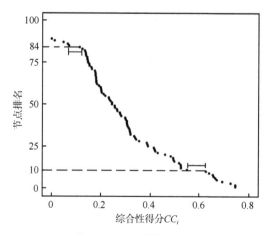

图 5-2　综合节点中心性得分和节点排名

5.4　中欧班列欧洲集拼中心选址模型构建

5.4.1　参数定义

集拼中心选址模型的主要输入参数包括运输速度和运输成本，如表 5-3 和表 5-4 所示，数据从不同来源获得，采用这些数据的平均值。表 5-3 和表 5-4 中的数据仅用于从出发地节点到集拼中心的运输，因为从集拼中心到目的地的路段的成本和速度是不同的。

表 5-3　每种运输方式的运输速度（单位：千米/小时）

来源	铁路	公路	水路
Planco（2007）	—	60	11
BVU（2016）	48.868~72.464	54.845~76.336	—
Troch 等（2018）	25	—	—
平均值（v_{ikl}）	42.83	62.80	11

表 5-4　每种模式的运输成本（单位：欧元/（吨·千米））

来源	铁路	公路	水路
BVU（2016）	0.021~0.055	0.056~0.109	—
Mostert 等（2017）	0.019~0.025	0.020~0.070	0.002
Troch 等（2018）	0.019~0.025	0.020~0.070	0.008~0.038
平均值（p_{ikl}）	0.027	0.058	0.013

由于运输成本与速度是非线性相关的，这将导致集拼中心选址问题也是非线性的。因此，本书必须取这些数据的平均值，以获得线性的成本和速度函数，从而使得混合整数规划能以线性的方式出现，以降低计算难度。另外，非线性速度成本函数的应用可能会导致城市间路段的公路运输增加，因为每吨公里的铁路和公路运输价格在同一范围内时，公路运输速度更快。

将表 5-3 和表 5-4 中的运输速度和成本与节点之间的距离相结合。因此，式（5-17）计算了从节点 i 使用运输模式 l 到集拼中心 k 的运输时间 t_{ikl}，其中 d_{ikl} 表示该路段的距离，v_{ikl} 使用表 5-3 中的运输速度。式（5-18）计算了枢纽 k 到目的地 j 的运输时间 t_{kj}，其中 d_{kj} 表示该路段的距离，v_{kj} 使用表 5-3 中的速度。式（5-19）和式（5-20）分别计算了从出发地到集拼中心和从集拼中心到目的地的运输成本 $\{c_{ikl}, c_{kj}\}$，其中 p_{ikl} 使用表 5-4 中的值计算得到，p_{kj} 为设置的惩罚参数，表示对中欧班列列车上未使用的装载能力进行惩罚。

$$t_{ikl} = \frac{d_{ikl}}{v_{ikl}} \tag{5-17}$$

$$t_{kj} = \frac{d_{kj}}{v_{kj}} \tag{5-18}$$

$$c_{ikl} = p_{ikl} d_{ikl} \tag{5-19}$$

$$c_{kj} = p_{kj} d_{kj} \tag{5-20}$$

使用中欧班列将货物从集拼中心运输到目的地与从出发地到集拼中心的运输具有不同的速度和价格结构，集拼中心 k 与目的地 j 之间的运输速度 v_{kj} 为 29.52 千米/小时，这是根据多个中欧班列的速度平均值计算得出的，该速度进一步通过与中铁集装箱公司的运输时间和距离数据进行了确认。运输速度 v_{kj} 低于 v_{ikl} 的铁路速度值，这可能是中欧班列沿线国家（如俄罗斯、白俄罗斯等）铁路基础设施老化导致火车以较低速度运行造成的（Gerden，2018）。根据国际铁路联盟的数据，假设每辆列车的负荷为 82 个标准箱，每个标准箱的负荷为 28 吨，因此每辆中欧班列列车的总负荷为 2296 吨。根据商务部的数据，集拼中心 k 到目的地 j 的运输价格 p_{kj} 为 0.019 欧元/（吨·公里）。每个集拼中心到目的地的运输成本 c_{kj} 是由距离乘以价格得到的，如式（5-20）所示。由于运输价格不包括中欧班列公司从地方政府获得的补贴，而现有文献和媒体报道表明（Knowler，2018），在许多情况下，这些补贴费用与货运代理所要求的每个集装箱的总价格相当。补贴体现了地方政府支持中央政策和地方经济发展的决心。如果火车没有满载或因故无法出发，补贴将被浪费。补贴通常按运输标准箱发放，但有时也会对整列火车发放。因此，本书使用一个惩罚参数 p_{kj}，该参数使中欧班列上未使用的装载能力的运输成本翻倍。

5.4.2 需求分析

按照《中欧班列建设发展规划（2016—2020 年）》的规定，到 2020 年每年应开行 5000 列左右的中欧班列。每列列车的载重能力为 2296 吨，则 5000 列列车的年需求量为 11.48 兆吨。由于本章旨在为中欧班列找到一个或多个最优的欧洲集拼中心，并且为了缩短模型求解时间，本书假设中欧班列列车都是从欧洲出发，以中国西安为目的地。尽管将所有中欧班列的目的地都设为西安并不能反映中欧班列的实际运行情况，但是增加更多的国内目的地或允许双向运输都不会对结果有太大改变，因为该网络是无向网络。但是，未来的研究应考虑在俄罗斯和中亚增加始发节点，这些节点可以作为转运枢纽，从而影响欧洲集拼中心的最佳位置选择。

11.48 兆吨的年需求量被分配给网络中的 NUTS1 地区。由于每个 NUTS1 区域只包含一个备选节点，因此需求被直接分配给备选节点。每个 NUTS1 都是欧盟成员国的一部分，其需求是根据成员国占欧盟与中国贸易总额的贡献分配的。例如，意大利在欧盟与中国的贸易总额中所占份额为 12%，因此，11.48 兆吨的运输需求中有 12%（1.38 兆吨）分配给了网络中的意大利的节点。在确定一个国家内的各节点需求量时，按照某 NUTS1 地区在该国 GDP 中所占份额来决定分配给各个节点的需求量。继续以意大利为例说明，在意大利的四个 NUTS1 地区中，ITC（意大利西北部的 NUTS1 代码）占全国 GDP 的 35%。因此，ITC 节点城市米兰获得了意大利运输需求的 35%（0.48 兆吨）。需要说明的是，由于法国的雷恩节点和匈牙利的索普朗节点没有连接到三个运输网络中的任何一个，如果将它们保留在模型中，则该模型会出现不可能将货物运输到目的地的情况，这将使模型不可求解，因此必须将它们从模型中移除。雷恩和索普朗的需求被分配到其本国的其他 NUTS1 地区。删除这些节点后，网络由 88 个节点组成，其中 85个是备选节点，3 个是途经节点：莫斯科、明斯克和圣彼得堡。根据定义，途经节点的需求为 0，因为需求计算使用了欧盟统计局的数据，而该统计局不负责白俄罗斯和俄罗斯，且这两个国家的统计部门未提供类似数据。

5.4.3　运输时间约束

时间约束的概念在本章中被称为"运输时间约束" β_{ij}，它是由一组约束条件组成，而不是单一的约束条件。运输时间约束 β_{ij} 设置了从备选节点到目的地可能运输时间上限。传统的时间约束通常分配给所有节点相同的时间限制，如隔日交付。本模型中，运输时间约束并不是对所有的备选节点都进行相同的时间限制，而是根据托运人的期望计算的。本模型假设位于网络中心的托运人将比位于网络边缘的托运人的预期运输时间更短，因为列车经过更短的距离就可以到达目的地。所以，运输时间计算基于四个部分：从备选节点到集拼中心的运输时间、在集拼中心的处理时间、从集拼中心到目的地（西安）的运输时间以及在马瓦谢维切-布雷斯特边境的等待时间。由于柏林是最中心的备选集拼中心，所以本书采用三种运输模式，根据所有备选节点到柏林的最短距离计算出第一段的运输时间。计算结果将边权重（以公里为单位的距离）除以运输速度来决定边的类型（表 5-3）。结果用从每个备选节点到柏林的最短路径用时数表示，然后再除以 9 小时，因为 9 小时是卡车和火车操作员每天的最大工作时长。由于集装箱需要在集拼中心改变运输方式或列车，因此在集拼中心增加了 8 小时的装卸时间。基于最短路径，从柏林到莫斯科的运输又需要三天，这也要被添加到计算中。根据中欧铁路运输距离和运输时间，从莫斯科到西安的最后一段路程需要 10 天。由于马瓦谢维切-布雷斯特是一个拥堵的边境口岸，平均等待时间较长，因此增加了两天作为边境等待时间。由此产生的运输时间约束使用中欧班列线路相关报道和作者的实地调研得到的实际运输时间进行验证。表 5-5 总结了所有备选节点的运输时间约束 β_{ij} 和运输需求 W_{ij}。

表 5-5　备选节点的需求和运输时间约束

节点	W_{ij} /（吨/年）	β_{ij} /日
安特卫普	545 468	17
阿蒂斯	215 379	17
巴塞罗那	279 706	19
柏林	77 403	16
伯明翰	168 483	18
博洛尼亚	261 836	18
波尔多	85 684	19
布拉迪斯拉发	53 753	17
不来梅	19 288	17
布里斯托尔	169 525	18
布鲁塞尔	166 420	17
布加勒斯特	62 330	19
布达佩斯	39 630	17
加的夫	79 304	18
纳波卡	35 308	19
哥本哈根	177 622	17
科尔多瓦	146 527	21
达文蒂	133 211	18
德累斯顿	70 828	16
杜伊斯堡	400 414	17
爱尔福特	36 379	16
费利克斯托	196 157	19
法兰克福	161 075	17
格但斯克	48 994	17
格拉斯哥	178 397	19

节点	W_{ij} /（吨/年）	β_{ij} /日
哥德堡	113 840	18
格拉茨	21 955	17
格罗宁根	115 297	19
汉堡	66 175	16
汉诺威	157 904	16
克莱佩达	49 711	18
科伊杜拉	34 844	19
科沃拉	279 848	20
克拉科夫	76 929	17
利兹	149 324	18
勒阿弗尔	117 041	18
里尔	43 579	17
林茨	47 124	17
利物浦	221 658	19
卢布尔雅那	71 450	18
伦敦-巴金	543 663	18
吕贝克	53 351	16
吕勒奥	42 564	20
卢森堡	10 883	17
里昂	102 364	18
马德里	170 483	20
马格德堡	35 503	16
美因茨	83 382	17
马拉斯泽维奇	46 501	17
曼海姆	285 066	17
马赛-米拉马斯	93 369	19
米兰	370 632	18
明斯克	0	18
密什科尔茨	22 630	18
莫斯科	0	20
那不勒斯-诺拉	177 138	19
奈梅根	249 273	17
纽伦堡	339 603	17
巴黎	273 163	18

节点	W_{ij} /（吨/年）	β_{ij} /日
佩特雷	40 738	20
比雷埃夫斯	95 717	20
布拉格	111 741	16
里加	64 818	18
罗马	243 561	19
罗斯托克	24 772	16
鹿特丹	756 325	17
鲁塞	31 690	19
萨尔布吕肯	20 989	17
桑坦德	74 648	20
施瓦茨海德	40 963	16
锡尼什	160 342	21
索非亚	51 596	19
南安普敦	344 584	18
斯德哥尔摩	134 025	18
圣彼得堡	0	19
斯特拉斯堡	59 479	17
苏恰瓦	32 505	20
什切青	60 010	16
哈特尔浦	67 446	19
塞萨洛尼基	43 864	19
蒂米什瓦拉	26 317	18
巴利亚多利德	90 219	20
文洛	298 823	17
维也纳	52 943	17
华沙	107 031	17
弗罗茨瓦夫	39 583	17
萨格勒布	24 925	18
萨拉戈萨	104 978	20

5.4.4　备选节点的相关参数

每个集拼中心备选节点的货物处理能力、处理成本和建设成本都是单独设置的，但所有集拼中心的货物处理时间是相同的，因为装卸时间取决于劳动力和设备的使用，而不受到地点因素的影响。根据现有集装箱站点网站信息，处理时间设置为 8 小时，这也是欧洲典型的工作日工作时长。候选集拼中心的处理能力是根据文献资料和现有集装箱站点网站上的信息整合而成的。铁路站点网站以标准箱为单位提供各站点的年吞吐量和铁路轨道数量。通过取平均值后，每条铁路轨道的年吞吐量为 59 928 标箱。将这一数据应用到候选集拼中心，方法是将年吞吐量乘以每个标准箱的负载量和候选集拼中心的铁轨数量，这些数据是从谷歌卫星地图获得的。因此，得到了每个候选集拼中心的理论处理能力，如表 5-6 所示。

表 5-6　候选集拼中心的详细参数

候选集拼中心	处理能力/（吨/年）	处理成本/（欧元/吨）	建设成本/欧元
安特卫普	8 389 976	1.452	4 800 000
柏林	6 711 981	1.357	5 900 000
布达佩斯	10 067 972	1.143	4 500 000
杜伊斯堡	10 067 972	1.334	6 500 000
法兰克福	10 067 972	1.422	7 600 000
汉诺威	6 711 981	1.296	6 800 000
里尔	13 423 962	1.345	4 600 000
伦敦–巴金	5 033 986	1.406	19 600 000
纽伦堡	16 779 953	1.337	8 200 000
维也纳	11 745 967	1.373	7 200 000

每个候选集拼中心的每吨处理成本是基于欧盟统计局的 NUTS1 级人工成本数据得到的，该数据列出了运输和仓储行业的每小时成本。将欧盟的人工成本数据标准化后取平均值，并乘以欧洲一个铁路–公路终端处理一吨货物的行业成本。计算得到每标准箱 37.5 欧元的行业价格（Wiegmans and Behdani，2018），再除以每标准箱 28 吨，得出了平均处理价格为每吨 1.3 欧元。最后乘以人工成本指数，得出每个候选集拼中心的每吨处理成本，如表 5-6 所示。

建立集拼中心的固定成本是基于当地运输或仓储设施租金计算得到的。如果没有可用的本地数据，将使用来自同一国家/地区下一个可获得位置的数据。租金数据根据法国巴黎银行（BNP Paribas Real Estate，2017）行业报告得到，并用高力（Colliers）的类似报告中的数据进行了验证。为了计算候选集拼中心的建设成本，本书假设需要租用 10 万平方米的物流空间来运营集拼中心的中欧班列线路。该值基于目前欧洲最重要的中欧班列枢纽之一杜伊斯堡市的数据得到。租金是固定成本，与集拼中心的处理量无关，因为设备是在中期租用的。将当地租金（欧元/米 ^{2}）乘以 10 万平方米，得出每个候选集拼中心的建设成本，如表 5-6 所示。

5.4.5　集拼中心选址模型构建与求解

1. 描述和模型符号说明

本书构建了中欧班列的欧洲集拼中心选址问题模型。该模型的总体目标是在满足运输时间约束的同时使成本最小化。中欧班列物流始于使用铁路、公路或水路三种方式中的一种，从备选节点到集拼中心进行运输。货物在集拼中心集拼，并通过铁路运输到目的地。这条线路不允许使用其他运输方式，因为中欧班列是以铁路为基础的服务，如此长距离的公路运输是不经济的，而且没有连接欧洲和中国的内河。本书假设所有货物都是从欧洲出发地节点向东运送到固定的中国目的地西安。图 5-3 描述了模型中的物流网络结构。细箭头表示通过不同运输方式从起点到集拼中心的低至中等的货运量。整合后，物流量会变多，如从集拼中心到目的地的粗箭头所示。

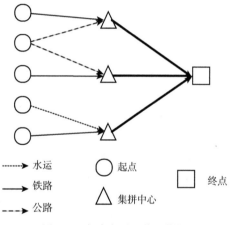

图 5-3　中欧班列运营网络图

在节点集合 N 中，I 代表备选节点集合，J 代表目的地集合，K（$K \subseteq I$）代表集拼中心集合，L 代表运输模式集合。表 5-7 列出了完整的模型符号，包括所有参数和变量。

表 5-7　模型符号

符号	定义
集合	
I	备选节点集合，由 i 索引
K	集拼中心集合，由 k 索引，其中 $K \subseteq I$

续表

符号	定义
L	运输模式集合，由 l 索引，其中 l=RR 代表铁路运输，l=R 代表公路运输，l=W 代表水路运输
J	目的地集合，由 j 索引

参数	
W_{ij}	从出发地 i 到目的地 j 的货物需求
β_{ij}	从出发地 i 到目的地 j 的运输时间约束
c_{kk}	集拼中心 k 的建设成本
c_{ikl}	使用运输方式 l 从出发地 i 到集拼中心 k 的货物单位运输成本
c_{kj}	从集拼中心 k 到目的地 j（铁路）的货物单位运输成本
μ_{kj}	列车未满载时的惩罚参数
v_{ikl}	使用运输方式 l 从出发地 i 到集拼中心 k 的运输速度
v_{kj}	从集拼中心 k 到目的地 j（铁路）的运输速度
h_{kk}	集拼中心 k 的单位处理成本
a_{kk}	集拼中心 k 的最大处理能力
Q	中欧货运列车的最大承载能力
d_{ikl}	通过运输方式 l 从出发地 i 到集拼中心 k 的距离
d_{kj}	集拼中心 k 到目的地 j（铁路）的距离
t_{ikl}	使用运输方式 l 从出发地 i 到集拼中心 k 的运输时间
t_{kk}	集拼中心 k 的处理时间
t_{kj}	从集拼中心 k 到目的地 j（铁路）的运输时间
t_b	波兰—白俄罗斯边境的等候时间
p_{ikl}	使用运输方式 l 从出发地 i 到集拼中心 k 的每吨公里运输价格
p_{kj}	从集拼中心 k 到目的地 j（铁路）的每吨公里运输价格
M	人为设置用于模型中"大 M"约束的足够大的数字

决策变量	
x_{ikl}	使用运输方式 l 从出发地 i 到集拼中心 k 的货运量（吨）
x_{iklj}	使用运输方式 l 从出发地 i 到集拼中心 k，然后到目的地 j 的货运量（吨）
x_{kj}	从集拼中心 k 到目的地 j（铁路）的货运量（吨）
y_{kk}	如果候选集拼中心被选为集拼中心 k，则等于 1，否则为 0
t_{iklj}	使用运输方式 l 从出发地 i 到集拼中心 k，然后到目的地 j 的总运输时间
y_{iklj}	如果货物通过运输方式 l 从出发地 i 运输到集拼中心 k，然后通过铁路运输到目的地 j，则等于 1，否则为 0
F_{kj}	从集拼中心 k 到目的地 j 的列车数

2. 模型描述和参数总结

目标函数最小化：

$$\sum_{k \in K} c_{kk} y_{kk} + \sum_{i \in I} \sum_{k \in K} \sum_{l \in L} c_{ikl} x_{ikl} + \sum_{i \in I} \sum_{k \in K} \sum_{l \in L} h_{kk} x_{ikl} +$$
$$\sum_{k \in K} \sum_{j \in J} c_{kj} x_{kj} + \sum_{k \in K} \sum_{j \in J} \mu_{kj} (QF_{kj} - x_{kj}) \quad\quad (5\text{-}21)$$

s.t.

$$x_{ikl} = \sum_{j \in J} x_{iklj}, \forall i, k, l \quad\quad\quad (5\text{-}22)$$

$$x_{kj} = \sum_{j \in J} \sum_{l \in L} x_{iklj}, \forall k, j \quad\quad\quad (5\text{-}23)$$

$$\sum_{k \in K} \sum_{l \in L} x_{iklj} = W_{ij}, \forall i, j \quad\quad\quad (5\text{-}24)$$

$$QF_{kj} \geqslant x_{kj}, \forall k, j \quad\quad\quad (5\text{-}25)$$

$$a_{kk} y_{kk} \geqslant \sum_{i \in I} \sum_{j \in J} \sum_{l \in L} x_{iklj}, \forall k \quad\quad\quad (5\text{-}26)$$

$$t_{iklj} = y_{iklj}(t_{ikl} + t_{kk} + t_{kj} + t_b), \forall i, k, l, j \quad\quad (5\text{-}27)$$

$$\beta_{ij} \geqslant t_{iklj}, \forall i, k, l, j \quad\quad\quad (5\text{-}28)$$

$$x_{iklj} \geqslant y_{iklj}, \forall i, k, l, j \quad\quad\quad (5\text{-}29)$$

$$M \times y_{iklj} \geqslant x_{iklj}, \forall i, k, l, j \quad\quad\quad (5\text{-}30)$$

$$y_{kk} \in \{0, 1\}, \forall k \quad\quad\quad (5\text{-}31)$$

$$y_{iklj} \in \{0, 1\}, \forall i, k, l, j \quad\quad\quad (5\text{-}32)$$

$$F_{kj} \in \mathbb{Z}^{+}, \forall k, j \quad\quad\quad (5\text{-}33)$$

$$x_{ikl} \geqslant 0, x_{kj} \geqslant 0, x_{iklj} \geqslant 0, t_{iklj} \geqslant 0, \forall i, k, l, j \quad\quad (5\text{-}34)$$

目标函数（5-21）第一项计算开通集拼中心的建设成本；第二项代表出发地到集拼中心的运输成本；第三项计算货物在集拼中心的处理成本；第四项代表集拼中心到目的地的运输成本；最后一项是对使用部分空车的列车进行惩罚，即对未使用的负载能力额外收费。约束（5-22）和约束（5-23）定义了从出发地到集拼中心的货运量以及从集拼中心到目的地的货运量必须等于从出发地通过集拼中心到目的地的货运量的总和。约束（5-24）确保出发地和目的地之间的货运量等于从出发地到目的地的指定运输需求。约束（5-25）保证模型派出足够的列车将货物从集拼中心运输到目的地。约束（5-26）是大 M 型约束，它定义模型必须已经开行了集拼中心，并且在集拼中心转运的货物量不能超过其处理能力。约束（5-27）到约束（5-28）表示运输时间约束。约束（5-27）将出发地节点到目的地的总运输时间相加，包括出发地到集拼中心的运输时间、集拼中心的处理时间、集拼中心到目的地的铁路运输时间和边境等待时间。约束（5-28）强制总运输时间短于每个出发地到集拼中心运输时间约束。约束（5-29）和约束（5-30）要求运输时间约束仅在货物实际沿路线运输时有效。约束（5-31）至约束（5-32）定义了二元决策和正整数变量，约束（5-33）强制变量非负性。

与集拼中心相关的输入参数如表 5-7 所示，模型计算所需的其他参数值如表 5-8 所示。

表 5-8　模型计算所需的其他参数值

参数	值	单位	定义
运输速度			
v_{ikRR}	42.83	千米/小时	从出发地 i 到集拼中心 k 的铁路运输速度
v_{ikR}	62.80	千米/小时	从出发地 i 到集拼中心 k 的公路运输速度
v_{ikW}	11.00	千米/小时	从出发地 i 到集拼中心 k 的水运运输速度
v_{kj}	29.52	千米/小时	从集拼中心 k 到目的地 j 的铁路运输速度
运输成本			
p_{ikRR}	0.027	欧元/（吨·千米）	从出发地 i 到集拼中心 k 的铁路运输成本
p_{ikR}	0.058	欧元/（吨·千米）	从出发地 i 到集拼中心 k 的公路运输成本
p_{ikW}	0.013	欧元/（吨·千米）	从出发地 i 到集拼中心 k 的水运运输成本
p_{kj}	0.019	欧元/（吨·千米）	从集拼中心 k 到目的地 j 的铁路运输成本
部分空车的惩罚参数			
μ_{kj}	$2c_{kj}$	欧元/（吨·千米）	从集拼中心 k 到目的地 j 的惩罚，设置为运输成本的两倍
运输时间约束			
t_{kk}	8	小时	集拼中心 k 的处理时间
t_b	48	小时	波兰—白俄罗斯的边境等待时间
其他参数			
M	11 500 000		人为设置用于模型中"大 M"约束的足够大的数字
Q	2 296	吨/列	中欧货运列车最大载重量

使用 Lingo 优化软件第 9 版的求解器对模型进行求解。

3. 考虑中欧班列当前枢纽的实证分析

目前在欧洲已开行中欧班列的物流枢纽节点（简称当前枢纽）有：布达佩斯、杜伊斯堡、汉堡、罗兹、马德里、慕尼黑、纽伦堡、帕尔杜比采、施瓦茨海德、蒂尔堡、华沙和泽布吕赫。其中，罗兹、慕尼黑、帕尔杜比采、蒂尔堡和泽布吕赫不属于 5.2 节中设置的网络的一部分，因此需要添加到该网络中。由于在 5.2 节中，节点是基于每个 NUTS1 地区一个节点的原则被严格挑选出来的，本书将当前中欧班列枢纽集添加到网络中，这违反了 5.2 节中列出的原则。由于增加当前枢纽只是为了假设检验，而不是用于选择最优枢纽集的优化模型，因此需要保持网络的边不变。例如，帕尔杜比采位于捷克共和国西部的布拉格和维也纳之间。在 5.2 节的网络中，一条边直接连接了布拉格和维也纳。现在，该边被分为两个边，首先连接布拉格和帕尔杜比采，然后连接帕尔杜比采和维也纳。与 5.2 节一样，本书检查在各自的城市中是否存在核心或综合铁路-公路终端网络，以确定节点的地理坐标。罗兹、慕尼黑和帕尔杜比采存在铁路-公路终端网络，而蒂尔堡和泽布吕赫没有。因此，蒂尔堡和泽布吕赫的地理位置来自多式联运站点的 Agora 清单（http://www.intermodal-terminals.eu/）。

对于最优集拼网络，当前枢纽也可以作为备选节点。它们被分配了需求和运输时间约束。添加罗兹、慕尼黑、帕尔杜比采、蒂尔堡和泽布吕赫后将会在各自的 NUTS1 中产生两个备选节点。因此，对于各个 NUTS1 的运输需求在各个备选节点之间被平均分配。运输时间约束的计算方法与前文各章节保持一致。

接下来，添加集拼中心候选节点容量、处理成本和建设成本的数据。数据收集遵循前文中列出的原则。集拼中心候选节点容量是通过集拼中心候选节点上的铁路轨道数量计算得出的，该数量可从卫星图片获得。处理成本基于 NUTS1 的运输和仓储行业每小时的处理成本。帕尔杜比采的 NUTS1 级别的数据不可获得，因此本书使用了捷克共和国的国家级数据。建设成本还是基于物流设施的租金。表 5-9 显示了集拼中心候选节点的处理能力、处理成本和建设成本。

表 5-9　集拼中心候选节点的处理能力、处理成本和建设成本

集拼中心候选节点	处理能力/（吨/年）	处理成本/（欧元/吨）	建设成本/欧元
布达佩斯	10 067 972	1.125	4 500 000
杜伊斯堡	10 067 972	1.419	6 500 000
汉堡	18 457 948	1.543	6 800 000
罗兹	3 355 991	1.117	3 800 000
马德里	10 067 972	1.410	7 000 000
慕尼黑	23 491 934	1.423	8 200 000
纽伦堡	16 779 953	1.423	8 200 000
帕尔杜比采	5 033 986	1.144	5 200 000
施瓦茨海德	15 101 958	1.357	5 300 000
蒂尔堡	5 033 986	1.393	6 000 000
华沙	3 355 991	1.117	6 000 000
泽布吕赫	6 711 981	1.600	4 800 000

4. 选址结果

1）最优集拼中心的结果

在 10 个集拼中心候选节点中，通过混合整数线性规划确定了四个最优集拼

中心：柏林、布达佩斯、杜伊斯堡和里尔（表 5-10），最优总成本为 2 384 607 000 欧元。每个集拼中心都倾向于一个特定的欧洲地区，但中欧地区被划分出几个集拼中心。里尔为英国、法国西部和伊比利亚半岛提供服务。杜伊斯堡从伦敦、低地国家（荷兰、比利时、卢森堡三国的统称）和法国东部接收货物。柏林为德国、北欧、波罗的海国家和波兰的大多数备选节点提供服务。布达佩斯整合了意大利和整个东南欧的货运。由于铁路运输的成本低于公路运输，并且模型使总成本最小化，因此大多数出发地到集拼中心的货物运输都依靠铁路。因此，当节点没有连接到铁路网络或铁路速度不足以满足节点的运输时间约束时，该模型主要采用公路运输。尽管水路运输非常经济，但是在许多情况下，它太慢而无法满足运输时间约束。所以，当备选节点和集拼中心之间的距离非常短或者备选节点没有连接其他网络时，该模型采用水路运输。

表 5-10　最优集拼中心的货运量、处理能力以及到达目的地的列车数量

集拼中心	货运量/吨	处理能力/吨	到达目的地的列车数量/列
柏林	3 409 560	6 711 981	1 485
布达佩斯	1 435 000	10 067 970	625
杜伊斯堡	2 837 856	10 067 970	1 236
里尔	3 797 584	13 423 960	1 654
总和	11 480 000	40 271 881	5 000

如表 5-10 所示，所有集拼中心都没有达到最大容量。柏林作为第二大集拼中心，其利用率最高。柏林和里尔处理了差不多相同数量的列车，杜伊斯堡和布达佩斯紧随其后。布达佩斯处理的列车数量只有杜伊斯堡的一半，但却覆盖了更多的备选节点。这是东南欧需求减少和运输时间约束，中欧货物难以运往布达佩斯进行整合的结果。

2）考虑当前枢纽的结果

使用当前枢纽集，最优总成本是 2 400 996 000 欧元。最西部的枢纽泽布吕赫从英国和法国北部提取货物，而附近的蒂尔堡仅从其自己的 NUTS1 地区处理货物。杜伊斯堡是主要的枢纽之一，货物从低地国家各地运来。马德里整合了附近的西班牙城市的货运，纽伦堡整合了欧洲西南部和德国西部的货运。慕尼黑只处理来自自己 NUTS1 地区和附近的斯特拉斯堡的货物。汉堡是北欧货运的中心枢纽，而施瓦茨海德仅从德国东部的一些城市提取货物。帕尔杜比采是中欧城市的枢纽，而布达佩斯吸引了来自整个欧洲东南部的货运。罗兹市只从自己的 NUTS1 地区处理货物，而华沙则从波兰和波罗的海各国收集货物。

表 5-11 中还显示了许多枢纽存在低利用率的问题。如上所述，尤其是蒂尔堡、罗兹市和慕尼黑主要从其自身的 NUTS1 处理货物。蒂尔堡是非常靠近泽布吕赫和杜伊斯堡的较大枢纽，而慕尼黑与纽伦堡位于同一 NUTS1 中，罗兹与华沙位于同一 NUTS1 中。所采用的运输方式大多与最优集拼中心相同，即以铁路运输为主，公路运输主要用于未连接到铁路网的节点。低地国家和杜伊斯堡之间，多瑙河沿岸的纽伦堡和布拉格之间以及伯拉第斯拉瓦和布达佩斯之间使用水路运输要多一些。

表 5-11　当前枢纽的货运量、处理能力以及到达目的地的列车数量

枢纽	货运量/吨	处理能力/吨	到达目的地的列车数量/列
布达佩斯	1 283 464	10 067 970	559
杜伊斯堡	1 997 520	10 067 970	870
汉堡	720 944	18 457 950	314
罗兹	52 808	3 355 991	23
马德里	746 200	10 067 970	325
慕尼黑	169 904	23 491 930	74
纽伦堡	2 256 968	16 779 950	983
帕尔杜比采	291 592	5 033 986	127
施瓦茨海德	371 952	15 101 960	162
蒂尔堡	149 240	5 033 986	65
华沙	755 384	3 355 991	329
泽布吕赫	2 684 024	6 711 981	1 169
总和	11 480 000	127 527 635	5 000

5.4.6　敏感性分析

当运输价格、运输速度、惩罚参数、运输时间约束和枢纽的建设成本等关键参数发生变化时，需要对最优集拼中心的结果进行敏感性分析，以检验结果的稳定性。本书还研究了集拼中心处理能力的影响，但是改变此参数不会改变模型的成本或集拼中心的选择，因此没有讨论这个结果。原因是在所有情况下，集拼中心处理的货运量都明显低于处理能力（表 5-10）。根据总成本、集拼中心数量和集拼中心选择来评估参数影响。

1. 运输价格、运输速度和列车未满载时的惩罚

从出发地到集拼中心的运输价格 p_{ikl} 是模型总成本的重要组成部分。本书使用文献中发现的所有运输价格的平均值作为集拼中心选址模型的默认输入数据。

在敏感性分析中，本书计算了每种运输方式的最小值、最大值和平均值。使用最小值作为运输价格会使集拼中心数量更少，而柏林、布达佩斯和杜伊斯堡会有更多城市过来集拼，总成本降低了约 7000 万欧元。相反，使用最大值导致该模型在柏林、布达佩斯、杜伊斯堡、法兰克福、安曼和里尔等地建立了更多更靠近备选节点的集拼中心，并将总成本提高了约 7000 万欧元（表 5-12）。这种效应的背后原因是，当从备选节点到集拼中心的运输成本较高时，需要开通更多的集拼中心，集拼中心到目的地的运输相对更经济，而当从备选节点到集拼中心的运输成本较低时，备选节点到集拼中心的运输相对更经济，这导致减少开通集拼中心数量。

表 5-12　运输价格的敏感性分析结果

价值	最小值	平均值	最大值
铁路成本/（欧元/（吨·千米））	0.020	0.027	0.035
公路成本/（欧元/（吨·千米））	0.032	0.058	0.083
水路成本/（欧元/（吨·千米））	0.005	0.013	0.020
集拼中心数量/个	3	4	6
集拼中心选址	柏林、布达佩斯、杜伊斯堡	柏林、布达佩斯、杜伊斯堡、里尔	柏林、布达佩斯、杜伊斯堡、法兰克福、安曼、里尔
总成本/欧元	2 318 348 000	2 384 607 000	2 452 555 000

调整运输速度 v_{ikl} 可能会对集拼中心的数量和选择产生影响，因为不同的运输速度改变了满足运输时间约束的难度。在最优解中，本书采用了现有文献中的平均值。在敏感性分析中，本书计算了每个运输方式的最大值、最小值和平均值，但是结果显示，对集拼中心的总数、集拼中心的选择和总成本没有影响。

部分空车惩罚参数 μ_{kj} 可能会改变总成本。对于较小的集拼中心来说，尽管满载率不高会导致惩罚，但对它们来说这种选择仍然可能是值得的。在最优解中，惩罚成本为将未使用容量的运输成本增加了一倍。在敏感性分析中，让这个参数在 0（没有惩罚）和 3.5 倍的运输成本之间交替，但是集拼中心的选择或数量仍然没有改变，并且总成本（2384 604 000 欧元）仅在零惩罚的情况下减少了 3000 欧元，其他情况没有变化。与运输价格的影响相比，这种规模的影响可以忽略不计。该参数影响较小是由一列列车运输的货运量（2296 吨）低于集拼中心的处理能力造成的。即使处理能力最低的集拼中心（柏林）也能处理 6 711 981 吨货物，这使得该模型很容易将货物整合成 2296 吨的列车。另一个原因是，从集拼中心到目的地之间的运输成本在每标准箱 4000 欧元到 5000 欧元之间，而出发地到集拼中心之间的运输成本只有每标准箱几百欧元，这使得模型可以将货物运输到另一个集拼中心，这样不仅更便宜而且避免了惩罚。

2. 运输时间约束

运输时间约束 β_{ij} 影响运输模式的选择和集拼中心开通位置的选择。运输时间约束的灵敏性分析结果如表 5-13 所示。由于该模型能够选择更经济的运输方式，因此将运输时间约束增加一天时，可将总成本减少约 600 万欧元。由于杜伊斯堡关闭，增加两天的时间将使集拼中心的数量从四个减少到三个。增加三天意味着总成本将进一步减少 100 万欧元。运输时间约束的计算包括在波兰—白俄罗斯边境的两天等待时间。如果这种等待时间可以减少到一天或一天半，托运人可以直接通过使用更慢但更经济的运输方式来节省资金，同时仍然满足客户的运输时间约束。

表 5-13　运输时间约束的灵敏性分析结果

时间约束变化	集拼中心数	集拼中心开行	总成本/欧元
−3 日	没有		
−2 日	没有		
−1 日	没有		
+0 日	4	柏林、布达佩斯、杜伊斯堡、里尔	2 384 607 000
+1 日	4	柏林、布达佩斯、杜伊斯堡、里尔	2 378 014 000
+2 日	3	柏林、布达佩斯、里尔	2 366 589 000
+3 日	3	柏林、布达佩斯、里尔	2 365 127 000
+4 日	3	柏林、布达佩斯、里尔	2 365 127 000
+5 日	3	柏林、布达佩斯、里尔	2 365 127 000
无限制	3	柏林、布达佩斯、里尔	2 365 127 000

3. 建设成本

建设集拼中心的固定成本对模型的总成本和集拼中心的数量有很大的影响。为了改变这个参数，本书改变了集拼中心需要租用的总物流空间。在最优解中，假设每个集拼中心物流空间是 10 万平方米，在灵敏度分析中，本书从 0 平方米（没有建设成本）到 20 万平方米之间进行变化。当没有建设成本时，所有的候选集拼中心都被建立。将建设成本提高到相当于 5 万平方米物流空间时导致集拼中心的数量迅速下降，如图 5-4（a）所示。在 10 万平方米到 15 万平方米之间时，集拼中心的配置与最优解保持相同（表 5-14）。从 17.5 万平方米开始，集拼中心数量减少到三个：安特卫普、柏林和布达佩斯。与此同时，总成本上升至 24 亿欧元，如图 5-4（b）所示，接近当前枢纽集的总成本。

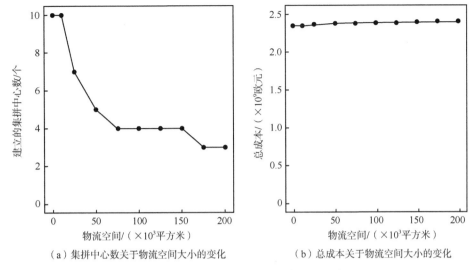

（a）集拼中心数关于物流空间大小的变化　　　　　（b）总成本关于物流空间大小的变化

图 5-4　集拼中心建设成本的敏感性分析结果

表 5-14　候选集拼中心建设成本的敏感性分析结果

参数	物流空间/米²	集拼中心数量/个	建立的集拼中心	总成本/欧元
	0	10	1, 2, 3, 4, 5, 6, 7, 8, 9, 10	2 347 794 000
	10 000	10	1, 2, 3, 4, 5, 6, 7, 8, 9, 10	2 355 364 000
	25 000	7	1, 2, 3, 4, 5, 7, 8	2 364 756 000
	50 000	5	2, 3, 4, 5, 7	2 372 650 000
建设成本 c_{kk}	75 000	4	2, 3, 4, 7	2 379 232 000
	100 000	4	2, 3, 4, 7	2 384 607 000
	125 000	4	2, 3, 4, 7	2 389 982 000
	150 000	4	2, 3, 4, 7	2 395 357 000
	175 000	3	1, 2, 3	2 400 657 000
	200 000	3	1, 2, 3	2 404 457 000

注：1=安特卫普，2=柏林，3=布达佩斯，4=杜伊斯堡，5=法兰克福，6=汉诺威，7=里尔，8=伦敦-巴金，9=纽伦堡，10=维也纳

5.5　结果与政策启示

5.5.1　研究结果

1. 当前枢纽集与最优集拼中心的比较

让人出乎意料的是：当前枢纽节点集和最优集拼中心的选址结果是不同的。

虽然当前建立的枢纽节点是 12 个，但最优方案仅使用了 4 个枢纽。在两种情况下，布达佩斯都负责欧洲东南部。在当前枢纽集规划中，泽布吕赫处理了来自英国的大量需求，而在最优集拼中心规划中，里尔负责这个区域。在当前模型中，欧洲西部其他地区、北欧和中欧备选节点在许多枢纽上更具竞争性和分散性，而在最优规划中由柏林处理。与最优规划的 2 384 607 000 欧元相比，当前枢纽的成本（2 400 996 000 欧元）更高，这表明中欧班列的当前枢纽集合并不是最有效的合理规划。尤其是在同一地区有多个节点，比如泽布吕赫和蒂尔堡、罗兹和华沙、纽伦堡和慕尼黑都不是高效的，因为它们在竞争同样的货物。

两种规划都将重点放在了西欧和中欧地区。这也正如前文所述，欧洲最大的经济体位于西欧，而新兴的经济区位于中欧和东欧。因此，对中欧的关注并不是一种偏见的结果，而是正确地反映了欧盟当前的经济形势。

表 5-10 与表 5-11 的比较表明，在最优集拼中心规划中，集拼中心的服务效率更高。利用率最高的集拼中心里尔每年处理 1654 列列车或每天 4.5 列，而利用率最低的集拼中心布达佩斯每年处理 625 列列车或者每天 1.7 列。在当前枢纽集规划中，利用率最高的泽布吕赫每年处理 1169 列列车或每天 3.2 列，利用率最低的罗兹每年处理 23 列列车或每天 0.1 列。所以，当前枢纽集导致中欧班列连接了更多的集拼中心，但是出发地发车频率降低了。最优集拼中心成功地增加了频率，从而使客户的运输时间更容易预测。

当前枢纽集规划的优势是在华沙和马德里建立了集拼中心。与欧洲平均水平相比，华沙的租金和人工成本非常低，这使其成为整合东欧货物的一个极具吸引力的选择。西班牙和葡萄牙与中欧枢纽的距离很远，这就意味着只要假设从出发地到集拼中心的单位运输成本比从集拼中心到目的地的成本高，那么像马德里这样的欧洲西南部的物流枢纽就可以节省运输成本。

两个结果的相似之处是从出发地到集拼中心的铁路运输所占比例很高。如前文所述，公路运输在欧洲的运输方式中占有最高的份额，占总货运量的 75%。在该模型中，由于每吨公里的单位运输成本较低且成本函数为线性，从出发地到集拼中心之间大多使用铁路运输连接。事实上，铁路只有在更远的距离上才有竞争力。铁路拥堵，不同的技术标准和到达时间的不可预测性等其他问题也未考虑在内。此外，这两种选择都不包括海运，尽管海运是欧洲内部的一种重要运输方式，如在英国和荷兰之间，在波罗的海或地中海之间都常用到海运，但大多数欧洲内陆国家都不用海运。两种解决方案都能满足运输时间约束。

2. 最优集拼中心与已有研究结果的比较

Limbourg 和 Jourquin（2009）对欧洲物流枢纽选址问题进行了迄今为止规模最大的研究。他们认为巴黎（法国）、里昂（法国）、米兰（意大利）、巴塞罗那（西班牙）、达姆施塔特（德国）、伦敦（英国）和那慕尔（比利时）是理想的物流枢纽城市。除米兰和巴塞罗那外，这些城市中的大多数都接近本书的最佳集拼中心。本书中的货运量是基于铁路运输到中国的需求，但西班牙和意大利的需求并不能有效地说明在这些国家建立枢纽的高成本是合理的。本书的方法偏向于靠近与中国有着紧密贸易关系的地区的城市，如低地国家。相反，Limbourg 和 Jourquin（2009）的研究基于欧洲区域之间的运输需求，这导致了物流方式的不同。造成差异的另一个原因可能是，本书的备选节点是基于铁路–公路终端和集装箱码头进行选择的，而 Limbourg 和 Jourquin（2009）则是从更多的欧洲城市中选择的。

5.5.2　中欧班列不同利益相关者的启示

中欧班列运营中有不同的利益相关者，包括中央政府、地方政府、铁路网络所有者、铁路运营商、集装箱码头、货运代理和客户等，本章的结论能给不同利益相关者一定的启发和建议。

为了使中欧班列能够成功运营，不同国家的中央政府需要投资于集拼中心和边境口岸等基础设施。他们应进一步制定有关中欧班列的长期战略，促使私营企业制订相关的长期规划。另一项任务是在技术标准上，需要与其他各国政府保持一致，并提高沿线的安全性。作为铁路网络的所有者和运营商，这些地方政府需要确保当地的运营组织不会忽视中欧班列。被选为中欧班列集拼中心城市的地方政府需要通过提供土地来支持集装箱运输，确保集拼中心附近有足够的物流空间，并及时向中央政府反映客户需求。作为备选节点城市的地方政府应该要求货运代理与中欧班列集拼中心建立定期连接。最优集拼中心成本的降低意味着地方政府的补贴可以大幅减少。更重要的是，地方政府的补贴应该是透明、公开的，应该持续性地评估补贴需求，并且不应与其他地方政府为争夺货源而大打补贴战。铁路网络所有者应该分析并解决像波兰—白俄罗斯边界这样的运输瓶颈问题。铁路运营商应该在欧洲和中国的中欧班列集拼中心之间，以及在备选节点和中欧班列集拼中心之间提供定期、可靠和及时的服务。所选择的中欧班列集拼中心需要确保为中欧班列提供足够的物流处理能力。这个能力既包括中欧班列列车的处理，也包括用于整合的支线运输，如卡车、驳船以及来自备选节点的火车的运输中转。本章的结果可帮助货运代理估算中欧班列的货运量，确定最有效的运输方式，最重要的是，确定哪些城市是合适的集拼中心。对货运代理来说，如果他们想减少在马瓦谢维切—布雷斯特边境（波兰—白俄罗斯）的等待时间，可以使用平均速度较低的运输方式，如水路运输，既能降低运费，同时也能满足客户的运输时间要求。实证结果中设计了处罚部分空车的条款，该条款确保了货运代理应该满载,但是否满载其实影响并不大。因为中欧班列的总成本较低且发车频繁,客户将受益于较低的运费。集拼中心的集中化能进一步提高服务的可靠性,因为货运代理人更有可能满载开行。

5.5.3　政策意义

中欧班列是"一带一路"倡议的重要抓手,发展十分迅速,也反映出"一带一路"倡议的良好国际形象。本章的研究结果能很好地降低中欧班列运行总成本,尤其是在欧洲的总成本,有助于中欧班列减少对补贴的依赖,也可以增强欧洲民众对中欧班列的支持。

此外,本书预计有 5000 列火车通过马瓦谢维切—布雷斯特边境,在运输时间约束中考虑了边境拥堵问题。途经乌克兰的替代路线目前是不可行的,所以建议改善马瓦谢维切的码头或在波兰—白俄罗斯边境建立第二个铁路站点,切实缓解拥堵问题。

欧洲多式联运网络是基于 TEN-T 政策建立的,尤其是核心运输网络和铁路-公路终端。柏林和布达佩斯均是核心铁路-公路终端网络且连接四条跨欧洲运输网络线路,杜伊斯堡是一个核心铁路-公路终端网络且连接两条跨欧洲运输网络线路,里尔也是一个核心铁路-公路终端网络并连接两条跨欧洲运输网络线路。因此,本书的结果与欧盟的运输政策十分吻合。TEN-T 政策整合了国家运输网络,现在,欧盟有机会将其欧洲多式联运网络与中亚和东亚铁路网络进行整合,形成一个跨越亚欧大陆的庞大运输网络。

5.6　本　章　小　结

为解决中欧班列回程货源少、去回程运输需求不平衡等问题,研究了中欧班列欧洲集拼中心选址问题。首先构建了欧洲公铁水多式联运货运网络,其次对网络节点城市的重要性进行了综合评价,据此确定了集拼中心备选节点城市,最后通过集拼中心选址模型确定了最优集拼方案。主要结论如下。

(1)分析了欧盟运输政策、当前贸易量和运输方式等现实背景,在 87 个 NUTS1 统计区域中的每个区域确定一个备选节点城市,并把俄罗斯的莫斯科、圣彼得堡和白俄罗斯的明斯克作为途经节点,这些节点城市通过 TEN-T 铁路、公路和水路网络形成欧洲多式联运网络。通过对这些节点城市的重要性综合评价发现最重要的 10 个节点城市中 9 个位于经济、交通发达的中欧和西欧,而东欧的匈牙利首都布达佩斯由于在东欧和东南欧城市之间有众多联系而综合排名第 7。

（2）通过集拼中心选址模型的敏感性分析发现：在不同参数变化情况下，三到四个集拼中心是最经济的，最后确定柏林、布达佩斯、杜伊斯堡、里尔四个城市作为中欧班列的欧洲集拼中心。每个集拼中心城市都为特定的欧洲地区提供物流集拼服务，柏林为德国、北欧、波罗的海国家和波兰提供服务，布达佩斯为意大利和整个东南欧提供服务，杜伊斯堡为伦敦、低地国家（荷兰、比利时、卢森堡）和法国东部提供物流服务，里尔为英国、法国西部和伊比利亚半岛提供物流服务。

第6章　中欧班列集拼网络演化与优化研究

从 2011 年中欧班列首发以来，每年都不断有新的城市开行新班列，也不断有新的运行线路开通。中欧班列网络也随着网络节点的不断增加和线路的变化而发生变化，因此中欧班列网络是一个不断动态演化的运营网络，需要对网络的演化规律以及优化问题进行深入研究。本章首先对中欧班列集拼网络拓扑结构特征进行了研究，在此基础上按照点增长规则和边增长规则形成了各年度中欧班列集拼网络模型，通过模拟仿真构建了中欧班列物流演化网络，最后构建了中欧班列集拼中心选址和集拼路径选择模型，从中欧班列网络演化的视角确定了集拼中心选址方案和集拼路径（Zhao et al.，2019）。

6.1　中欧班列集拼网络拓扑结构分析

6.1.1　混合轴辐式网络

中欧班列集拼网络是一个综合性强、连接结构复杂、空间整体性要求高的复杂系统，网络中的每个班列开行城市都是一个网络节点，边表示节点间的物流连接关系。其复杂性体现在如下三方面。

第一，中欧班列集拼网络存在一定的时空稳定性和不断演化性。

第二，各节点的班列开行情况受到经济、政治、地理等多因素的影响，使其连接关系处于规则与随机之间的某种状态。

第三，考虑到各开行城市市场需求、出口距离等因素，中欧班列集拼网络是一个节点加权的复杂网络。

在中欧班列网络中，由于节点间不同运输模式会形成不同的连接关系，也会形成不同的网络拓扑结构，如表 6-1 所示。

表 6-1　不同运输模式比较

运输模式	特点	网络拓扑结构	网络构型图示
直达运输	途中不转运 运输速度快 空载率较高	点对点拓扑结构	

续表

运输模式	特点	网络拓扑结构	网络构型图示
干支运输	满载率高 运输时效性较差	轴辐式网络	
集拼运输	满载率高 整体运输时间减少	混合轴辐式网络	

在上述中欧班列运输模式中，目前以直达运输为主，但是这种模式对始发地的市场条件要求较高，导致当前中欧班列出现的去程货源不足、班列满载率低等问题；干支运输可以汇聚低层转运中心的货量，形成运输上的规模效益，但是灵活性略显不足。

集拼运输则既能较好地发挥规模经济的作用，又能保证货物充足的运输节点开通直达班列，提高运输效率。在该模式下，通过选择适当的集拼站点，建设集拼中心，各支线班列在集拼中心集拼后进行干线运输，从而形成一个复杂的网络系统。这种混合轴辐式网络也更加适合中欧班列集拼开行的需要。

6.1.2　无标度网络特性

无标度网络是带有一类特性的复杂网络，其典型特征是在网络中的大部分节点只和很少节点连接，而有极少的节点与大多数的节点连接，其度分布服从幂律分布。无标度网络已经被广泛地应用于交通网络的分析中（Kaluza et al.，2010）。从理论和实践需求来看，中欧班列集拼网络应该具有无标度网络特征。

首先，中欧班列集拼网络是一种特殊的铁路货运网络，已有不少学者针对铁路货运网络的拓扑结构特征开展了分析，Li 和 Cai（2007）通过对包含 3915 个节点（铁路站点）和 22 259 条边（铁路线路）的中国铁路网络进行统计分析，发现中国铁路网络在度和加权度上具有无标度分布的特征。

其次，中欧班列集拼网络是一种轴辐式网络，而轴辐式网络具有显著的无标度特征。

最后，从中欧班列集拼网络的拓扑结构的实践需求特征来看，它应该具有以下特点。

（1）班列开行城市更倾向于到具有成熟条件的节点进行集拼，会导致节点度相差悬殊，存在节点度分布的"马太效应"。

（2）具有动态增长的特点。

（3）具有高连通度的集拼中心。

综上可见，基于混合轴辐式结构的中欧班列集拼网络应该具有无标度网络性质，适合运用无标度网络模型对其演化过程进行分析。

6.2　各年无标度网络生成

混合轴辐式网络中的辐节点需要选择枢纽节点并与之进行物流连接，合理的连接规则成为整个网络形成的基础和关键，并对网络结构和特征起到决定性的作用。Barabási 和 Albert（1999）提出把实际复杂网络的无标度特征归结为增长和优先连接这两个非常简单明了的机制。在 BA（Barabási-Albert）模型的基础上，学者做出了各种扩展，如考虑非线性优先连接概率、节点老化和死亡、边的随机重连和去除等。本书参考 Albert 和 Barabási（2000）提出了一种扩展的 BA（extended Barabási-Albert, EBA）模型，并考虑轴辐式网络物流特征构造网络各年生成规则，形成中欧班列集拼网络模型。

6.2.1　点增长规则

在一个有 m 个节点的网络中，每次以某概率 p_0 引入一个新的节点，并与 m_0 个现有网络节点相连接，任意两个节点间至多只有一条边相连接。很显然，p_0 越大，增加新节点的可能性越大，即新节点增长越快。各年新增加的节点顺序取决于该节点中欧班列开通的时间，开通时间越早的节点会越早加入网络。Wang 等（2013）指出物流网络中新加入节点与现有节点的距离会对二者的连接关系起到负相关的影响，因此本书考虑新加入节点与现有网络节点的连接基于两个因素：节点的度、节点间距离，即连接概率为

$$p(i) = \frac{d_i / l_{ij}}{\sum_i d_i / l_{ij}} \tag{6-1}$$

其中，j 表示新加入节点；i 表示网络现有节点；d_i 表示节点 i 的度；l_{ij} 表示节点 i 和 j 的空间距离，使用铁路距离来表示。

6.2.2　边增长规则

EBA 模型只考虑度作为边权重，这会忽视现有节点中经济联系较为紧密的节

点间形成连接。基于此,本书考虑已有网络以概率 $1-p_0$ 将已有的两个节点进行连接,连接重复 m_0 次。显然,p_0 越大,已有节点连接的可能性越小,边的增长越慢。两个节点间的连接需要考虑一个结合距离和市场需求量的变量来表示。已有许多学者将经济引力模型应用于物流领域,认为经济关联越密切的两个城市间更容易形成交通和物流连接关系(Zhang Y H and Zhang A,2016)。

中欧班列作为一种长距离物流方式,也可以应用经济引力模型来描述各开行城市间的关系。因此,本书基于经济引力模型来设计现有节点间的连接概率,即

$$p(ij) = \frac{F_{ij}}{\sum_{ij} F_{ij}} \tag{6-2}$$

其中,F_{ij} 表示节点 i 和 j 之间的经济引力,其计算公式如下:

$$F_{ij} = G \frac{G_i G_j}{l_{ij}^2} \tag{6-3}$$

其中,G 表示引力参数,一般设为 1;l_{ij} 表示 i 和 j 的铁路距离;G_i 和 G_j 表示两个城市的某经济变量,由于中欧班列以出口产品为运输对象,因此本书选用对外贸易量作为 G 的指代变量。

6.2.3 网络演化生成规则

为了保证中欧班列网络随时间演化的一致性和持续性,将保留前一年的网络结构作为本年的初始网络。具体步骤如下。

步骤 1:构建了中欧班列集拼网络生成规则。根据这些规则,本书在 2013 年生成了物流连接拓扑网络,当时只形成了物流连接,尚未确定整合路径。由于在 2011 年和 2012 年分别只有重庆和武汉开行中欧班列,因此初始网络将重庆(节点 1)和武汉(节点 2)进行连接,形成 2013 年的初始网络。

步骤 2:以最小化网络总成本为优化目标,优化步骤 1 形成的物流连接拓扑网络。确定了 2013 年的集拼路径和中欧班列集拼网络。

步骤 3:使用 2013 年的中欧班列集拼网络作为原始网络,根据网络生成规则生成 2014 年的网络。

步骤 4:重复步骤 2 和步骤 3,直到得到优化的 2017 年的中欧班列集拼网络。图 6-1 说明了这个框架。

此外,为减小随机性对结果的影响,本书在每期仿真中进行 r 次实验,并取其中成本最小的实验结果作为当期的仿真结果。

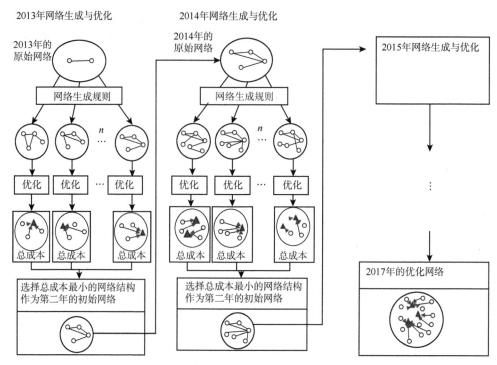

图 6-1 中欧班列物流网络演化流程图

6.3 中欧班列集拼中心与集拼路径选择

6.3.1 问题描述

为方便建立优化模型，本书结合中欧班列实际运行情况做出如下假设。

（1）出境线路。尽管中欧班列路线和目的地具有较大差异，但是不同的路线均经过一个重要的城市——莫斯科，因此本网络将网络终点均设为莫斯科。此外，中欧班列目前有三条主要线路：东线、中线和西线，出境口岸分别为满洲里、二连浩特和阿拉山口/霍尔果斯，其中中线开行班列数量极少且开行频率不稳定，因此本书只考虑东线和西线两条运输线路。

（2）运输方式。各开行节点不会将货物分散运输，即每个节点至多选择一个集拼点（或开行直达班列），各集拼点只会开行直达班列，而不进行二次集拼。由于本书建立的中欧班列网络中，节点均为已开通中欧班列的城市，因此货物集拼只考虑使用铁路运输，而不考虑公路、水路等多式联运方式。

（3）将中欧班列运行中的装货、分拣、卸货等操作成本统一纳入运输单价中进行核算。

6.3.2　参数设置

本书构建的模型参数与变量如表 6-2 所示。

表 6-2　参数与变量说明

符号	定义
集合	
I	中欧班列起始点集合，编号为 i
J	中欧班列集拼中心集合，编号为 j
M	中欧班列出境点集合，编号为 m
D	终点集合，编号为 d，本书中特指莫斯科
参数	
f	集拼中心建设成本
μ	单位时间价值
δ	集拼中心最大日处理货物能力
l_{ij}	节点 i 和 j 之间的铁路距离
q_i	节点 i 的年货运量
p_1	集拼前的货运成本（单位为：元/（吨·千米））
p_2	集拼后的货运成本（单位为：元/（吨·千米））
决策变量	
a_j	二元变量，如果节点 j 被选为集拼中心，则 a_j=1；否则，a_j=0
b_{ij}	二元变量，如果初始节点 i 到节点 j 集拼，则 b_{ij}=1；否则，b_{ij}=0
c_{jmd}	二元变量，如果从集拼中心 j 到终点 d 选择出境点 m，则 c_{jmd}=1；否则，c_{jmd}=0

6.3.3　模型构建

中欧班列集拼网络示意图如图 6-2 所示。根据上述网络优化原则，构建优化函数，模型的目标函数为最小化运输网络总成本。目标函数如下：

$$\text{Min TC}=\sum_{i\in I}\sum_{j\in J}\mu \max\left\{0,\frac{365}{\dfrac{q_ib_{ij}}{q}}-1\right\}q_ib_{ij}+\sum_{i\in I}\sum_{j\in J}p_1l_{ij}q_ib_{ij}$$

$$+\sum_{j\in J}\mu\max\left\{0,\sum_{i\in I}(q_ib_{ij}-\delta)\right\}\frac{\max\left\{0,\sum_{i\in I}(q_{ij}-\delta)\right\}}{\dfrac{\delta}{365}} \tag{6-4}$$

$$+\sum_{i\in I}\sum_{j\in J}\sum_{m\in M}\sum_{d\in D}p_2c_{jmd}l_{jmd}q_ib_{ij}a_j+\sum_{j\in J}fa_j$$

s.t.

$$\sum_{j}b_{ij}=1,\forall i \tag{6-5}$$

$$b_{ij}\neq b_{ji},\forall i,j,i\neq j \tag{6-6}$$

$$b_{ij}\leqslant a_j,\forall i,j \tag{6-7}$$

$$\sum_{m}c_{jmd}=1,\forall j,d \tag{6-8}$$

$$c_{jmd}\leqslant a_j,\forall j,m,d \tag{6-9}$$

$$a_j\in\{0,1\},\forall j \tag{6-10}$$

$$b_{ij}\in\{0,1\},\forall i,j \tag{6-11}$$

$$c_{jmd}\in\{0,1\},\forall j,m,d \tag{6-12}$$

$$i\in I,\forall i \tag{6-13}$$

$$j\in J,\forall j \tag{6-14}$$

$$m\in M,\forall m \tag{6-15}$$

$$d\in D,\forall d \tag{6-16}$$

$\sum_{j}b_{ij}=1$ 表示每个始发点必须且只能与一个集拼点连接。

$b_{ij}\neq b_{ji}$ 表示中欧班列集拼网络是一个单向的网络,即两个城市只会沿着一个方向集拼,而不会有反向的集拼关系。

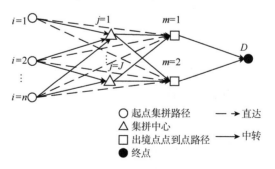

图 6-2　中欧班列集拼网络示意图

目标函数中,第一项为始发点 i 的等待时间成本,第二项为始发点 i 到集拼

点 j 的铁路运输成本，第三项为集拼中心拥挤等待时间成本，第四项为集拼点 j 通过出境点 m 到莫斯科 d 的运输成本，第五项为集拼中心的总建设成本。

参考 Zhao 等（2018）的相关数据，q 表示单列列车运输货物重量，取 q=1500 吨/列。假设集拼前货运铁路每单位货物每公里的铁路运输价格为 $p_1 = 0.1$ 元/（吨·公里），集拼后货运铁路每单位货物每公里的铁路运输价格为 $p_2 = 0.3$ 元/（吨·公里），每吨货物因等待产生的时间成本损失的费用为 150 元（每集装箱损失 4500元），即单位货物的单位时间价值 μ =150 元/（吨·天）。δ 为集拼中心每日处理货物的最大能力，本书取 δ = 780 列/年（15 列/周），集拼中心建设成本为 20亿元人民币，分为 20 年平均折旧。

每个节点城市可以选择直达开行（从自己出发），或者从具有连接关系的其他节点出发，显然这是一个基于离散网络存在约束条件的 0-1 规划问题。

6.3.4　算法设计

本书中的优化模型存在非线性约束，并且随着时间演变节点数量较多，因此设计了嵌入启发式规则的遗传算法解决该问题。遗传算法的基本思想是通过对决策变量进行编码，然后利用全局搜索得到全局最优解，遗传算法具有不依赖于函数的可导性以及鲁棒性等特点。遗传算法的流程如下。

1. 编码

在模型中，最终决策为各节点的集拼路径，因此染色体的编码为长度为节点数的数组。本书采用自然数编码规则，按照从左往右的顺序，每个位置表示对应的节点，该位置上的数字即确定了该节点的集拼路线。如图 6-3 所示，染色体2255566 表示节点 1 到节点 2 集拼、节点 2 到节点 2 集拼（即发出直达班列），节点 3 到节点 5 集拼，依次类推。由于考虑到集拼中心一旦建成会产生大量的沉没成本，不会随意弃之不用，因此在每个时间点被选出的集拼中心将会被保留下来，直接进入下一个时间点的演化。在形成下一个时间节点的染色体时，这些已被选中的集拼点被默认为会开通直达班列（即该位置上的数字为其位置编号）。

备选节点编号	1	2	3	4	5	6	7
染色体	2	2	5	5	5	6	6

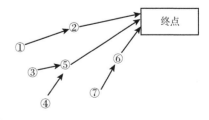

图 6-3　遗传算法编码

每个位置可选择数字来源于形成的复杂网络，由于集拼网络是一个单向网络，因此染色体不可能存在 $a_i=j$ 和 $a_j=i$ 同时出现的情况。

2. 种群初始化

根据以上种子的编码遵循的规则，随机生成了大量的种子，构成初始种群。种群的大小即为种群中含有的个体数量，并且种群的大小会直接影响遗传算法的计算效率和收敛性。本书设计种群规模为 500，共进化 20 000 代。

3. 选择操作

在选择过程中，通过构造适应度函数，前 50% 的染色体保留，后 50% 的染色体进行交叉，采用轮盘赌选择法进行选择。适应度函数为总成本函数的倒数，即

$$F(x) = \frac{1}{TC(x)} \tag{6-17}$$

4. 交叉操作

对两个染色体对应位置进行交叉。

5. 变异操作

采用换位变异的方式，随机在染色体上选取两个位置，交换基因的位置。如选中已有集拼中心，则不进行交叉和变异操作。

6. 重新计算适应度，并循环（3）、（4）、（5）步骤

在交叉、变异操作后，重新计算染色体的适应度，并循环（3）、（4）、（5）步骤。

7. 算法终止

预先设定迭代次数，当算法迭代到指定次数，算法停止，获得最终结果。

6.3.5　结果与分析

1. 各年度中欧班列网络拓扑结构

根据前文设计的网络演化规则，使用 MATLAB 2016 对各年度中欧班列物流连接网络进行演化仿真。在本书设计的网络演化规则中，p_0 是一个关键参数，会对生成的网络结构起到决定性的作用。由于 p_0 表征了网络中节点增加的速度，p_0 越大，节点增长越快，因此本书将使用式（6-18）表示各年份的 p_0。

$$p_{0t} = \frac{n_t}{\sum_t n_t} \tag{6-18}$$

其中，n_t 表示在第 t 年新增开行中欧班列的节点数量。另外，取 $m_0=1$。本书所使用贸易数据来自《中国城市统计年鉴》，铁路数据取自中国铁路 12306 网站，通过作者自行收集整理得到。

为避免网络生成的随机性对网络拓扑结构的影响，采用多次重复实验对结果选取最优值的方法。本书取 $r=30$，即在每年度进行 30 次模拟，选取其中最优的结果作为该年度的最终网络结构。

根据本书设计的网络生成规则，计算所形成的网络度概率分布情况，如图 6-4 所示。

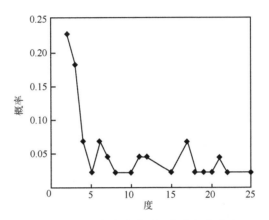

图 6-4　2017 年中欧班列网络度概率分布

可见该网络度分布服从幂律分布，符合无标度网络特征。随着中欧班列网络的演化，不断地出现一些枢纽性的节点，枢纽性节点连接度明显地高于普通节点。尽管在本书构建的网络生成规则中，点和边的生成规则不仅只考虑节点度，还增加了距离作为加权因素，但是节点度的"马太效应"依然十分显著。这意味着，中欧班列以混合轴辐式网络规则进行演化时，会呈现出无标度特征，并随着网络的演化形成连接度较大的关键节点，这些节点更有可能被选为集拼中心。

2. 集拼路径优化

1）遗传算法的有效性

遗传算法是解决 NP（non-deterministic polynomial，非确定性多项式）问题的重要算法之一，本书设置种群规模为 300，进化 20 000 代，变异概率为 0.016。以网络节点数量最多的 2017 年为例，可以明显地看出适应度在 8000 代左右已经形成了收敛，如图 6-5 所示。

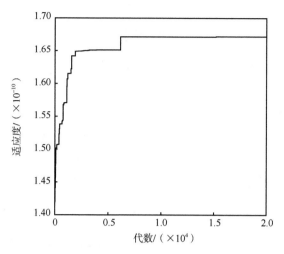

图 6-5　遗传算法适应度函数收敛情况

2）集拼中心与集拼路径选择

通过对中欧班列集拼网络运行成本的优化得到中欧班列网络集拼路径，结果如表 6-3 所示。

表 6-3　中欧班列网络集拼路径

年份	始发点	集拼点
2013	成都、广州	重庆
	武汉、苏州、西安	郑州
2014	重庆、武汉、成都、苏州、广州、合肥、深圳、南京、武威	西安
	义乌、沈阳、长沙	郑州
2015	兰州、昆明、南昌	重庆
	武汉、成都、苏州、广州、合肥、深圳、南京、武威、宁波、青岛、临沂	西安
	义乌、长沙、连云港	郑州
	沈阳、长春	哈尔滨
	库尔勒、石河子	乌鲁木齐
		滨州
2016	兰州、昆明、南昌、济南	重庆
	武汉、苏州、广州、合肥、深圳、武威、宁波、青岛、临沂、徐州	西安
		成都
	义乌、长沙、连云港、西宁、邢台	郑州
	长春、哈尔滨、营口	沈阳
	东莞、南通	南京
	库尔勒、石河子	乌鲁木齐
	滨州	沧州
	保定、秦皇岛、乌兰察布	天津

续表

年份	始发点	集拼点
2017	昆明、南昌、赣州	重庆
	武汉、苏州、广州、合肥、深圳、南京、宁波、青岛、临沂、徐州、邢台、保定、沧州、太原、银川	西安
		成都
	义乌、长沙、连云港、东莞、西宁、临汾、潍坊	郑州
	长春、哈尔滨、营口	沈阳
	武威	兰州
	库尔勒、石河子	乌鲁木齐
	滨州、济南、秦皇岛、南通、乌兰察布	天津

最终选择重庆、西安、成都、郑州、沈阳、兰州、乌鲁木齐和天津为集拼中心，其中沈阳和天津从满洲里出境，其余集拼中心均从阿拉山口（霍尔果斯）出境。

从中欧班列网络演化过程可以有如下发现。

第一，集拼中心和开行城市呈现出较为明显的区域性特征。

从最终网络的节点度分布来看，度最大的两个节点西安和郑州都位于中国中部，优越的地理位置能便利地集结来自各地区的货物。从货源分布来看，这两个集拼中心的货物主要来自华东、华中和华南地区。值得注意的是，华东和华南沿海地区共有 9 个城市开行中欧班列，但是其距离出境口岸过远，并不适合建立集拼中心，货物将集中到中部的郑州和西安进行集拼运输。重庆和成都位于中国西南地区，将集结来自西南和华南的部分货物，其中成都由于班列开行数量多、货源充足，适合开行直达班列。天津位于中国华北地区，将集结来自华北地区的货物，并从满洲里口岸出境。沈阳是东北地区的集拼中心，主要货源来自东北三省，也将从满洲里出境。乌鲁木齐与主要货源地距离过远使其难以与货源地形成有效的经济联系，但是新疆与内陆地区距离过远，也不适合反向集拼之后再开行，因此乌鲁木齐仍然是一个必要的集拼点，主要承担疆内物资的集拼。兰州由于对周边地区的经济引力较小，并且与重要的集拼中心西安距离较近，难以对较远的货物形成有效的吸引，因此兰州的定位应该是西北地区的副集拼中心以及回程货物的分拨中心。

第二，部分节点将不进行集拼，开行直达班列。

从中欧班列的网络演化过程可以发现，开行直达班列的节点一般会具有两个特征：一是较晚加入网络的节点，如 2014 年的宁波和 2015 年的滨州，这些节点还未与其他节点形成充分的物流连接关系，因此只能开行直达班列，但是随着网络的不断演化，这些节点会与网络中的其他节点形成物流连接，将会由直达班列转变为集拼班列；二是货物量极大的节点，如 2016 年和 2017 年的成都。成都在 2016 年之前货运量不大，适合集拼开行，但是随着货运量的增加，集拼开行反而会降低其运行效率，增加运行成本，充足的货源使其更适合开行直达班列，因此将由集拼班列转变为直达班列。

第三，平均成本呈现下降趋势。

通过对各年集拼平均成本的分析，可以发现如图 6-6 所示的趋势。

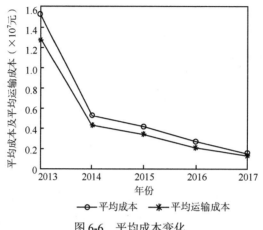

图 6-6　平均成本变化

随着中欧班列网络的演化，中欧班列集拼网络将得到不断的优化，班列的平均成本和平均运输成本都呈现出显著的下降趋势。这也意味着，需要随着中欧班列的不断开行调整和优化集拼路径。

第四，集拼中心的变化趋势。

在中欧班列集拼网络的演化过程中，共有 12 个城市至少一次被选为集拼中心，具体被选中情况如图 6-7 所示。

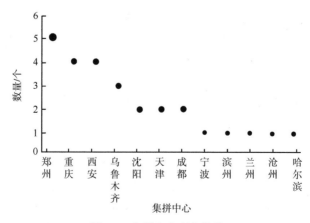

图 6-7　集拼中心变化趋势

这 12 个被选中的集拼中心有以下特征：第一类集拼中心城市是开行当年就被选为集拼中心，并在后续年份均被选为集拼中心的节点，包括郑州（2013年）、乌鲁木齐（2015 年）、天津（2016 年），这三个节点具有地理区域中心的特性，是最重要的集拼中心；第二类是班列开行后只有某一年没被选为集拼中心，如西安在 2013 年首次开行，2014 年以后均被选为集拼中心，重庆除了 2014年外，其他各年均被选为集拼中心，4 次被选为集拼中心，也是重要的网络节点，随着中欧班列的演化也应该成为集拼中心；第三类是沈阳和成都多次被选为集拼中心，应该作为主要的区域性集拼中心。宁波等六个城市只有一次被选为集拼中心，大部分在后期被别的集拼中心所覆盖，这些节点具有一定的重要性，可以作为集拼中心的候补节点。

第五，集拼模式上可以多样化操作。

从最终形成的集拼网络图上，会发现有少量节点存在与出境方向相反的逆向集拼问题，如银川需要先向东运输至西安进行集拼，集拼后再向西，路过银川后向西出境，这种逆向集拼将会增加货运成本。因此，集拼中心在集拼模式上可以考虑以集拼开行直达班列为主，辅以甩挂开行。甩挂开行时在集拼中心进行集中编组，到达甩挂站点时不进行重新编组，直接进行甩挂后开行即可。这样既能保证集拼中心货源充足，开行频率稳定，也能进一步地降低运行成本。

6.4　敏感性分析

本书以网络节点数最多的 2017 年为例，对中欧班列网络演化中的关键参数进行敏感性分析。

1. 集拼中心建设成本

由于集拼中心建设成本与集拼中心处理能力正相关，在不失一般性的情况下为简化问题难度，本书假设 $cc = a \cdot \delta$，并根据初始确定的参数，可以得到

$$a = \frac{cc}{\delta} = 256410 。$$

如图 6-8 所示，随着集拼中心建设成本增加，一方面集拼中心的数量呈现下降的趋势，另一方面，其货物处理能力也随之增强，班列等待时间减少导致惩罚成本减少，总运输成本也随之减少。这两方面的作用使得总成本会随着集拼中心建设成本的增加呈现出先降低后增加的趋势，并存在一个使总成本最小的集拼中心建设成本。这意味着集拼中心的规模并非越大越好，适度规模的集拼中心能够更有效地降低整个网络的运行成本。

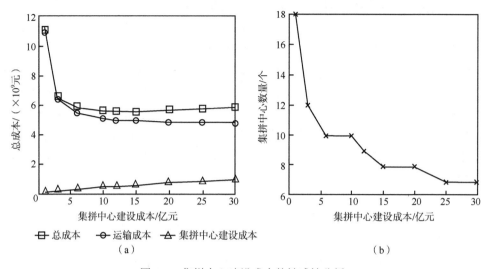

图 6-8　集拼中心建设成本的敏感性分析

2. 运费

本书分别考虑了集拼前运费和集拼后运费变化对结果的影响，结果显示，集拼前运费会负向影响集拼距离，集拼前运费越高，越倾向于去较近的集拼中心进行集拼，并且会增加集拼中心的数量，总成本也会增加，如图 6-9 所示。集拼后运费会正向影响集拼距离，集拼后运费越高，集拼距离越远，集拼中心数量会减少，总成本会增加，如图 6-10 所示。

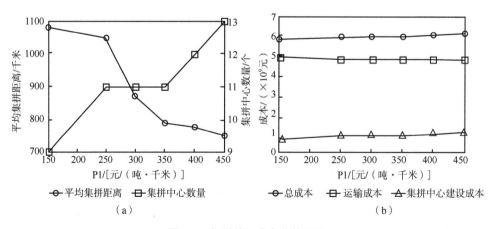

图 6-9　集拼前运费变化的影响

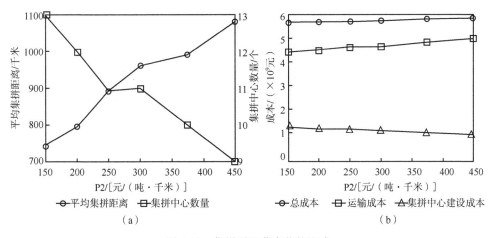

（a）　　　　　　　　　　　　　　（b）

图 6-10　集拼后运费变化的影响

这说明，中欧班列集拼网络的辐射范围受到运费的显著性影响。这也从一个侧面说明了中欧班列节点竞争中补贴的作用。补贴是目前中欧班列运行中的重要激励和保障，能够变相地降低运费，如果集拼中心距离货源地较近，应该多采用集拼后运费补贴的形式，如果集拼中心距离货源地较远，则应多采用集拼前运费补贴的形式。

从实践操作来看，目前大多数中欧班列都是对集拼后运费进行补贴，如成都、重庆等，这些节点大多距离货源地较近，适合使用集拼后运费补贴，而郑州由于距离货源地较远，主要针对集拼前运费进行补贴，这种补贴方式大大增强了郑州中欧班列的集货吸引力。

3. 货物时间成本

货物的时间成本体现了货物对时间的敏感性，随着货物时间成本的上升，集拼中心的数量和总成本也随之上升，如图 6-11 所示。这是由于货物在集拼中心产

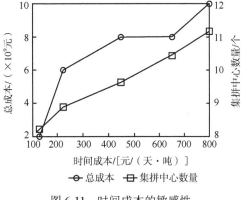

图 6-11　时间成本的敏感性

生拥堵，为了减少拥堵不得不增加集拼中心，随之带来的就是总成本的上升。时间成本变化对集拼中心选择的影响如表 6-4 所示。

表 6-4　时间成本变化对集拼中心选择的影响　　　　（单位：元/（吨·天））

货物时间成本	集拼中心
125	重庆、武汉、成都、郑州、西安、乌鲁木齐、沈阳、天津
225	重庆、武汉、成都、郑州、西安、兰州、乌鲁木齐、沈阳、天津
450	重庆、成都、郑州、西安、长沙、合肥、兰州、乌鲁木齐、沈阳、天津、徐州
650	重庆、武汉、郑州、西安、长沙、乌鲁木齐、沈阳、天津、徐州、邢台、沧州
800	重庆、武汉、成都、郑州、西安、兰州、乌鲁木齐、沈阳、天津、徐州、沧州、秦皇岛

中欧班列的单次运量约为 1500 吨，从中国到欧洲的运输时间约为 12～15 天，相对于海运来说，中欧班列更适合运输那些时间价值高、货品单位价值高的商品，如电子产品等。目前中欧班列的主要运输产品仍然以轻工、日用品、机械产品为主，这些产品的时效性要求相对较低，随着中欧班列市场化的发展，运输的货物的时间价值会逐渐提升，有必要增加备选的集拼中心，或者直接开行直达班列，以减少在集拼中心的等待时间，降低运行费用。

6.5　本　章　小　结

随着中欧班列开行城市和开行线路的不断增加，其运营网络处于动态演化之中。本章采用复杂网络理论、混合整数规划、模拟仿真、遗传算法等方法研究了中欧班列网络的演化规律和路径优化问题，从网络演化的视角确定了中欧班列集拼中心选址和路径优化方案，主要结论如下。

（1）通过对中欧班列运行网络分析发现，混合轴辐式网络更加适合中欧班列集拼。因此，通过设计符合混合轴辐式网络特征的复杂网络生成规则，生成中欧班列集拼网络，结果显示中欧班列集拼网络符合无标度网络特征，已形成的网络结构对新开中欧班列会形成路径锁定和路径依赖效应。

（2）根据设计的网络生成演化规则，从中欧班列运营网络整体动态演化角度，建立了中欧班列集拼中心选址和集拼路径选择模型，遗传算法求解的结果显示：随着中欧班列网络的不断演化，无标度特征明显，节点度的"马太效应"十分显著，重庆、成都、郑州、西安、沈阳、天津、兰州、乌鲁木齐这些关键节点应成为中欧班列的集拼中心，沿海地区由于离边境口岸太远，不适合作为集拼中心。

（3）从中欧班列网络演化过程可以发现，集拼中心和开行城市呈现出较为明显的区域性特征；部分节点城市适合开行直达班列而不需要进行集拼；随着中欧班列运营网络不断扩大，应不断调整和优化集拼路径，班列的平均成本和平均运输成本都呈显著下降趋势；针对可能出现的逆向集拼问题，可以考虑以集拼中心开行直达班列为主，辅以甩挂运输方式给予解决。

第7章 中欧班列开行绩效影响因素研究

尽管国家和地方政府都有强烈意愿大力发展中欧班列，各地也纷纷开通了中欧班列，但从中欧班列实际开行绩效来看，存在明显的好坏不一、参差不齐问题，亟须对影响中欧班列开行绩效的因素进行深度分析。本章首先构建了中欧班列开行绩效影响因素理论框架，其次选择了 10 个具有代表性的中欧班列作为典型案例，采用多案例对比分析方法研究了地方政府需求和动机、中央政府政策、基础设施、地理区位等关键因素对中欧班列开行绩效的影响，最后采用模糊集质性比较分析方法检验了构建的理论框架。

7.1 中欧班列开行绩效影响因素理论框架构建

由于中欧班列是一个新兴事物，目前尚未有文献对其绩效的影响因素进行系统、全面的分析。但是各地的中欧班列都是从陆港开出并运行的，陆港是中欧班列的重要载体和基础设施，因此影响列车性能的陆港特性将影响中欧班列的绩效。因此，本书试图找出影响陆港绩效的关键因素，并利用研究构建一个影响中欧班列绩效的因素体系。虽然陆港的概念由来已久，但其定义仍存在争议。联合国贸易和发展会议将陆港定义为"航运公司可以签发提单的内陆码头"。最初设想这一概念适用于所有类型的货物，随着陆港的发展，其定义逐渐改变。最近的研究还使用"陆港"来描述提供清关服务的内陆多式联运物流中心，通过公路或铁路实现进出口（Roso et al.，2009；Cullinane et al.，2012）。

通过对现有文献的整理，本书确定了影响陆港实施、运营及对其运输影响的因素。影响决定建立或反对建立陆港的因素是复杂的，并且会产生长期的后果。Roso（2008）指出，基础设施、土地利用、环境和规章制度影响陆港的实施。Henttu 和 Hilmola（2011）指出，污染物排放和运输成本是影响区域陆港选择的重要因素。现有研究讨论了影响陆港作业的因素。Woxenius（1998）确定了影响陆港联运的关键因素：法律法规、基础设施、政治和经济决策、竞争性运输和交通需求。多式联运中心的成功因素不仅包括与出发地和目的地的距离，还包括产品类型和服务频率。Ka（2011）构建了中国陆港综合评价指标体系，包括交通状况、经济发展水平、基础设施容量、交易质量、政策环境和成本，并使用模糊层次分析法将该指标体系应用于中国 7 个陆港。Padilha 和 Ng（2012）发现，陆港减轻了道路拥堵，但需要足够的存储空间，需要在港口内进行装卸，并能将托运人的交易成本降至最低。Ng 和 Cetin（2012）通过对印度北部两个发展中港口的空间动态调查，发现陆港的空间动态发展与发达的西方国家不同，原因包括地域多样化、不同的区域发展步伐和区域做法，以及发展中经济体更倾向于集群而不是供应链。Jeevan 等（2018）对马来西亚陆港进行了实证研究，发现了影响陆港运营的 12 个因素：需要充分的信息共享；准确的货运预测；清关；增值服务；充足的公路基础设施；有适当的运营设备；为当前和未来的集装箱储存提供足够的空间；实施公私合作关系；海港政策；短途海运政策的影响；道路连通性；道路位置。

可见，现有研究已经确定了传统陆港实施的关键成功因素，但尚不清楚这些因素如何适用于基于陆港的中欧班列开行绩效，或者这些因素之间的关系如何影响开行绩效。

进一步地，本书比较了三个相关概念：多式联运港口、传统陆港和中欧班列开行的陆港，如表 7-1 所示。

表 7-1　多式联运港口、传统陆港和中欧班列陆港比较

项目	多式联运港口	传统陆港	中欧班列陆港
运输模式	多式联运；铁路、公路、水路运输；集装箱和散货	多式联运；集拼和分拨；公路和铁路运输；集装箱和散货	多式联运；集拼和分拨；铁路运输；集装箱
主要服务	仓储	仓储和保税仓储；空箱仓储；集装箱保存和维修	仓储和保税仓储；空箱仓储；集装箱保存和维修
	—	清关；港口功能的延伸，需要有定期、可靠、高容量的往返海港的运输	清关；必须连接边境口岸而不是沿海港口

表 7-1 显示，中欧班列的运营服务比多式联运港口的运营服务更为复杂，并与传统的陆港运营服务有所不同。由于这些差异，有必要确定影响中欧班列陆港的因素是否与影响传统陆港的因素相同，也有必要确定关键因素之间的相互作用。现有文献没有回答这样一个问题：为了优化中欧班列的运营和解决问题，需要进行哪些变革？为了提供答案，本书将采用案例研究法。

根据文献回顾、中欧班列的运营特点以及研究问题，本书确定了四类影响中欧班列陆港的关键因素，如表 7-2 所示。这四个类别代表经济因素、体制（政府）因素、基础设施因素和地理因素。地方政府需求和动机是依赖区域经贸水平的内生经济因素。中央政府政策是影响中欧班列运营的外生制度性因素，它反映了中央政府对中欧班列运营城市的期望，也可以包括对地方政府的激励。基础设施是中欧班列操作的瓶颈，因为它决定了中欧班列性能的上限。地理区位决定了中欧班列节点的优缺点，主要取决于它们与海港和边境口岸的距离。

表 7-2　中欧班列陆港关键影响因素

关键因素	子因素	来源
地方政府需求和动机	需求是主要的经济因素，反映了当地的贸易、经济水平、产业政策等	Ka（2011）；Zeng 等（2013）
中央政府政策	政府政策是主要的制度因素，包括政策导向、财政和其他形式的支持	Roso（2008）；Ka（2011）；Cullinane 等（2012）
基础设施	物流基础设施的建设和发展水平	Roso（2008）；Jeevan 等（2017）；Zhao 等（2018）
地理区位	与海港和边境港口的距离	Roso 等（2009）；Beresford 等（2012）

基于这四类影响因素，本书构建了如图 7-1 所示的研究框架，并使用该框架进行案例研究。在图 7-1 中，灰色方框表示与论文目标相关的研究缺口。

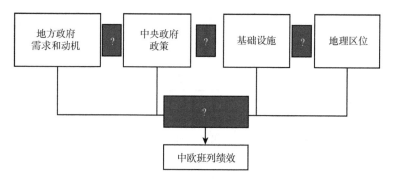

图 7-1　中欧班列绩效关键影响因素的理论框架

7.2　案例研究方法论

7.2.1　研究步骤

由于问题的微观尺度，本书选择了案例研究方法。此外，中欧班列是一个相对较新的事物，对中欧班列的研究还处于探索阶段。在这种背景下，案例研究法是探索性研究的重要方法（Yin，1994）。传统的影响因素研究往往采用统计方法，如主成分分析法或层次分析法，这些方法需要相当广泛的历史数据，而这些数据目前还没有。例如，中欧班列的绩效指标数据尚未公开。最后，一些指标难以量化，如最优地理位置和地方政府补贴政策。基于这些原因，本书选择了定性的案例研究方法。Eisenhardt 和 Graebner（2007）介绍了两种案例研究方法：现象驱动研究和理论驱动研究。现象驱动的研究是在缺乏一个合适的现有理论来描述该现象的情况下，根据现象的重要性来构建研究现象的理论框架。理论驱动研究旨在扩展现有的理论，在该理论的背景下构建研究框架，该框架是建立在先前的理论基础上通过归纳总结得到的。本书遵循理论驱动的方法，使用表 7-3 中的步骤。

表 7-3　研究步骤

Eisenhardt 的步骤	研究开展的步骤
开始	界定研究目标和问题
形成假设和研究框架	组织对关键因素的编码
选择案例	证明选择案例研究的合理性，并提供每个案例研究的背景
制作工具和协议	明确数据收集的过程
进入现场	进入现场
数据分析	收集数据并准备分析
文献对比	分析数据：对比每个关键因素确定的行动与框架中确定的活动
结束	提出与每个关键因素相关的建议措施

7.2.2　数据收集

由于三角测量在案例研究中的重要性（Yin，1994），本书依赖多个证据来源来提高研究的效度。三角测量意味着通过两个或多个数据源、调查人员或方法的组合来收集和分析数据（Azulai and Rankin，2012）。这样做是为了使不同来源的数据能够相互印证，形成一个相互支持的证据体系。为了实现这一目标，本书采用了现场观察、与主要受访者（如高层管理人员、中层管理人员、项目团队和最终用户）的半结构化访谈、行业报告、战略规划报告、年度报告、时事报道、技术或非技术性文件以及项目报告。由此产生的结构效度保证了研究因素的准确测量。Stuart 等（2002）指出，案例研究可以使用基于问题的半结构化访谈来确保信度。通过使用问题列表，访谈者可以确保他们获得所有研究问题的答案。半结构化是指研究人员在实地调查开始后，如果使用结构化问题确定感兴趣的点，可以添加相关问题。每次采访大约需要 1 个小时并记录下来。为有效掌握这些信息，本书将访谈笔记与录音相结合，并在有必要澄清任何问题时通过电话或电子邮件与受访者进行沟通。此外，还咨询了熟悉中欧班列业务的第三方专家，以确保正确地理解相关证据。调查时间为 2016 年 12 月至 2017 年 7 月。

7.3　典型中欧班列案例选择

案例选择是案例研究中非常重要的一个环节，一方面由于案例研究是非抽样的研究，需要结合使用目的抽样和理论抽样，另一方面由于案例研究采用的是复制逻辑，所选择的案例应该尽可能涵盖重要的其他影响因素。基于本书的研究目的和理论框架，本书选择案例的方法和标准如下。

首先，对中欧班列的整体情况进行一个完整的梳理，包括开行城市、开行时间、开行路线等，主要通过互联网、公开数据、国家发布的规划文件以及实地调研进行收集、整理。

从中欧班列的发展历程来看，大致可以分为引入期、高速发展期和高质量发展期三个阶段。目前中欧班列发展十分迅速，截至 2019 年 10 月，全国共有 47 个城市开通直达中欧班列，到达中亚和欧洲 16 国 34 个城市，其中从阿拉山口和霍尔果斯出境的班列有 47 列，从满洲里出境的班列有 10 列，从二连浩特出境的班列有 6 列，最早以中欧班列冠名开行的是渝新欧，开行时间为 2011 年 3 月，到达德国的线路最多，达到 16 条，其次是俄罗斯，共有 14 条线路。中国开行班列城市最多的省份是山东省，有 5 个城市开通了中欧班列。

中国各主要城市开行中欧班列基本情况如表 7-4 所示。

表 7-4　现有主要直达中欧班列线路

国内始发城市	边境口岸	境外到（发）城市	开通时间	名称
重庆	阿拉山口（霍尔果斯）	杜伊斯堡（德国）等	2011.3	渝新欧
	满洲里	切尔克斯克（俄罗斯）等	2014.11	渝满欧
郑州	阿拉山口（霍尔果斯）	汉堡（德国）等	2013.7	郑新欧
	二连浩特	汉堡（德国）等	2015.9	郑蒙欧
成都	阿拉山口（霍尔果斯）	罗兹（波兰）等	2013.4	蓉欧
	二连浩特	罗兹（波兰）等	2013.8	
武汉	阿拉山口、霍尔果斯	帕尔杜比采（捷克）	2012.10	汉新欧
		戈茹夫（波兰）	2014.4	
		汉堡（德国）	2015.3	
	满洲里	莫斯科（俄罗斯）	2014.6	汉满欧
苏州	阿拉山口、霍尔果斯	帕尔杜比采（捷克）等	2013.9	苏新欧
	满洲里	托木斯克（俄罗斯）等	2012.11	苏满欧
		华沙（波兰）等	2012.11	
		布列斯特（白俄罗斯）等	2012.11	
义乌	阿拉山口、霍尔果斯	马德里（西班牙）等	2014.11	义新欧
	阿拉山口、霍尔果斯	伦敦（英国）	2017.1	
	阿拉山口、霍尔果斯	里加（拉脱维亚）	2016.10	
	阿拉山口、霍尔果斯	车里雅宾斯克（俄罗斯）	2016.8	

续表

国内始发城市	边境口岸	境外到（发）城市	开通时间	名称
沈阳	满洲里	汉堡（德国）等	2014.8	沈新欧
长沙	满洲里	汉堡（德国）等	2014.10	湘满欧
	阿拉山口、霍尔果斯	明斯克（白俄罗斯）	2014.11	湘新欧
兰州	阿拉山口、霍尔果斯	汉堡（德国）等	2015.9	"兰州号"
		明斯克（白俄罗斯）	2015.7	
北京—天津	二连浩特	乌兰巴托（蒙古国）等明斯克（白俄罗斯）	2016.11	
连云港	阿拉山口、霍尔果斯	莫斯科（俄罗斯）等	2015.2	连新欧
	阿拉山口、霍尔果斯	阿拉木图（哈萨克斯坦）等	2015.2	连新亚
营口	满洲里	后贝加尔（俄罗斯）等	2016.8	营满欧
青岛	阿拉山口、霍尔果斯	阿拉木图（哈萨克斯坦）等	2015.7	青岛号
广州	阿拉山口、霍尔果斯	莫斯科（俄罗斯）	2013.10	粤新欧
西安	阿拉山口、霍尔果斯	阿拉木图（哈萨克斯坦）等	2013.11	"长安号"
	阿拉山口、霍尔果斯	莫斯科（俄罗斯）	2016.12	
	阿拉山口、霍尔果斯	华沙（波兰）	2016.8	
昆明	阿拉山口、霍尔果斯	汉堡（德国）	2015.7	滇新欧
合肥	阿拉山口、霍尔果斯	阿拉木图（哈萨克斯坦）等	2014.6	
济南	阿拉山口、霍尔果斯	阿拉木图（哈萨克斯坦）等	2016.2	
奎屯	阿拉山口、霍尔果斯	第比利斯（格鲁吉亚）	2015.2	新疆—格鲁吉亚货运班列
东莞	阿拉山口、霍尔果斯	杜伊斯堡（德国）	2016.4	
深圳	阿拉山口	杜伊斯堡（德国）	2017.5	
	阿拉山口、霍尔果斯	阿拉木图（哈萨克斯坦）等	2014.6	粤新亚
徐州	阿拉山口、霍尔果斯	塔什干（乌兹别克斯坦）等	2016.10	徐新亚
南京	阿拉山口、霍尔果斯	阿拉木图（哈萨克斯坦）等	2014.8	
	二连浩特	莫斯科（俄罗斯）等	2016.6	
西宁	阿拉山口	安特卫普（比利时）	2016.8	
二连浩特	二连浩特	鹿特丹（荷兰）	2016.11	蒙连欧
邢台	阿拉山口、霍尔果斯	塔什干（乌兹别克斯坦）	2016.7	好望角号
保定	满洲里	明斯克（白俄罗斯）	2016.4	冀欧
沧州	阿拉山口、霍尔果斯	杜伊斯堡（德国）	2016.6	
秦皇岛	二连浩特	乌兰巴托（蒙古国）	2016.11	
武威	阿拉山口	鹿特丹（荷兰）	2014.12	天马号
	阿拉山口	阿拉木图（哈萨克斯坦）	2014.12	

续表

国内始发城市	边境口岸	境外到（发）城市	开通时间	名称
南通	阿拉山口	海拉顿（阿富汗）	2016.8	
库尔勒	阿拉山口	梅尔辛（土耳其）	2015.7	新疆—土耳其国际货运班列
乌兰察布	二连浩特	明斯克（白俄罗斯）	2017.1	
	阿拉山口、霍尔果斯	阿拉木图（哈萨克斯坦）	2016.11	
宁波	阿拉山口	莫斯科（俄罗斯）等	2014.8	甬新欧
乌鲁木齐	阿拉山口	莫斯科（俄罗斯）等	2015.6	西行国际班列（新丝路号）
	阿拉山口、霍尔果斯	阿拉木图（哈萨克斯坦）等	2014.3	
石河子	阿拉山口	车里雅宾斯克州（俄罗斯）	2015.3	新疆—车里雅宾斯克国际货运班列
长春	满洲里	施瓦茨海德（德国）	2015.8	
	满洲里	汉堡（德国）	2017.10	长满欧
哈尔滨	满洲里	汉堡（德国）	2015.6	哈欧班列
南昌	阿拉山口	鹿特丹（荷兰）	2015.11	
赣州	阿拉山口	莫斯科（俄罗斯）	2017.4	
太原	阿拉山口	列索西比尔斯克（俄罗斯）	2017.2	
临汾	阿拉山口	慕尼黑（德国）	2017.7	
济南	阿拉山口	莫斯科（俄罗斯）	2017.8	
临沂	满洲里	汉堡（德国）	2015.10	临满欧
潍坊	阿拉山口	阿拉木图（哈萨克斯坦）	2017.6	
滨州	阿拉山口	塔什干（乌兹别克斯坦）等	2015.10	滨州号
银川	阿拉山口	阿拉木图（哈萨克斯坦）	2017.2	中阿号

注：统计截止日期为 2019 年 10 月 31 日

　　其次，充分考虑到区域分布、地理特征、城市类型、绩效情况的全面性，应该涵盖东中西部地区，不同出境口岸（路线）、海港、内陆、边境城市类型等重要因素，选择其中具有代表性的班列，并且将在 2016 年之前就已经开行的中欧班列城市作为备选案例，通过电话、Email 等方式与中欧班列开行的部门负责人取得联系，获得现场调研的许可，最终确定案例。经过上述程序，本书选择了成都、苏州、武汉、西安、郑州、重庆、兰州、宁波、乌鲁木齐、连云港十个中欧班列开行城市作为案例对象。其中，宁波、苏州、连云港为东部地区，武汉、郑州为中部地区，西安、成都、重庆、兰州、乌鲁木齐为西部地区，宁波和连云港为海港城市，乌鲁木齐为边境口岸城市。

再次，在正式开始研究之前首先给案例负责人发出案例调研计划，以便他们为本书的研究做好充足的准备，同时在征得对方同意的情况下将访谈内容进行录音。

最后，报告撰写。将案例进行全面分析并单独撰写案例报告，然后发给案例受访者进行意见反馈，最后进行统一的抽象和归纳，完成正式的案例报告。

7.4 案 例 分 析

7.4.1 案例描述

1. 渝新欧

渝新欧在重庆开行，重庆地处中国西南地区、长江上游，是直辖市之一，是最早开通中欧班列的城市，渝新欧也是最早的中欧班列，从重庆铁路集装箱中心站（团结村）出发，经边境口岸阿拉山口出境，进入哈萨克斯坦，再经俄罗斯、白俄罗斯、波兰，至终点，即德国的杜伊斯堡。截至 2016 年 6 月，据国家海关统计，重庆市开出的渝新欧班列班次数量占全国中欧班列数量的 45%左右，其货值占所有从新疆阿拉山口出境的中欧班列货值总量的 85%。2017 年 3 月 23 日，渝新欧班列开行总量突破 1000 列，成为中国首个突破千列的中欧班列。2021 年 1 月 1 日，渝新欧携手成都始发中欧班列（成渝），积极共建成渝国际物流大通道。在"统一品牌、整合数据、协同机制"方面取得显著成效，全年共计开行近 4900 列，位居全国首位。截至 2021 年，渝新欧累计开行的国际班列已突破 10 000 列，发送货物近 90 万标箱，运输货值近 4000 亿元，已成为"一带一路"建设中重要的"钢铁驼队"，更是"一带一路"倡议背景下，中国连接世界的缩影。

2. 蓉欧快铁

蓉欧快铁在成都开行，成都地处中国西南地区的四川盆地，是四川省的省会。"蓉欧快铁"自 2013 年 4 月 26 日开行，蓉欧快铁共规划三条线路，其中主要运行的是中线，即从成都青白江集装箱中心站出发，经宝鸡、兰州到新疆阿拉山口出境，途经哈萨克斯坦、俄罗斯、白俄罗斯等国直达波兰罗兹站。2015 年 4 月起，成都与厦门、深圳、昆明、宁波等城市形成协同，开通了"厦蓉欧""深蓉欧""昆蓉欧""甬蓉欧"等中转班列，成都也成为中欧班列重要的集拼中心。

3. "长安号"

"长安号"在西安开行，西安是古丝绸之路的起点，是陕西省省会，也是中国西北地区最大的城市。"长安号"于 2013 年 11 月 28 日开行，包含两条线路：西安新筑站出发到阿拉山口出境，途经哈萨克斯坦、俄罗斯、白俄罗斯、波兰、德国等国，到达荷兰鹿特丹；西安新筑站出发，至阿拉山口出境，途经阿克斗卡、阿斯塔纳，终点莫斯科。

4. "兰州号"

"兰州号"在兰州开行，兰州地处中国西北地区，是甘肃省的省会。"兰州号"中欧班列于 2015 年 7 月开行，从甘肃兰州新区中川北站出发，经阿拉山口铁路口岸出境，运抵白俄罗斯明斯克中白工业园区。后又增加至德国汉堡的线路。

5. 汉新欧

汉新欧在武汉开行，武汉地处中国中部地区，是湖北省省会，是中部地区最大的城市。汉新欧于 2012 年 10 月开行，最早的开行线路是武汉至捷克帕尔杜比采，后一度停运，2013 年之后，又开行了武汉—德国汉堡、武汉—波兰戈茹夫等线路。

6. 郑欧班列

郑欧班列在郑州开行，郑州地处中国中部地区，是河南省省会。郑欧班列于 2013 年 7 月开通，出境口岸包括阿拉山口和二连浩特，主要终点站是德国汉堡，2016 年郑欧班列还开通经中亚、土耳其等到达卢森堡的南欧线路。

7. 苏满欧

苏满欧在苏州开行，苏州地处中国东部，是中国 GDP 最高的地级市之一。苏满欧于 2012 年 11 月开通，线路以苏州高新区综合保税区监管区为起点，于苏州铁路货运西站装车，经内蒙古满洲里口岸出境，横穿俄罗斯全境，直达波兰华沙。

8. 甬新欧

甬新欧在宁波开行，宁波地处中国东部沿海，是 15 个副省级城市之一，宁波的舟山港是全球第一大货运港口，2017 年吞吐量突破了 9 亿吨。甬新欧于 2014 年 8 月开通，从新疆阿拉山口出境，途经中亚五国，终点为俄罗斯莫斯科。

9. 西行国际班列

西行国际班列在乌鲁木齐开行，乌鲁木齐地处中国西北，是新疆的首府所在地。新疆是中欧班列最重要的出境地区，主要的出境口岸是阿拉山口和霍尔果斯。乌鲁木齐距阿拉山口 511 公里，距霍尔果斯 650 公里，是中欧班列沿线上中国出境最近的省会城市。早在 2014 年 3 月 18 日乌鲁木齐就开行了首列西行国际班列（乌鲁木齐—阿拉木图），开行目的地还包括格鲁吉亚、土耳其、俄罗斯、伊朗、波兰等欧亚国家。2015 年 6 月 11 日开通乌鲁木齐至莫斯科的国际货运班列，并稳定开行。

10. 连新欧

连新欧在连云港开行，连云港地处中国东部沿海，是江苏省的地级市。1992 年 12 月 1 日，连云港经阿拉山口至阿拉木图首列过境集装箱班列开启我国新亚欧大陆桥运输先河。连云港—塔什干、阿拉木图等城市（中亚班列）和连云港—伊斯坦布尔、杜伊斯堡等城市（中欧班列）的点对点直达班列分别于 2015 年 2 月 25 日和 11 月 29 日开通，经由阿拉山口、霍尔果斯口岸出境，到站覆盖中西亚与欧洲地区的主要站点。连云港开行中欧跨境列车的时间很早，尽管没有命名为"中欧班列"，但是本章研究中仍然认为其在 1992 年已实际运行了中欧班列。

本书的研究针对中欧班列的运行情况，选择了三个指标来衡量中欧班列的开行绩效：2016 年总开行列数、2016 年去回程情况、开行线路数。其中，年总开行列数是最重要的评价指标，满分为 3 个*，总量在 300 以上为 3 个*，100～300 为 2 个*，100 以下为 1 个*，年去回程情况衡量了班列的均衡性和运行成本，回程班列超过（含）100 的得 1 个*，否则得 0 个*，线路数衡量了班列的丰富性和潜力，大于 1 的得 1 个*，否则得 0 个*。最终的开行绩效由这三个指标的得分加总得到，最低为 1 个*，最高为 5 个*，各案例城市中欧班列 2016 年的开行绩效情况如表 7-5 所示。

表 7-5　各案例城市中欧班列开行绩效情况

中欧班列名称	开行城市	2016 年开行列数	去回程情况	线路数	总体开行绩效
渝新欧	重庆	420	去程 278 班、回程 142 班	2	*****
蓉欧快铁	成都	453	去程 287 班、回程 166 班	3	*****
"长安号"	西安	146	去程 143 班、回程 3 班	2	***
"兰州号"	兰州	102	去程 101 班、回程 1 班	1	**
汉新欧	武汉	222	去程 122 班、回程 100 班	4	****
郑欧班列	郑州	251	去程 137 班、回程 114	2	****
连新欧	连云港	469	去程 300 班、回程（过境）169	2	*****
苏满欧	苏州	120	去程 114 班、回程 6 班	4	***
甬新欧	宁波	14	去程 14 班、回程 0 班	1	*
西行国际班列	乌鲁木齐	223	去程 173 班、回程 50 班	4	***

资料来源：经作者文献检索、网络资料收集、实地调研整理得到

7.4.2　多案例对比分析

本章的研究聚焦于中欧班列的开行绩效，并探索影响中欧班列绩效的关键因素。根据图 7-1 构建的基本框架和中欧班列案例城市的具体现实，本章将具体分

析不同因素对中欧班列开行绩效的影响。

1. 中央政府的政策定位

中央政府对中欧班列开行城市的定位表现了中央政府对各城市的重视程度，决定了中欧班列开行城市在多大程度上能够得到中央政府的支持。本章通过四个重要的相关国家级文件来分析中央政府对不同城市的定位。

文件 1：2015 年 3 月 28 日发布的《推动共建丝绸之路经济带和 21 世纪海上丝绸之路的愿景与行动》，给出明确定位的案例城市包括：西安、兰州、宁波、重庆、成都、郑州、武汉。

文件 2：《中欧班列建设发展规划（2016—2020 年）》，在该文件对中欧班列枢纽节点进行了定位和分类，共分为四类节点，即内陆主要货源节点、主要铁路枢纽节点、沿海重要港口节点、沿边陆路口岸节点，并专门设立不同区域国际邮件始发站，案例城市分属节点情况如表 7-6 所示。

表 7-6 《中欧班列建设发展规划（2016—2020 年）》对案例城市定位

城市	内陆主要货源节点	主要铁路枢纽节点	沿海重要港口节点	国际邮件始发站	总体情况得分
重庆	*	*		*	***
成都	*	*			**
西安	*	*			**
兰州	*	*			**
武汉	*	*			**
郑州	*	*		*	***
连云港			*		*
苏州	*			*	**
宁波			*		*
乌鲁木齐		*		*	**

文件 3：自贸区设立。自贸区能够实现在一定范围内的保税仓储、物流、加工、国际贸易、金融服务等功能，能极大地推动城市国际贸易的发展，也对中欧班列发展起到积极的促进作用。截至 2018 年，中国已设立"1+3+7"共 11 个自贸区，案例城市中的重庆、成都、西安、武汉、郑州均设立有自贸区。

文件 4：《全国流通节点城市布局规划（2015—2020 年）》，该文件设立了 37 个国家级物流节点城市和 66 个区域级流通节点城市，案例城市中除了连云港是区域级流通节点城市（得分为*），其余所有城市均为国家级物流节点城市（得分为**）。

基于以上四个重要国家级文件和定位，本书可以得到案例城市的国家定位整体情况，如表 7-7 所示。

表 7-7　案例城市定位

城市	文件 1	文件 2	文件 3	文件 4	整体得分
重庆	*	***	*	**	*******
成都	*	**	*	**	******
西安	*	**	*	**	******
兰州	*	**		**	*****
武汉	*	**	*	**	******
郑州	*	***	*	**	*******
连云港		*		*	**
苏州		**		**	****
宁波	*	*		**	****
乌鲁木齐		**		**	****

根据表 7-7，本书可以将案例城市分成四个级别，首先是重庆和郑州的定位最高（总体得分*******），其次是成都、西安、武汉（总体得分******），再次是兰州（总体得分*****），最后是苏州、宁波、乌鲁木齐（总体得分****）和连云港（总体得分**）。

2. 地方政府的市场需求

市场需求是中欧班列开行的内生动力，中欧班列的市场需求主要通过地方政府的开行意愿表现出来。地方政府是中欧班列开行的实际执行者，地方政府开行中欧班列的意愿将直接决定地方开行中欧班列投入的成本和资源，进而影响到中欧班列的开行绩效。本章将通过两个指标来衡量地方政府开行中欧班列的意愿强弱——政策补贴力度和中欧班列开通时间。政策补贴力度越大，反映当地政府要把班列运营好的意愿越大，中欧班列开通时间越早，越反映出班列开行是当地政府的内生需求。

中欧班列开行时间和补贴政策情况，如表 7-8 所示。

表 7-8　中欧班列开行时间和补贴政策情况

开行城市	开通时间	补贴政策
重庆	2011.3	参照海运价格进行专项补贴，每公里运费降至 0.7 美元
成都	2013.4	每标准集装箱补贴 3500 美元
西安	2013.11	每个班列补贴 60 万元人民币，折合每标箱 1.1 万~1.5 万元人民币
兰州	2015.7	每标箱补贴 6000 元人民币，免费提供短泊和装车服务，同时还为出口退税企业垫资
武汉	2012.10	补贴铁路运价的 60%~70%，标准不低于重庆、郑州等地，每标箱补贴 6000 元，水铁联运的额外补贴 2800 元

开行城市	开通时间	补贴政策
郑州	2013.7	除了参照海运价格对班列公司进行财政补贴外（运费约 3000~6800 美元/40 英尺标准箱），还对 1500 公里以内货源地的货物实行免费集结
连云港	1992.12	给予中亚出口班列补贴 4800 元/车，中亚西行国际中转出口针对韩国大宇等大客户补贴 3200 元/车，中亚东行针对乌兹别克斯坦通用汽车等大客户补贴 1600 元/车，中欧班列（连云港—伊斯坦布尔）补贴 3800 美元/车（折合人民币约 26 220 元/车）
苏州	2013.9	每标箱补贴约 1000 美元
宁波	2014.8	无
乌鲁木齐	2015.6	场站服务"零"收费，还减收海关监管、库内装卸、倒短运输等费用

可见，各中欧班列开行城市大多给予中欧班列一定的补贴，以激励货主使用当地的中欧班列开展运输。但是其内生动力具有较大的差异，从开行时间可以看到，以 2014 年为区分线（由于"一带一路"倡议正式提出的时间为 2013 年 9 月和 10 月，因此本章以 2014 年为时间节点进行区分），在此之前开行的中欧班列多以本地市场、产业需求驱动为主，2014 年后开行的中欧班列更有可能是为了响应国家"一带一路"倡议的号召，反映出更多的政治激励倾向，不一定反映当地市场、产业需求。以上 10 个案例城市的开行意愿分布如图 7-2 所示。

图 7-2　中欧班列开行意愿分布图

本章根据各城市中欧班列补贴水平和班列开行时间，构建如图 7-2 所示的二维坐标，将案例城市分成四个象限。第 I 象限有两个城市，宁波和乌鲁木齐，这是开行班列内生动力最低的城市；处于第 II 象限的是兰州，很明显地可以看出兰州地方政府具有强烈的发展中欧班列的意愿，但这种意愿具有明显的政治激励倾向；第 III 象限的是武汉和苏州，这两个城市具有较好的制造业基础和需求，也有开行中欧班列的意愿，但是当地政府没有补贴或补贴力度很小，地方政府政策力度相对较弱；第 IV 象限的是重庆、郑州、成都、西安和连云港，这是中欧班列开行意愿最强的地区，既有经济性基础需求，又有政策支持。

3. 基础设施

物流基础设施水平决定了中欧班列货物吞吐量、运输效率，进而影响到其开行绩效。本章通过以下标准来衡量中欧班列的基础设施水平。第一，是否是铁路集装箱中心站。《中长期铁路网规划》提出在 18 个城市兴建铁路集装箱中心站。铁路集装箱中心站将具有先进的技术装备和仓储设施，是集装箱铁路集散地和班列到发地，具有整列编解、装卸、日处理 1000 个 20 英尺集装箱的能力，具有物流配套服务，洗箱、修箱条件，进出口报关、报验等口岸综合功能。铁路集装箱中心站城市是中国目前铁路基础设施最好的地区。第二，物流交通设施水平。Zhao 等（2018）运用复杂网络理论对中国 27 个关键的物流节点城市货运铁路、高速公路和国道三项基础设施进行了排名，本章将参考该文中的基础设施排名对案例城市进行分析。第三，是否拥有三级以上内河航道或是近海具有海运能力。第四，口岸级别。按开放程度分为一类口岸和二类口岸，一类口岸是由国务院审批设立，允许中国籍和外国籍人员、货物、物品和交通工具直接出入国（关、边）境的海（河）、陆、空客货口岸，其开放程度大于二类口岸。

由于连云港基础设施条件从全国范围来看相对较差，未列入国家级流通节点城市，Zhao 等（2018）也未对其进行排名，因此本书以"/"表示其基础设施条件在所有城市中排名最后。

案例城市的基础设施条件如表 7-9 所示。

表 7-9　案例城市基础设施条件

开行城市	是否规划铁路集装箱中心站	是否已建成使用	货运铁路网络排名	高速公路网络排名	国道网络排名	公铁联运集货能力排名	是否拥有三级以上内河航道或临海	口岸级别
重庆	√	√	16	4	3	17	√	一类空港
成都	√	√	1	11	5	1		一类空港
西安	√	√	9	2	2	2		一类空港
兰州	√		18	6	1	10		一类空港
武汉	√	√	14	3	4	7	√	一类空港、水港
郑州	√	√	6	13	20	4		一类空港
连云港			/	/	/	/		一类空港、水港
苏州			2	14	25	5	√	一类水港
宁波	√		8	17	25	15	√	一类空港、水港
乌鲁木齐	√		10	22	21	16		一类空港

从表 7-9 可以发现，基础设施条件与中欧班列开行绩效具有一定的相关性，

但并非与所有的基础设施都十分相关。中欧班列是运行于中国与欧洲以及"一带一路"沿线国家间的集装箱等铁路国际联运列车，铁路集装箱基础设施能力是中欧班列开行中最重要的基础设施能力，那么是否规划使用铁路集装箱中心站成为一个关键因素。在这种建设标准下，铁路集装箱中心站能够极大地推动地区铁路货运能力和中欧班列的发展。而公路和水路主要起到辅助中欧班列集货的功能，对中欧班列开行绩效的影响相对较弱。

4. 地理区位

中欧班列开行城市所处区位各有差异，尤其是与海港、边境口岸的距离差异十分明显。根据不同城市与其最近的海港以及边境口岸的距离关系，本书将中欧班列开行城市分为近海、中部、近边境等类型，如表 7-10 所示。

表 7-10　案例城市区位划分

类型	城市
近海	宁波、连云港、苏州
中部	郑州、武汉、成都、重庆、西安、兰州
近边境	乌鲁木齐

可以看出中部地区的中欧班列开行绩效要明显优于其他地区，而传统意义上的沿海、沿边区域外贸强区的地理优势并没有显现出来，表现出与传统外贸和物流发展不一样的现象。产生这种现象的原因是多方面的。第一，距离海运口岸较近的城市，中欧班列开行绩效存在明显差异。航运业的发达程度在其中起到至关重要的作用，一方面对航运业的依赖会降低中欧班列开行的需求，对中欧班列开行起到抑制作用。沿海地区是中国经济最活跃，也是外向度最高的地区，在长期的国际贸易物流中，海运是其最主要的运输方式，也是最具成本优势的方式。对应的是其制造业也形成了适合海运的产品结构。例如，全球最大的货运港口——宁波舟山港的货源大多来自浙江省，该省的产品以轻工为主，附加值较低，时效性要求不高，适合海运。因此对这些沿海城市来说，通过中欧班列运输货物并非一个必不可少的路径，从而缺乏发展中欧班列的动力。一个更极端的例子是上海，上海港是 2016 年全球第一大集装箱港口，但是却没有开通中欧班列。对应的是连云港，连云港虽然地处沿海，但是其航运业并不发达，2017 年上半年连云港港口吞吐量 10 479 万吨，在中国港口中仅列第 18 位，航运业不够发达反而产生了开行中欧班列的需要。另一方面，海港对于开展海铁联运、过境出口又具有极大的优势，能促进中欧班列的发展。连云港虽然传统航运并不发达，但是其利用中欧班列形成海铁联运和过境出口，推动了其航运发展。2013 年 9 月 7 日，连

云港与哈萨克斯坦国有铁路股份公司在阿斯塔纳正式签订项目合作及协作协议，共同构建通过连云港的过境货物运输通道及货物中转分拨基地项目。2014 年 5 月 19 日，又启用了中哈（连云港）国际物流合作基地。中转物流的发展有效地推动了连云港中欧班列的发展。

第二，距离陆路口岸较近的城市，中欧班列开行绩效相对较差。边境口岸城市虽然具有天然的地理优势，出境运输更加便利，但是这些城市都地处中国西北地区，是传统意义上的中国欠发达地区，产业不够发达，经济外向程度不高，缺乏对中欧班列开行的基本产业支撑，货源不足导致中欧班列物流市场需求不足，因此这些城市并不适合开行直达中欧班列，因而产生了强烈的中欧班列货物集拼意愿。2017 年 4 月 27 日，乌鲁木齐正式开通中欧班列集结中心，能够有效满足方圆 120 公里国际货物进出口集结、监管、发运等物流需求，形成了西行班列相互补轴、零散货物乌鲁木齐集结开行的运行模式。

第三，中部地区中欧班列开行绩效表现优异。中部地区是中国的经济腹地，具有强大的制造业基础。案例中的中部城市均是重要的交通物流节点，所处的区位具有明显优势，既能够开行直达班列，以满足本地和周边区域制造业产品销往欧洲的物流运输需求，又能够作为集拼中心开行中转班列，中转运输可以满足更大范围内（甚至来自沿海区域）的物流需求，如深圳、厦门等沿海城市开通了在成都中转的中欧班列深蓉欧、厦蓉欧。

7.5　讨论与结论

通过对 10 个典型中欧班列的案例分析，本书发现中欧班列的开行绩效受到内外部许多因素的影响，任何一个因素都不会单独地对中欧班列开行产生作用，而是因素之间通过相互作用和协同作用产生影响，并且表现出与传统的多式联运体系不同的特征。

第一，地方政府的市场需求是影响中欧班列的最关键内生因素。地区的产业结构、产品结构等决定的国际贸易物流需求进一步决定了地方政府开行中欧班列的意愿强弱。由于中欧班列运行成本较海运更高，运行时间则较短，因此适合那些高附加值、短生命周期的产品，如电子产品、时装等。当地区产业结构呈现出适合中欧班列的需求特征时，就会产生内生的市场驱动力，从而推动中欧班列的发展。例如，最早的中欧班列渝新欧的诞生就是基于对当地电子产业出口的需求，这种由内生因素所驱动的需求是真实的、可持续的需求，是中欧班列发展的内生动力，也是"一带一路"倡议下有些城市开行中欧班列的根本出发点。这种内生因素会进一步地影响地方政府开行中欧班列的意愿和动力，并影响地方政府制定中欧班列的补贴等相关政策。中欧班列作为一个新兴产物，在市场不成熟的情况下，政府"看得见的手"能够极大地推动其发展，通过逐渐培育市场，使得中欧班列在开行方式、贸易规则、技术、用户习惯等各方面形成成熟的制度规范，促进中欧班列在"一带一路"建设中发挥更大作用。甚至在其他影响因素如区位、基础设施水平不太高的情况下，内生因素仍然能够对中欧班列的发展起到重要的促进作用，如通过补贴等措施弥补其他因素的不足和限制。

第二，中央政府的政策定位是推动中欧班列开行绩效的外生因素。中央政府的政策定位体现了中央政府对开行城市的期望，并形成对地方政府的激励。中央政府的政策定位主要发挥正向的激励和扶持作用，而不会起到负向的阻碍作用。中央政府的政策定位高度一方面决定了中央政府对各中欧班列开行城市的财政转移支付水平（如中国国家铁路集团有限公司对中欧班列国内运价实施优惠政策，运费比平均运价降低 30%），进而形成经济激励，推动基础设施建设，提高补贴政策力度；另一方面，对地方政府而言，中欧班列不仅是一项重要的经济工程，也是一项符合"一带一路"倡议的工程，中央政府的定位和期望能够形成对地方政府的政治激励，并影响地方政府对中欧班列的开行意愿，如案例中的"兰州号"，兰州市虽然在产业结构、市场需求等方面并没有太大优势，但是中央政府对兰州的定位相对较高，从而激励了兰州开行中欧班列。

第三，陆港基础设施对中欧班列开行绩效起到重要作用。基础设施是中欧班列开行效率的瓶颈所在，决定了中欧班列开行绩效的上限。首先，铁路基础设施是所有基础设施中对中欧班列开行绩效影响最大的因素，也是目前中欧班列发展的瓶颈。中欧班列开行城市是否规划铁路集装箱中心站对基础设施建设会产生至关重要的影响，铁路集装箱中心站的规划会大幅提升铁路物流的到发货吞吐能力、装卸仓储能力、集装箱甩挂、机车编组能力，也提供了其成为中欧班列中转站的机会。从案例分析中也可以看到，已建成投入使用的集装箱中心站对中欧班列提供了极大的支持，中欧班列的开行绩效明显好于非集装箱中心站城市以及未建成投入使用的集装箱中心站城市。其次，铁路和公路货运网络状况均难以单独对中欧班列开行绩效产生显著影响，需要协同起来形成公铁联运，才能有效地发挥作用。中欧班列大多在城市边缘的陆港开行，公路运输"门到门"的特点，使其成为周边货物汇集至中欧班列开行陆港最重要的方式。公路基础设施尤其是与周边地区道路网络的联通情况将决定其公铁联运的能力，也决定了货物向中欧班列开行城市汇集的程度和效率。最后，水运和空运基础设施对中欧班列的开行绩效影响较小。这主要是由中欧班列的货物运输特点决定的，货主们选择中欧班列的原因在于（较水运）更快的速度和（较空运）更低的价格，因此中欧班列的运输中较少看到水铁联运（延长运输时间）、空铁联运（增加运输成本）的情况。此外，开行中欧班列的陆港大多并不临近水港和空港，当货物运输到水港和空港后，还需要通过汽车再次转运才能到达陆港，增加了多式联运的复杂性和成本。

第四，地理区位对中欧班列开行绩效的影响不大。尽管现有文献已经指出了区位对铁路物流以及多式联运的作用，但是本书在案例中发现，作为中欧班列主要的运作主体和出发点的陆港所处区位对中欧班列的开行绩效的影响并没有那么显著，甚至出现了与传统观念相悖的情况。Roso（2008）指出，陆港与海港之间的有效联动能产生积极的作用，陆港能够有效地降低海港的拥堵问题，降低海港不必要的基础设施投入，并使海港通过陆港获得更大的腹地，获得市场，并提出了陆港与海港的联动模式，远距离的陆港适合开通直达列车，而中距离和近距离的陆港则适合设立集拼中心。而本书发现，开行中欧班列的陆港往往本身就具有广泛的经济腹地，与海港的互动不再是提供经济腹地、降低拥堵的作用，而是作为集拼中心为海港提供海铁联运的功能，海港则成为陆港的货源提供者。而海港拥有海运的自然优势，导致其开行中欧班列的意愿不强，除了少数特别适合铁路运输的产品，大多数产品仍然通过海上运输，导致出现距离海运口岸越近、航运能力越强，中欧班列开行绩效越差的现象。

本书发现目前边境陆港并没有体现出其边境口岸的优势，而且还由于产业劣势使其中欧班列开行绩效变差。对于边境陆港来说，直达班列并非其最优的选择，中转和集结才是其应该发挥的主要功能。靠近边境的中欧班列陆港如乌鲁木齐需要更多地发挥集结中转货物、缓解边境口岸铁路拥堵的作用，以提高中欧班列运行效率，缩短通关、换装等运行时间。

由此，本书可以得到中欧班列陆港区位与运行模式的相互关系，如图 7-3 所示。

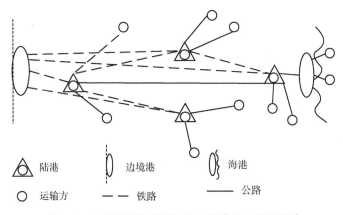

陆港　　　边境港　　　海港

○ 运输方　　—— 铁路　　—— 公路

图 7-3　中欧班列陆港区位与运行模式的相互关系

通过上述分析可见，开行中欧班列的陆港的区位与其运行模式需要形成匹配关系才能促进中欧班列的开行绩效的提升，具体来说，离海港较近的陆港应该以中转班列模式为主，其定位于内地班列货源地以及过境海铁联运中转地；

内地陆港应以直达班列模式为主，同时与近海港和近边境的陆港合作开行中转班列；边境陆港不适合开行直达班列，应通过设立集结中心开行中转班列，既能迅速整合周边地区少量的货物，又能减轻边境港口的交通拥堵，提高班列的满载率。

　　总体上来看，上述四个要素是影响中欧班列开行绩效的主要因素，从重要性来看呈现出地方政府的市场需求＞中央政府政策定位＞陆港基础设施＞地理区位与运行模式匹配的特征。从案例分析的结论来看，本书还发现中欧班列开行绩效的影响因素并非独立作用，而是相互之间存在着影响，共同推动中欧班列的发展。首先，地方政府的市场需求是影响中欧班列开行绩效的核心要素，能够对基础设施起到积极的推动作用，并降低区位因素的制约；其次，中央政府的政策定位能够提升地方政府的开行意愿水平，也能推动基础设施建设；最后，地理区位因素对中欧班列开行绩效影响不大，需要与运行模式进行匹配才能有效发挥作用。以上关系如图 7-4 所示。

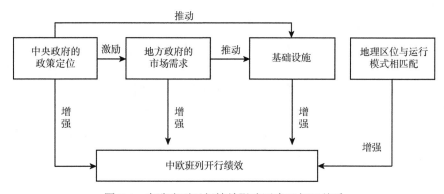

图 7-4　中欧班列开行绩效影响因素及相互关系

　　这些影响因素的强度和相互作用还将影响到中欧班列开行城市之间的分工合作。目前，中国大多数的中欧班列都是直达班列，班列开行城市之间缺乏协同与分工。但是通过案例分析可以明显地看出，不同城市在中欧班列开行中的定位和角色应该是有差异的。并非所有的城市都适合开通直达中欧班列，在产业、市场等内生性因素需求不强的情况下开行直达班列，开行绩效并不理想。在综合考虑区位、基础设施等因素的情况下，可考虑建设集拼中心，与周边地区、海港城市形成多式联运，开行中转班列。从而在整体上形成直达班列和中转班列并行的中欧班列运行局面。

　　为了进一步验证案例研究的相关结论，本章使用模糊集质性比较分析（fuzzy set qualitative comparative analysis，fsQCA）法进行分析。

7.6　fsQCA 分析

本节将使用 fsQCA 方法来检验案例研究构建的理论框架。fsQCA 是一种识别影响产出、因变量的条件和因素的方法，适合于小规模样本研究。为了验证影响中欧班列绩效的影响因素及相互关系，本节将前文构建的影响因素作为条件变量，使用中欧班列开行绩效作为结果变量。使用前文中的变量分值作为输入值，并使用 fsQCA 3.0 软件进行分析。

7.6.1　数据与校准

根据本章案例研究的数据，可以得到每个变量的数值。其中，结果变量是中欧班列开行绩效（Perf），条件变量包括地方市场需求和地方政府动机（Loc）、中央政府政策（Pol）、基础设施（Inf）和地理区位（Geo）。如果城市靠近海港，Geo=1；如果城市位于中国中部地区，Geo=2；如果城市靠近边境，Geo=3。构成模糊集的定性断点有三个：完全隶属阈值（模糊分数=0.95）、完全非隶属阈值（模糊分数=0.05）和交叉点（模糊分数=0.5）。每个变量的三个断点分别设置为样本数据的第 75 百分位、第 50 百分位和第 25 百分位。每个变量的校准断点如表 7-11 所示。

表 7-11　各变量的校准断点

变量	0.05	0.5	0.95
开行绩效	3	3.5	4.75
地方市场需求和地方政府动机	2.25	3.5	4
中央政府政策	4	5.5	6
基础设施	3.25	10.5	14.75
地理区位	1.25	2	3

7.6.2　必要条件分析

在对条件变量进行组态分析（configuration analysis）之前，需要检查单个条件变量是否是结果变量的必要条件。各单变量与结果变量的一致性得分如表 7-12 所示。

表 7-12 必要条件分析

条件变量	一致性	覆盖性
地方市场需求和地方政府动机	0.152 174	0.12 963
～地方市场需求和地方政府动机	0.858 696	0.753 817
中央政府政策	0.243 478	0.235 294
～中央政府政策	0.404 348	0.383 505
基础设施	0.704 348	0.629 126
～基础设施	0.465 217	0.533 666
地理区位	0.678 261	0.520 868
～地理区位	0.152 174	0.12 963

"～"表示变量缺失

各条件变量与结果变量的一致性得分均不大于 0.9，即中欧班列开行绩效不存在必要条件。因此，单一条件变量对中欧班列开行绩效的解释性不强。

7.6.3 组态分析

利用 fsQCA 分析了有效组态，得到了三种解：复杂解、简约解和中间解。每种解都基于对余数组合的不同处理。复杂解不纳入任何逻辑余项，中间解仅纳入符合理论方向预期和经验证据的逻辑余项，简约解纳入全部逻辑余项而不对其合理性加以评估。中间解是简约解的子集，是复杂解的超集，常常被用于 fsQCA 分析（Beynon et al.，2020）。本书将案例频率阈值设为 1，并以 0.8 作为一致性截止值。

一致性度量每个解决方案项中的成员是结果子集的程度。原始覆盖率衡量结果被每个解解释的比例。唯一覆盖率度量仅由每个单独解对结果的解释比例。解决方案覆盖率度量完整解决方案解释结果的比例。解决方案一致性度量解中的每个个体是结果中每个个体子集的程度。

组态分析结果如表 7-13 所示，有两个组态与中欧班列开行绩效相关。

表 7-13 组态分析结果

条件变量	组态	
	1	2
地方市场需求和地方政府动机	●	●
中央政府政策	●	◎
基础设施	●	◎
地理区位		◎
原始覆盖率	0.308 696	0.25

续表

条件变量	组态	
	1	2
唯一覆盖率	0.278 261	0.219 565
一致性	0.979 31	0.845 588
解决方案覆盖率	0.528 261	
解决方案一致性	0.920 455	

●表示该变量出现，◎表示该变量不出现

组态 1：Loc*Pol*Inf（*表示逻辑"与"，后同）。中欧班列开行绩效需要地方市场需求和地方政府动机、中央政府政策和基础设施，但地理区位没有明显影响。三因素组合对中欧班列开行绩效的一致性达到 0.979 31。这充分证明了案例研究的结论。典型案例有重庆、成都、武汉和郑州。

组态 2：Loc*～Pol*～Inf*～Geo。该组态表明，如果中欧班列运营城市只有市场需求，不具备政策和基础设施优势，其地理位置应远离边境（更适合沿海地区）。这也验证了本章关于地理位置影响的结论。典型案例是连云港。

本章使用案例研究来探讨中欧班列运行影响因素这个探索性问题，尽管本书严格按照案例研究的方法和步骤开展工作，但仍然存在一些局限，需要在未来继续开展以下研究。

第一，本书对研究案例都开展了现场调研和访谈，但是仍有部分资料公布不足，资料的丰富性、完整性还有待进一步提高。

第二，中欧班列开行绩效指标的内涵需要进一步完善。由于目前大多数中欧班列仍然处于亏损状态，政府部门和企业都不愿意公布盈利、财务等信息，所以本章采用了开行数量、去回程情况、开行线路数三个指标来衡量中欧班列开行绩效，后续研究可以在条件允许的情况下考虑增加财务指标来完善中欧班列开行绩效的评价。

第三，本章通过案例研究构建了中欧班列开行绩效影响因素的理论框架，以及因素之间的相互关系，未来研究考虑使用更多的案例和数据对该框架进行验证。

7.7 本 章 小 结

中欧班列开行绩效问题是目前国家、地方政府和负责班列运营的陆港公司高度关注的问题，本章采用多案例对比分析和 fsQCA 分析方法，通过对 10 条典型中欧班列进行深入分析，探索和验证了中欧班列开行绩效的主要影响因素及各因素之间的作用关系，主要结论如下。

（1）中欧班列作为一个新兴事物，其发展过程中难以找到成熟做法以供其参考，本书在充分考虑到中欧班列开行城市的全面性和代表性的同时，使用多案例研究方法探讨中欧班列开行绩效的影响因素，首次从地方市场需求和地方政府动机、中央政府政策、基础设施、地理区位等关键因素出发提出了中欧班列开行绩效影响因素的理论框架，该框架在保证研究结论普适性的同时，能够分析不同中欧班列开行绩效的差异性问题，有利于地方政府、运营企业有针对性地弥补短板，并指导中欧班列开展功能分工，推动中欧班列绩效提升。

（2）通过 10 个典型案例，对中欧班列开行绩效影响因素理论框架进行了案例研究，结果表明：中欧班列的开行绩效受到内外部许多因素影响，任何一个因素都不会单独地对中欧班列开行产生作用，而是因素之间通过相互作用和相互协同产生影响，其中地方市场需求和地方政府动机是中欧班列成功最关键的内生因素，中央政府政策定位是推动中欧班列开行绩效的外生因素，陆港基础设施对中欧班列开行绩效起到重要作用，地理区位对中欧班列开行绩效的影响不大，并且开行意愿、中央政策定位和基础设施建设对中欧班列开行绩效产生直接的正向影响。

（3）fsQCA 方法验证了中欧班列开行绩效影响因素理论框架的科学性，分析结果表明：任何单一因素对中欧班列开行绩效的解释性都不强；地方市场需求和地方政府动机、中央政府政策和基础设施三个因素的组合对中欧班列开行绩效影响具有高度解释性；如果中欧班列运行城市有高度市场需求，即使不具备政策和基础设施优势，如果选择与其地理位置相匹配的班列运行模式，也有可能取得好的开行绩效，如连云港由于其强化了海铁联运的班列运行模式，取得了很好的开行绩效。

第8章 开行中欧直达班列适应性研究

虽然很多城市都在依托陆港大力发展中欧班列，但开行绩效参差不齐，是否每个陆港所在城市都适合开行直达班列？又有哪些城市适合作为中欧班列集拼中心？因此，需要对开行班列的适应性进行深入研究。本章首先从当前班列始发城市开行直达班列的适应性内涵分析入手，构建了开行中欧直达班列的适应性指标体系，其次对开行中欧直达班列的适应性进行综合评价，并根据我国空间地理区域以及班列开行属性，从中识别出适合开行直达班列的所在城市作为区域内的集拼中心，最后提出了提升开行中欧班列适应性的政策建议（Sun et al.，2019）。

8.1 开行中欧直达班列适应性内涵及指标体系构建

8.1.1 开行中欧直达班列的适应性内涵界定

适应性一般情况下指通过生物的遗传组成赋予某种生物的生存潜力，它决定此物种在自然选择压力下的性能，通常为生态学术语。同时，适应性这一概念也被广泛应用于社会学、心理学、医学、生物学等多个领域。目前，被广泛使用的与适应性相关的观点多以瑞士著名心理学家皮亚杰的理论为基础。在该观点中，他认为适应的形成在生物学上是同化与顺应的相互平衡，而在心理学上体现为主体与客体在相互作用下的一种平衡状态。

对开行中欧班列进行适应性研究，本书借用生态学中"适应性"含义，主要指陆港所在城市开行直达班列的适应性。一般各开行班列的城市都依托陆港成立了陆港公司负责班列的运营。由于目前班列始发城市开行的中欧班列都是载物直接通往欧洲的直达货运班列，在现有货源的基础上，各陆港公司为提高自身的盈利水平，纷纷吸纳周边城市的货源。加之地方政府财政补贴的支持，各班列吸货范围半径逐渐扩大，抢货现象也随之产生。缺乏市场化运营的中欧班列，导致其满载率较低，进而增加了班列的运营成本，过度依赖政府补贴，无序竞争愈演愈烈。因此，在既有的中欧班列直达与集拼的开行模式中，探讨如何从整体有效规划班列的开行模式，以缓解其无序竞争越发严重的问题。本书主要从各始发城市是否适合开行直达班列入手，将适合开行直达班列的城市作为集拼中心，分别吸纳周边城市的货源，将集拼后的货物统一运往欧洲各国，以此提高中欧班列的整体运输效率，降低班列的运营成本，实现其可持续发展。

8.1.2　开行中欧直达班列适应性指标体系构建

中欧班列健康、有序地发展离不开充足的货源、国家政策的支持、始发城市良好的经济环境及其便利的交通环境。换言之，被确定为集拼中心的始发城市在货源、政策、经济及交通环境等方面要具有作为集拼中心的潜力与优势。若该始发城市在整体布局规划中适合作为集拼中心，则具有开行直达班列的优势。

在中欧班列运营过程中，陆港公司充当着平台作用，如重庆"渝新欧"线路的运营平台企业为渝新欧物流有限公司、武汉"汉新欧"线路的运营平台为武汉汉欧国际物流有限公司等。目前陆港公司类型各异，有国有企业、民营企业，还有地方政府主导的混合所有制形式。同时，本章选取截至 2018 年 10 月中欧班列开行的相关数据，作为后续研究的指标量化数据。因此，截至 2018 年 10 月，48个中欧班列的开行基本情况如表 8-1 所示。

表 8-1　中欧班列开行基本情况

序号	始发城市	简称	出境口岸	班列运营公司
1	重庆	渝新欧	阿拉山口、满洲里、二连浩特	渝新欧物流有限公司
2	武汉	汉新欧	二连浩特	武汉汉欧国际物流有限公司
3	成都	蓉新欧	阿拉山口	成都蓉欧快铁班列有限公司
4	郑州	郑新欧	阿拉山口	郑州国际陆港开发建设有限公司
5	苏州	苏满欧	二连浩特、满洲里	苏州综保运通国际货运代理公司
6	广州	粤满欧	满洲里	广铁集团
7	西安	"长安号"		西安国际陆港投资发展集团有限公司
8	合肥	合新欧		合肥国际内陆港发展有限公司
9	沈阳	沈满欧	满洲里	中国铁路沈阳局集团有限公司
10	宁波	甬新欧		浙江中外运有限公司宁波物流公司
11	长沙	湘欧快线	阿拉山口	湖南湘欧快线物流有限公司
12	义乌	义新欧	阿拉山口	天盟实业投资有限公司
13	连云港	连新欧	阿拉山口	连云港中哈国际物流有限公司
14	石河子	天业专用线	阿拉山口	天业集团
15	乌鲁木齐		阿拉山口	新疆中欧联合物流有限公司
16	哈尔滨	哈欧线	满洲里	哈欧国际物流股份有限公司
17	兰州	"兰州号"	阿拉山口	兰州陆港国际商贸有限公司

续表

序号	始发城市	简称	出境口岸	班列运营公司
18	青岛		满洲里	
19	库尔勒		阿拉山口	新疆冠农集团有限责任公司
20	昆明	滇新欧	阿拉山口	中铁国际多式联运有限公司昆明分公司
21	厦门	厦蓉欧	阿拉山口	厦蓉欧（厦门）快铁班列有限公司
22	长春	长满欧	满洲里	长春国际陆港发展有限公司
23	临沂	临满欧	满洲里	临沂中欧国际班列货物运输代理有限公司
24	南昌	中欧	满洲里	
25	大连		满洲里	大连港集团
26	东莞		满洲里	中国外运广东有限公司
27	南京			中集凯通江苏国际多式联运有限公司
28	营口	营满欧	满洲里	辽宁沈哈红运物流有限公司
29	西宁		阿拉山口	青藏铁路公司
30	赤峰		满洲里	赤峰铁发集团
31	天津		二连浩特	
32	乌兰察布		二连浩特	内蒙古亚欧国际物流有限责任公司
33	太原			中国铁路太原局集团有限公司
34	赣州			赣州国际陆港发展集团有限公司
35	阿克苏			
36	深圳			
37	大庆			
38	临汾			
39	格尔木			
40	济南			山东高速国储物流有限公司
41	淄博			
42	威海			
43	上海			
44	唐山		阿拉山口	
45	牡丹江			
46	鹰潭			
47	石家庄	冀西欧	阿拉山口	河北亿博西铁供应链管理有限公司
48	怀化			

注：表内信息来源为作者整理

　　本章将各中欧班列始发城市的区位优势、基础设施优势、产业优势、城市定位优势和周边竞争城市情况作为度量直达班列开行适应性的影响因素，并以此为基础综合运用改进熵的 TOPSIS 评价法、聚类分析、相应分析等方法，对中欧班列集拼中心进行筛选。其中，各维度又包含 1～3 个不同数量的子指标，共计 11 个指标。具体指标体系如下。

1. 班列始发城市的区位优势

区位优势作为一个包含自然资源、地理位置以及政治、经济、文化、教育、旅游等要素在内的综合性指标，是评价班列始发城市拓展及吸引外资能力的重要影响因素。考虑到我国中欧班列西、中、东三条路径经各口岸出境后都途经莫斯科，后分流运输货物于欧洲各国，本书主要根据全国铁路里程，整理 48 个始发城市与莫斯科间的实际铁路里程，作为量化区位优势子指标的基础数据。运输路径越短，在开行直达班列方面越具有优势。

2. 班列始发城市的基础设施优势

城市基础设施条件尤其是交通设施的完善度，直接影响各城市中欧班列的运行效率。为评价班列始发城市是否具有便利的交通网络结构，从而为班列的开行效率提供基础运力优势，本书主要考虑以公路和铁路网络连通性两个子指标来衡量班列始发城市的基础设施优势。根据我国官方网站公开的公路（高速公路网）、铁路干线与支线（铁路客户服务中心）的相关信息，梳理了经过 48 个始发城市的各公路和铁路线路数量分布状况，以此量化各班列始发城市的交通便利化程度。

3. 班列始发城市的产业优势

由于中欧班列承载着中欧贸易往来中国际陆路货运的职能，而班列的开行要考虑开行线路辐射范围内是否具有产业基础。如果班列始发城市具有产业基础，能够从所辐射的区域内组织充足的货源以保证班列的常态化运营，那么该城市就较为适合开行直达班列，从而有利于陆港公司对中欧班列的可持续运营。为评价及考量各班列始发城市是否适合开行直达班列，考虑其对外开放程度，针对中欧贸易的产值能力，本书主要考虑三个子指标：各班列始发城市的进出口贸易额之和、城市的 GDP 及其吸纳货源能力。根据 2017 年各城市国民经济和社会发展统计公报公开的相关信息，收集并整理 48 个开行中欧班列的始发城市的进出口贸易额以及各城市 GDP 的有关数据，以此量化班列始发城市的产业优势。

4. 班列始发城市的定位优势

城市定位可以反映一个城市的经济发展层级水平，体现一个城市在国家整体规划中的重要程度，而经济发展水平较高、交通更为便利的城市更有利于中欧班列的运行。借鉴国家政策文件《中欧班列建设发展规划（2016—2020 年）》中规划的相关内容，梳理班列始发城市的定位优势涉及的因素主要有：是否已经是内陆货运枢纽或铁路枢纽、是否被列入国家物流规划节点名单、是否被列为省会城市或地级城市等属性。本书对城市定位优势的指标主要考虑以下三个子指标：城市行政级别、国家物流规划节点级别以及中欧班列枢纽节点城市。根据《全国物流节点城市布局规划（2015—2020 年）》与《中欧班列建设发展规划（2016—2020 年）》文件中对各城市所具有的物流节点、内陆货源节点、铁路枢纽节点、沿海重要港口节点、沿边陆路口岸节点等城市属性的定位，整理了 48 个班列始发城市的属性特点，且三个子指标属于平行关系，其评分原则之间不存在交叉关系。因此，每个子指标独立地被赋予不同等级的得分。在第一个子指标（即班列始发城市的行政级别）中，48 个始发城市主要包括地级市、省会城市和直辖市。根据等级大小对其赋分，即地级市得 1 分，省会城市得 2 分，直辖市得 3 分。对于第二个子指标（国家物流规划节点级别），根据《全国物流节点城市布局规划（2015—2020 年）》，国家物流规划节点包括国家级和区域级物流节点。区域级物流节点得 1 分，国家级物流节点得 2 分。对于第三个子指标（中欧班列枢纽节点城市），由于中欧班列枢纽节点包括内陆货源节点、铁路枢纽节点、沿海重要港口节点、边境和内陆枢纽节点，且四类枢纽节点之间不存在等级差异，因此对属于各中欧班列枢纽节点的城市分别计 1 分，并累计其综合得分。

5. 班列始发城市的周边竞争城市情况

班列间为吸纳货源存在着激烈的竞争，周边班列始发城市的开行情况对自身的发展产生重要的影响。因此，本书主要考虑了周边竞争城市数量以及竞争城市分布密度（即在始发城市辐射范围内的其他城市分布的稠密程度）两个子指标。根据封磊（2013）和李泽文（2018）对城市经济腹地和吸引货源范围的划分方式，本书采用距始发城市 500 公里范围内开行中欧班列的城市数量，以及在辐射范围内的其他城市与始发城市的最短距离之和来量化该维度指标。

综上所述，班列始发城市开行直达班列适应性的具体指标如表 8-2 所示。

表 8-2　班列始发城市开行直达班列适应性指标体系

维度	指标	量化方法
区位优势	运行最短距离	i 城市到出境口岸与出境口岸到莫斯科最短铁路里程之和
基础设施优势	公路网络连通性	通过 i 城市的高速公路数量与国道线路数量之和
	铁路网络连通性	通过 i 城市的铁路干道数量之和
产业优势	各城市进出口贸易额之和	i 城市进出口贸易额之和
	各城市 GDP	i 城市 GDP
	吸纳货源能力	i 城市 500 公里范围内始发城市的进出口贸易额总和

维度	指标	量化方法
城市定位优势	城市行政级别	直辖市赋 3 分、省会城市赋 2 分、地级市赋 1 分
	国家规划物流节点级别	国家级物流节点城市赋 2 分、区域级的赋 1 分
	中欧班列枢纽节点城市	内陆货源节点、铁路枢纽节点、沿海重要港口节点、沿边陆路口岸节点分别赋 1 分，累计 i 城市所属枢纽节点的综合得分
周边竞争城市情况	竞争城市数量	i 城市 500 公里范围内始发城市的数量
	竞争城市分布密度	i 城市 500 公里范围内的其他开行城市与 i 城市的最短运输距离之和

注：i 城市为我国开行中欧班列的始发城市

8.2　中欧班列集拼中心的筛选与确定

8.2.1　中欧班列集拼中心的筛选原则、标准与步骤

货运集拼中心具有整合区域货物资源，提高班列运输服务效率，优化全国物运网络布局等功能，其与班列始发城市的区位条件、交通情况、集货能力以及未来发展定位等均有密切关系。通过以下筛选原则与标准，按照五步筛选流程确定中欧班列集拼中心。

1. 筛选原则

考虑中欧班列集拼中心的均衡布局、吸纳货源范围、投入成本以及货运量等因素，结合我国华北、华南、华中、华东、西南、西北和东北七大地理地区的划分方式，现将我国七个地理区域合并为两个较大的区域：中西部地区（中国中部、西南部和西北部地区）和东部地区（中国东部、南部、北部和东北部地区）。中国西北和西南的地理区域几乎占我国国土面积的一半；华中地区原产地城市分布密集，货物相对集中；在我国东部、南部、北部和东北部，始发城市多为沿海城市，具有海铁联运的自然优势。考虑到中欧班列集拼中心的均衡布局和我国区域分布特点，提出了集拼中心的筛选原则：中西部各个子地区内分别选择两个集拼中心，东部地区的各个子地区内分别选取一个集拼中心。

2. 筛选标准

依据筛选的重要程度依次列出以下筛选标准。

标准 1：基于班列始发城市的地理区域因素、班列的开行属性，结合对班列始发城市开行直达班列适应性的综合排名，确定集拼中心备选城市。

标准 2：在标准 1 的基础上，满足以下条件之一的备选城市被直接确定为集

拼中心。

（1）在中西部地区，如果每个子地区内存在一个或两个同时满足地理区域因素和班列开行属性的始发城市，则将该始发城市直接确定为集拼中心。

（2）在东部地区，如果每个子地区内仅有一个同时满足地理区域因素和班列开行属性的始发城市，则将该始发城市直接确定为集拼中心。

标准 3：对剩余地区未直接筛选出集拼中心的备选城市，运用相应分析确定其集拼中心。

3. 筛选步骤

步骤 1：通过改进熵的 TOPSIS 评价法，对 48 个开行中欧直达班列的始发城市的适应性进行排名。

步骤 2：基于区域因素筛选备选集拼中心。根据标准 1，结合步骤 1 的排名结果，将中西部地区各子地区内排名前三以及东部地区各子地区内前两名的城市作为备选集拼中心。

步骤 3：同时基于班列开行属性筛选备选集拼中心。同样根据标准 1，首先采用聚类分析对 48 个始发城市进行分类，其次结合步骤 1 的排名结果，将各类别中排名第一的始发城市作为备选集拼中心。

步骤 4：根据标准 2，分别确定中西部地区和东部地区在满足筛选标准下的集拼中心。

步骤 5：对未确定集拼中心以及集拼中心数量不足的区域，运用相应分析法选取各区域综合得分最高的备选城市作为集拼中心。总体来说，对中欧班列集拼中心的筛选分为三个阶段，共包含 5 个步骤，具体筛选流程如图 8-1 所示。

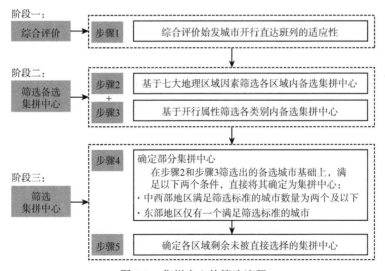

图 8-1　集拼中心的筛选流程

8.2.2　开行中欧直达班列的适应性评价

为解决中欧班列出现的去程货源不足、班列运力悬殊、无序竞争等问题，以提高班列的综合运力，降低成本投入损耗，首先基于构建的指标体系，运用改进熵的 TOPSIS 法对班列始发城市开行直达班列的适应性进行综合排名，为后续集拼中心的确定奠定基础。本书采用的改进熵的 TOPSIS 评价法具体步骤如下。

（1）列出原始矩阵，对于 m 个样本，n 个指标的原始数据，可以表示为

$$A = \begin{bmatrix} x_{11} & \cdots & x_{1j} & \cdots & x_{1n} \\ \vdots & & \vdots & & \vdots \\ x_{i1} & \cdots & x_{ij} & \cdots & x_{in} \\ \vdots & & \vdots & & \vdots \\ x_{m1} & \cdots & x_{mj} & \cdots & x_{mn} \end{bmatrix} = (x_{ij})_{m \times n} \tag{8-1}$$

（2）无量纲化处理，根据决策矩阵的每个影响因素指标自身属性，分别对权益性指标做变换 $x_{ij} = \begin{cases} \dfrac{a_{ij} - a_{j\min}}{a_{j\max} - a_{j\min}}, & a_{j\max} \neq a_{j\min} \\ 1, & a_{j\max} = a_{j\min} \end{cases}$ ；对成本性指标做变换

$x_{ij} = \begin{cases} \dfrac{a_{i\max} - a_{ij}}{a_{j\max} - a_{j\min}}, & a_{j\max} \neq a_{j\min} \\ 1, & a_{j\max} = a_{j\min} \end{cases}$ 。

（3）对变换指标后的决策矩阵进行归一化处理：

$$A' = \begin{bmatrix} x'_{11} & \cdots & x'_{1j} & \cdots & x'_{1n} \\ \vdots & & \vdots & & \vdots \\ x'_{i1} & \cdots & x'_{ij} & \cdots & x'_{in} \\ \vdots & & \vdots & & \vdots \\ x'_{m1} & \cdots & x'_{mj} & \cdots & x'_{mn} \end{bmatrix} = (x'_{ij})_{m \times n} \tag{8-2}$$

其中，

$$x'_{ij} = \frac{x_{ij}}{\sum\limits_{i=1}^{m} x_{ij}} \tag{8-3}$$

（4）计算指标信息的熵值：

$$e_j = -k \sum_{i=1}^{m} \left(x'_{ij} \times \ln x'_{ij} \right) \tag{8-4}$$

其中，

$$k = \frac{1}{\ln m} \tag{8-5}$$

（5）计算指标的权重，构建加权矩阵：

$$w_j = \frac{g_j}{\sum_{j=1}^{n} g_j} = \frac{1-e_j}{\sum_{j=1}^{n} \left(1-e_j\right)} \tag{8-6}$$

其中，g_j 为第 j 项指标的差异系数。

权重确定后，以它们为主对角线上的元素构造主对角矩阵：

$$W = \begin{bmatrix} w_1 & & \\ & \ddots & \\ & & w_j \end{bmatrix} \tag{8-7}$$

其加权矩阵为

$$\text{YW} = \left(y_{ij}\right)_{m \times n} = \begin{bmatrix} w_1 x'_{11} & w_2 x'_{12} & \cdots & w_n x'_{1n} \\ w_1 x'_{21} & w_2 x'_{22} & \cdots & w_n x'_{2n} \\ \vdots & \vdots & & \vdots \\ w_1 x'_{m1} & w_2 x'_{m2} & \cdots & w_n x'_{mn} \end{bmatrix} \tag{8-8}$$

其中，

$$y_{ij} = w_j \cdot x'_{ij} \tag{8-9}$$

（6）确定参考样本：

参考样本的最大值构成最优样本，最优样本点为

$$Y^+ = \left(y_1^+, y_2^+, \cdots, y_n^+\right), y_j^+ = \max_{1 \leqslant i \leqslant m} \left\{y_{ij}\right\} \tag{8-10}$$

参考样本的最小值构成最劣样本，最劣样本点为

$$Y^- = \left(y_1^-, y_2^-, \cdots, y_n^-\right), y_j^- = \min_{1 \leqslant i \leqslant m} \left\{y_{ij}\right\} \tag{8-11}$$

（7）计算距离：为了综合考虑样本点到最优样本点和最劣样本点的距离，需计算样本点在最优样本点和最劣样本点间连线的射影。

$$C^* = \frac{\left(Y_i - Y^-\right)^\top \cdot \left(Y^+ - Y^-\right)}{\left\|Y^+ - Y^-\right\|} = \frac{\sum_{j=1}^{n}\left(y_{ij} - y_j^-\right)\left(y_j^+ - y_j^-\right)}{\sqrt{\sum_{j=1}^{n}\left(y_j^+ - y_j^-\right)^2}} \tag{8-12}$$

其中，C^* 越大，样本越好。结合本书的研究对象，C^* 越大，表示该陆港公司越适合开行直达班列。

根据对 48 个班列始发城市的综合分析，初步得到始发城市开行直达班列的适应性排名，按首趟班列开通时间的先后顺序排列，得到开行直达班列适应性的排名结果如表 8-3 所示。

表 8-3　班列始发城市开行直达班列适应性排名

序号	始发城市	所属省区市	开行时间	D_i^+	D_i^-	C_i	排名
1	重庆	重庆	2011.3	0.1847	0.2336	0.5584	2
2	武汉	湖北	2012.10	0.1789	0.1808	0.5027	6
3	成都	四川	2013.4	0.1959	0.1962	0.5003	7
4	郑州	河南	2013.7	0.1986	0.1916	0.4911	8
5	苏州	江苏	2013.9	0.2363	0.1377	0.3682	33
6	广州	广东	2013.10	0.1973	0.1815	0.4791	10
7	西安	陕西	2013.11	0.1992	0.1790	0.4732	11
8	合肥	安徽	2014.6	0.2142	0.1897	0.4698	12
9	沈阳	辽宁	2014.8	0.2072	0.1644	0.4425	13
10	宁波	浙江	2014.8	0.2306	0.1366	0.3720	31
11	长沙	湖南	2014.10	0.2143	0.1640	0.4336	15
12	义乌	浙江	2014.11	0.2729	0.1223	0.3095	47
13	连云港	江苏	2015.2	0.2302	0.1682	0.4221	17
14	石河子	新疆	2015.3	0.2735	0.1885	0.4080	19
15	乌鲁木齐	新疆	2015.6	0.2314	0.2131	0.4794	9
16	哈尔滨	黑龙江	2015.6	0.2293	0.1578	0.4076	20
17	兰州	甘肃	2015.7	0.2318	0.1789	0.4355	14
18	青岛	山东	2015.7	0.2218	0.1481	0.4004	23
19	库尔勒	新疆	2015.7	0.2753	0.1714	0.3838	27
20	昆明	云南	2015.7	0.2567	0.1589	0.3823	29
21	厦门	福建	2015.8	0.2252	0.1532	0.4048	22
22	长春	吉林	2015.8	0.2326	0.1469	0.3871	26
23	临沂	山东	2015.10	0.2624	0.1312	0.3334	39

续表

序号	始发城市	所属省区市	开行时间	D_i^+	D_i^-	C_i	排名
24	南昌	江西	2015.11	0.2292	0.1424	0.3832	28
25	大连	辽宁	2015.11	0.2508	0.1269	0.3360	37
26	东莞	广东	2016.4	0.2427	0.1245	0.3390	35
27	南京	江苏	2016.6	0.1812	0.2051	0.5309	4
28	营口	辽宁	2016.8	0.2509	0.1199	0.3234	42
29	西宁	青海	2016.8	0.2508	0.1767	0.4134	18
30	赤峰	内蒙古	2016.9	0.2576	0.1208	0.3194	43
31	天津	天津	2016.11	0.1754	0.2409	0.5787	1
32	乌兰察布	内蒙古	2017.1	0.2745	0.1238	0.3108	46
33	太原	山西	2017.2	0.2143	0.1616	0.4299	16
34	赣州	江西	2017.4	0.2381	0.1345	0.3610	34
35	阿克苏	新疆	2017.5	0.2760	0.1898	0.4074	21
36	深圳	广东	2017.5	0.2295	0.1500	0.3953	24
37	大庆	黑龙江	2017.6	0.2593	0.1304	0.3347	38
38	临汾	山西	2017.7	0.2599	0.1243	0.3234	41
39	格尔木	青海	2017.8	0.2877	0.1470	0.3382	36
40	济南	山东	2017.8	0.1967	0.2167	0.5242	5
41	淄博	山东	2017.8	0.2646	0.1235	0.3183	44
42	威海	山东	2017.9	0.2470	0.1570	0.3886	25
43	上海	上海	2017.12	0.1736	0.2189	0.5577	3
44	唐山	河北	2018.4	0.2367	0.1394	0.3706	32
45	牡丹江	黑龙江	2018.5	0.2613	0.1294	0.3312	40
46	鹰潭	江西	2018.5	0.2791	0.1267	0.3122	45
47	石家庄	河北	2018.6	0.2324	0.1425	0.3801	30
48	怀化	湖南	2018.6	0.2867	0.1065	0.2709	48

由表 8-3 可知：首先，综合排名位居前列的城市中，如重庆、成都、济南、郑州、武汉等均处于我国中部地区，便于辐射全国货源；乌鲁木齐靠近阿拉山口口岸，享有天然的区位优势；而同样位居前列的天津、上海、广州、南京则皆分布在我国沿海地区，虽然距离国际货运大通道出境口岸较远，但其基础设施完善，同时具有海陆联运组织优势与能力，可有效吸纳周边更多货源，初步说明这些城市较为适合开行直达班列。其次，结合《中欧班列建设发展规划（2016—2020 年）》对中欧班列各枢纽节点的规划中都涉及了重庆、天津、南京、成都、济南、广州、乌鲁木齐、郑州、武汉等城市，由此进一步说明综合排名靠前的始

发城市对于开行直达班列更具优势。

8.2.3　中欧班列集拼中心的确定

1. 基于区域因素筛选备选集拼中心

由于排名靠前的城市中，重庆、成都、济南、郑州、武汉等都集中分布在我国中部地区，而上海、南京又同属我国东南沿海地区，如果仅将这些位居前列的城市直接选为集拼中心，集中分布的城市间仍会存在恶性竞争，进而引发整体运行绩效不佳、浪费投入资源等重大问题。

考虑到 48 个始发城市遍及我国整个疆域，依据我国七大地理地区的空间划分范围（所包含的开行中欧班列的城市如表 8-1 所示），在满足筛选原则的基础上，增加备选城市的数量，此时结合表 8-3 的综合排名结果，将中西部地区排名前三的城市以及东部地区排名前两位的城市作为备选集拼中心。具体筛选结果及其空间分布如表 8-4 所示。

表 8-4　中欧班列始发城市所属的地理区位

地理区域	包含城市
华北	**天津**、**太原**、**石家庄**、唐山、临汾、乌兰察布
华南	**广州**、**深圳**、东莞
华东	**上海**、**南京**、济南、合肥、连云港、厦门、青岛、威海、南昌、宁波、苏州、赣州、临沂、淄博、鹰潭、义乌
华中	**武汉**、**郑州**、**长沙**、怀化
西南	**重庆**、**成都**、**昆明**
西北	**乌鲁木齐**、**西安**、**兰州**、西宁、石河子、阿克苏、库尔勒、格尔木
东北	**沈阳**、**哈尔滨**、长春、大连、大庆、牡丹江、营口、赤峰

注：黑体表示筛选出的备选集拼中心

2. 基于班列的开行属性筛选备选集拼中心

依据各城市开通直达班列的影响因素，即初始构建的指标体系，采用聚类分析对目前 48 个中欧班列始发城市进行分类，以逐次聚合的方式将变量观察值分组。以聚类重新标定距离（rescaled distance cluster combine，RDCC）计算各开行城市之间的距离，并采用基于 Z-得分转换的组间连接的聚类方法，度量标准采用平方欧几里得距离。具体步骤如下。

步骤 1：总共有 48 个中欧班列始发城市，将每个城市独自聚成一类，共有 48 类。

步骤 2：根据所确定城市的"距离"公式，把距离较近的两个城市聚合为一类，其他的城市仍各自聚为一类，共聚成 47 类。

步骤 3：将新聚成的 47 类中"距离"最近的两个类进一步聚成一类，共聚成 46 类；重复以上步骤，直至将所有中欧班列始发城市聚成一类。最终由谱系图直观地反映分类结果。

为确定最优的聚类簇个数，在聚类分析前，本书首先分别计算出将聚类数 K 设定为 2～10 时的轮廓系数，轮廓系数对应的簇个数即为最优的聚类数量，具体结果如图 8-2 所示。

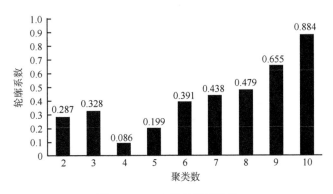

图 8-2　2～10 类的轮廓系数

由图 8-2 可知，当 K=10 时，此时的轮廓系数为 0.884，是聚类数 2～10 中最大的轮廓系数。因此，将 48 个中欧班列始发城市分为 10 类时的效果最佳。具体聚类结果如图 8-3 所示。

基于图 8-3 对 48 个班列始发城市的Ⅰ、Ⅱ、Ⅲ、……、Ⅹ聚类划分结果，得到每个类别中所包含的城市，如表 8-5 所示。其中，在综合排名前十位的城市中，同属第Ⅷ类的只有郑州、天津、济南 3 个城市；此外，武汉、成都、重庆同属于第Ⅸ类。由此说明，排名靠前的城市依然会同时存在于同一类别中，即具有相似的开行属性。为避免仅将排名靠前的城市作为集拼中心所带来的城市集中分布，进而导致无序竞争等问题，根据聚类分析结果，结合对 48 个始发城市的综合排名，在聚类Ⅰ～Ⅹ的每一类中分别将排名第一的城市确定为备选集拼中心。最终筛选结果依次为：Ⅰ类中的石河子；Ⅱ类中的南京；Ⅲ类中的厦门；Ⅳ类中的威海；Ⅴ类中的连云港；Ⅵ类中的广州；Ⅶ类中的上海；Ⅷ类中的天津；Ⅸ类中的重庆以及Ⅹ类中的乌鲁木齐。

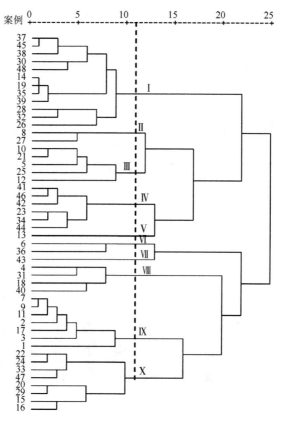

图 8-3 中欧班列始发城市的类别划分

表 8-5 中欧班列始发城市的聚类结果

聚类类别	包含城市
I	大庆、牡丹江、临汾、赤峰、怀化、**石河子**、库尔勒、阿克苏、格尔木、营口、乌兰察布、东莞
II	合肥、**南京***
III	宁波、**厦门**、苏州、大连、义乌
IV	淄博、鹰潭、**威海**、临沂、赣州、唐山
V	**连云港**
VI	**广州***、深圳
VII	**上海***
VIII	郑州*、**天津***、青岛、济南*
IX	西安、沈阳、长沙、武汉*、兰州、成都、**重庆***
X	长春、南昌、太原、石家庄、昆明、西宁、**乌鲁木齐***、哈尔滨

注：黑体表示筛选出的备选集拼中心；*表示综合排名前十的中欧班列始发城市

3. 集拼中心的最终确定

根据前文区位因素和开行属性筛选出的集拼中心备选城市，进一步通过计算得分筛选并确定部分集拼中心，结果如表 8-6 所示。

表 8-6 集拼中心的初步筛选

城市	所属地理区域	地理区域筛选结果	聚类分析筛选结果	总分
天津	华北	*	*	**
太原		*		*
南京	华东	*	*	**
上海		*	*	**
连云港			*	*
厦门			*	*
威海			*	*
深圳	华南	*		*
广州		*	*	**
沈阳	东北	*		*
哈尔滨		*		*
成都	西南	*		*
重庆		*	*	**
昆明		*		*
乌鲁木齐	西北	*	*	**
兰州		*		*
西安		*		*
石河子			*	*
郑州	华中	*		*
武汉		*		*
长沙		*		*

注：*表示满足某筛选标准被选中为集拼中心，黑体为满足筛选标准被直接确定的集拼中心

根据表 8-6 可知，在两种划分方式下，入选的所有集拼中心备选城市共有 21 个。根据筛选原则与标准 2，每个地区进行集拼中心筛选的结果为：首先，由于东部各地区最终只选择一个集拼中心，此时，华北地区的天津和华南地区的广州同时具有区域和开行属性，因此直接被确定为该区域的集拼中心；其次，在中西部各地区可直接确定为集拼中心的城市为西南地区的重庆和西北地区的乌鲁木齐；最后，对剩余未直接确定集拼中心的华东、东北、华中地区，以及筛选数量不足的西南、西北地区内存在的集拼中心备选城市，进行进一步的对比分析。截至目前确定的集拼中心共有 4

个：天津、广州、重庆和乌鲁木齐，且分别属于华北、华南、西南和西北地区。

基于以上剩余区域的集拼中心备选城市，本书进一步采用相应的分析方法从对定性变量定量化的角度对多个备选集拼中心进行量化比对及分析。该方法建立在因子分析的基础之上，是 R 型因子分析和 Q 型因子分析的结合，针对两种定性变量（因素）的多种水平间进行相应性研究。主要目的是从两个定性变量列联表中提取信息，将变量内部各水平之间的联系运用概述行点信息表反映出来。通过对备选城市在区域内的主要影响因素进行判别，从而确定各地区最终的集拼中心，以确保满足筛选原则并保障整体分析的严谨性和逻辑性。具体步骤如下。

步骤 1：由原始列联表数据计算规格化的概率意义上的列联表。

步骤 2：计算 Z 矩阵。

步骤 3：由 Σ_r 或 Σ_c 出发进行 R 型因子分析或 Q 型因子分析，并由 R（或 Q）型因子分析的结果推导出 Q（或 R）型因子分析的结果。

步骤 4：根据相应分析结果的概述行点信息表中"贡献"指标下的"点对维惯量"（表示的是行点在该维度上的贡献度）和"维度得分"（表示行点在该维度上相应的得分）的相关信息，以"点对维惯量"的指标值和在该维度上相应得分乘积的综合最大得分值确定集拼中心。其中，行点即为判别主体，本书中该行点表示剩余未被确定集拼中心的西北、华中、华东、西南和东北五个区域内所包含的备选城市，具体结果如表 8-7 所示。

表 8-7　西北、华中、华东、西南、东北地区内班列始发城市相应分析概述行点表

地区	城市	点对维惯量		维度得分		综合得分
		1	2	1	2	
华东	南京	−0.744	0	0.610	0	−0.454
	上海	**0.476**	**0**	**0.390**	**0**	**0.186**
东北	沈阳	−0.367	0	0.499	0	−0.183
	哈尔滨	**0.370**		**0.501**	**0**	**0.185**
西南	**成都**	**0.438**	**0**	**0.378**	**0**	**0.165**
	昆明	−0.721	0	0.622	0	−0.449
西北	兰州	−0.293	0.332	0.079	0.608	0.179
	西安	**0.521**	**−0.095**	**0.407**	**0.081**	**0.204**
	石河子	−1.005	−0.318	0.515	0.311	−0.616
华中	武汉	0.009	−0.373	0.000	0.620	−0.231
	郑州	**0.445**	**0.236**	**0.485**	**0.203**	**0.264**
	长沙	**−0.461**	**0.222**	**0.514**	**0.177**	**−0.198**

注：黑体为选定集拼中心的城市

步骤 5：通过二维图对筛选的集拼中心进行可视化展示，如图 8-4 所示。其中，维度 1、维度 2 分别表示城市属性（城市开行直达班列的适应性程度）和指标属性（初始构建的各指标对城市开行直达班列的影响程度）。在各维度上，得分越大，表明该城市开行直达班列的适应性越强，综合两个维度，可将整体图形分为 I、II、III、IV 四个区域，显然位于 I 区域的城市最适合开行直达班列，其次是 II、IV 区域，区域 III 内的城市最不适合开行直达班列。

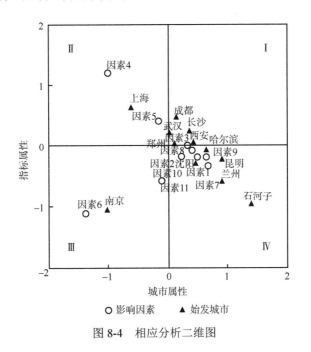

图 8-4 相应分析二维图

图 8-4 中的指标含义：因素 1 是始发城市到境外城市（莫斯科）的最短运行距离；因素 2 是公路网络连通性；因素 3 是铁路网络连通性；因素 4 是始发城市的进出口贸易总额；因素 5 是始发城市的 GDP；因素 6 是始发城市吸纳货源的能力；因素 7 是城市行政级别；因素 8 是国家物流规划节点级别；因素 9 是中欧班列枢纽节点城市；因素 10 是周边竞争城市数量；因素 11 是周边竞争城市的分布密度。

首先，由表 8-7 可知，在西北地区，西安的综合得分为 0.204，高于兰州和石河子的 0.179 和−0.616。在华中地区，综合得分由高及低的城市依次为郑州、长沙、武汉，在满足筛选原则的情况在，此时该区域确定的集拼中心为郑州和长沙。相应地，在华东地区，上海的综合得分为 0.186，明显高于南京的−0.454。西南地区中，成都和昆明的综合得分分别是 0.165 和−0.449，显然成都的开行优势更明显。在东北地区，综合得分是−0.183 的沈阳低于哈尔滨，说明其开行直达班列的优势相对较弱。其次，由图 8-4 也可清晰地看出，成都、长沙、西安、郑州都位于第 Ⅰ 象限内，上海和哈尔滨分别位于第 Ⅱ、Ⅳ 象限，且开行直达班列的优势明显优于同地区中的南京和沈阳，因此，最终依据相应分析在剩余区域内确定的集拼中心分别为：西安、郑州、长沙、上海、成都和哈尔滨。

综上所述，在 48 个开行中欧班列的始发城市中，最终将华北地区的天津、华南地区的广州、华东地区的上海、华中地区的郑州和长沙、西南地区的重庆和成都、西北地区的西安和乌鲁木齐、东北地区的哈尔滨确定为集拼中心。

4. 中欧班列集拼网络构建

构建集拼网络的前提是规划中欧班列的集拼路径，筛选集拼中心是集拼路径规划的关键。基于上述集拼中心的筛选结果，为避免中转班列在选择集拼中心进行集货时增加不必要的货运成本，根据《国家物流枢纽布局和建设规划》确定 500 公里的运输范围标准，本书采用从班列始发城市至集拼中心最短公路距离 500 公里的标准来规划集拼路径。同时，对于相距 500 公里以上的特殊城市（如阿克苏、昆明、格尔木等），也采用最短公路距离标准选择其集拼方案。具体的集拼网络如表 8-8 所示。

表 8-8　集拼网络

集拼中心	集拼网络范围内的始发城市
乌鲁木齐	石河子、库尔勒、阿克苏
西安	兰州、临汾、西宁
郑州	太原
长沙	武汉、南昌、鹰潭、怀化
重庆	昆明
成都	格尔木
上海	连云港、合肥、南京、苏州、宁波、义乌
广州	赣州、厦门、东莞、深圳
天津	赤峰、乌兰察布、营口、唐山、石家庄、济南、淄博、威海、大连、青岛、临沂
哈尔滨	大庆、牡丹江、长春、沈阳

目前，在已有的 48 个班列始发城市中，筛选出 10 个始发城市作为集拼中心，其各城市的陆港公司开行直达班列进行国际货物运输服务。其余始发城市的陆港公司开行中转班列，将货物运输至规划方案中的集拼中心处，满载后由集拼中心统一运往欧洲各国。通过对当前中欧班列物运网络的优化，可有效提高中欧班列的满载率，增加陆港公司运营时的经济效益，同时减少始发城市间陆港公司的恶性竞争。

8.3　提升开行中欧直达班列适应性的政策建议

本章研究发现，班列始发城市的宏观适应性对陆港公司开行直达中欧班列以及建设中欧班列集拼中心都有直接的影响。对于中欧班列运营方的陆港公司，需从多方面提升其开行适应性，确保中欧班列高质量发展。

8.3.1　提升交通物流基础设施能力

1. 优化网络布局，提高物流承载能力

公路与铁路网络的连通性是影响开行中欧班列适应性的重要因素。班列始发城市应该加大铁路与公路网络的基础设施建设投入力度，提升公路、铁路等级和承载能力，加快铁路货运网络建设，增强陆港与外部的连接便利度。如果班列始发城市有水运通路，更应加强公铁水多式联运体系建设。

2. 强化节点国际业务服务功能，提升物流竞争力

陆港是边境、沿海港口功能在内陆的延伸，因此需要陆港尽可能完善其节点国际业务服务功能。对于开行中欧班列的陆港来说，其不仅应具有普通物流园区的基本功能，还应具有保税、仓储、海关、边检、商检、检疫、结汇银行、保险公司、船务市场及船运代理等国际港口所具有的资质和服务功能，并应不断提升这些功能能级与业务效率。

3. 引导企业改革，提高物流运营效率

积极培育一批具有国际竞争力的物流企业，在税收、融资、贷款等方面给予政策支持，鼓励这些企业积极进行设备升级、技术升级和服务升级，尤其是提升其开展国际物流业务的水平；加大信息化投入，推动中欧班列陆港信息化平台建设，推动物流企业数字化改革和转型发展，提升整体物流运营效率。

8.3.2　推动产业升级转型

1. 积极扩大进出口贸易

积极参与"一带一路"国际合作，充分利用国家多边、双边经贸合作机制的作用，扩大班列始发城市的贸易规模；充分利用好国家自由贸易区和自贸试验区

有关政策，积极引导区域内企业充分利用国家已签订的多边、双边自贸协定优惠安排，积极扩大进口；创新进口贸易方式，推动跨境电商、市场化采购等新型贸易业态发展，提高班列始发城市进口规模和中欧班列回运货运量。

2. 推动制造业转型升级

增加与陆港所在城市产业关联度高并有助于优势产业转型发展的技术装备进口，鼓励探索"进口+制造"和"进口+研发"等模式，促进传统产业转型升级。加强与欧洲先进制造企业的合作，生产高附加值、适合欧洲用户需求的产品，通过中欧班列把产品运回欧洲消费。

8.3.3　加强中欧班列联动发展

1. 推动陆港公司所在都市圈经济发展

积极推动以班列始发城市为中心的都市圈发展，加快都市圈区域连通的交通基础设施建设，促进劳动力、资本、技术等要素自由流动，以功能定产业、以产业引人口、优化人口的空间分布格局、重视公共服务对人口流动的影响以及均等化建设，尤其重视都市圈外向型经济发展和集散服务型经济业态发展。

2. 加大班列始发城市跨区域协同机制建设

以机制建设为核心抓手，推动中欧班列区域联动发展。在跨区域层面上各班列始发城市共同编制中欧班列专项规划，推动周边区域中欧班列开行数量和开行频率提升；建立中欧班列跨区域对接机制，搭建区域联动平台，建立资源共享、信息互通的对接机制；促进中欧班列联盟式发展，通过整合周边区域的中欧班列及货源资源，形成区域性中欧班列联盟，减少中欧班列过度竞争；建立问题协调处理机制，对区域内中欧班列发展问题进行统一协调。

8.4　本 章 小 结

目前班列始发城市是否适合开行直达班列，又有哪些开行直达班列的始发城市适合作为中欧班列集拼中心，本章对中欧直达班列适应性问题进行了研究。首先阐述适应性的内涵，并构建了直达班列适应性评价指标体系，其次综合运用改进熵的 TOPSIS 评价法、聚类分析和相应分析方法，筛选和确定了适合作为集拼中心的班列始发城市，并规划了其集拼路径，最后提出了提升开行中欧直达班列适应性的政策建议。主要结论如下。

（1）从各中欧班列始发城市的区位优势、基础设施优势、产业优势、城市定位优势和周边城市竞争情况 5 个关键维度构建了度量直达班列开行适应性的影响因素，制定了中欧班列集拼中心的筛选原则、标准与步骤，并运用 TOPSIS 评价法对 48 个班列始发城市开行直达班列适应性进行了排名，排名靠前的始发城市适合作为集拼中心，而排名靠后的始发城市不适合开行直达班列，应通过周边的集拼中心开行中转班列。

（2）从班列始发城市的空间均衡分布角度，结合其区域因素和班列开行属性的分析，采用聚类分析和相应分析等方法，确定在 48 个始发城市中，天津、广州、重庆、成都、乌鲁木齐、西安、郑州、长沙、上海和哈尔滨 10 座城市最适合作为集拼中心，开通直达班列与欧洲各国进行点对点服务，其余各城市开行中转班列将货物按规划出的集拼路径方案运输至各集拼中心，由直达班列满载后统一运往欧洲各国。

第9章 上海发展中欧班列的瓶颈、思路与对策研究

上海正在加快国际经济、金融、贸易、航运和科技创新中心建设，大力发展中欧班列，加快陆域通道建设，推进"路""带"并举，这对新时代上海全方位扩大对外开放，落实双循环发展战略，强化"一带一路"建设桥头堡作用意义重大。本章首先分析了上海中欧班列发展现状以及上海与"丝绸之路经济带"沿线三大区域国际贸易现状，进而分析了上海发展中欧班列的可行性和必要性，接着从共识、货源、政策、基础设施、规则五个方面分析上海发展中欧班列面临的主要瓶颈问题，最后提出了促进上海发展中欧班列的思路和对策措施。

9.1　上海中欧班列发展现状分析

9.1.1　"一带一路"倡议对上海的新要求

2019 年 10 月，国务院批复关于长三角生态绿色一体化发展示范区总体方案①，2019 年 11 月 1 日，长三角生态绿色一体化发展示范区正式揭牌②，标志着长三角一体化进入加速发展期。2019 年 8 月，上海自贸区再次扩容，标志着中国已从"加入全球化"迈向"引领全球化"。2019 年 11 月，第二届中国国际进口博览会（简称进博会）召开，进博会常态化标志着中国从"卖全球"进入"买全球"时代。2020 年 11 月 5 日，在新冠肺炎疫情仍在全球蔓延，世界经济面临严重衰退风险的形势下，第三届进博会如期召开，更彰显了中国扩大开放的决心。这些重大政策的实施给上海经济社会发展带来重大机遇的同时，也对上海"一带一路"建设提出了新的要求。

自 2013 年习近平提出"一带一路"倡议以来，上海积极参与"一带一路"建设，并取得显著成果。2020 年上海市累计实现外贸进出口总额 34 828.47 亿元，同比增长 2.3%，其中，与"一带一路"沿线国家和重要节点城市的货物贸易额占

---

① 《国务院关于长三角生态绿色一体化发展示范区总体方案的批复（国函〔2019〕99 号）》，http://www.gov.cn/zhengce/content/2019-10/29/content_5446300.htm。

② 《横跨沪苏浙 长三角生态绿色一体化发展示范区揭牌》，http://www.gov.cn/xinwen/2019-11/01/content_5447692.htm。

比达 22.5%。无论是实际参与还是潜在影响，"一带一路"倡议的实施都会对上海市未来经贸发展产生深远影响。2017 年 7 月，上海航运交易所正式发布"一带一路"航贸指数，该指数已经成为反映"一带一路"沿线国家经贸往来的"晴雨表"和运输合同的运费结算工具。2017 年 10 月发布的《上海服务国家"一带一路"建设发挥桥头堡作用行动方案》明确指出上海在"一带一路"建设中需要发挥联动东中西发展、扩大对外开放的新枢纽作用。目前，上海在"一路"的基础设施互联互通尤其是航运方面表现突出。2018 年 7 月，上海国际港务（集团）股份有限公司与"21 世纪海上丝绸之路"沿线 30 多个国家（地区）的逾百家港航企业共同发布了《"21 世纪海上丝绸之路"港航合作倡议》，进一步提升了海上丝绸之路相关国家贸易便利化和服务能级。2021 年上海市第十五届人民代表大会第五次会议提出上海将聚焦打造国内大循环的中心节点和国内国际双循环的战略链接，主动服务和融入新发展格局。在此背景下，上海加快发展中欧班列，对上海建设国内大循环的中心节点、国内国际双循环的战略链接，具有长远的战略价值。中欧班列不仅能够加强上海与世界各国的经贸联系，有利于战略链接的实现，而且能够推动周边区域、周边国家的货物等要素向上海集中，有利于强化中心节点作用。

但是，上海在"丝绸之路经济带"的陆域设施联通、贸易畅通方面却暴露出明显短板，尤其是"丝绸之路经济带"建设的重要标志性成果——中欧班列的发展明显滞后。2018 年 3 月 30 日上海开行了首趟中欧班列"沪欧通"（上海—莫斯科），原计划每周开行一列，但实际上只开行过一次，此后再未运行过。从 2018 年中欧班列的运营数据来看，上海不仅远落后于苏州（120 列）、南京（130 列）、合肥（176 列）、义乌（320 列）等长三角地区主要开行城市，与成都（1591 列）、重庆（1442 列）、郑州（752 列）、西安（640 列）、武汉（423 列）等国内其他主要开行城市差距更大。尤其是新冠肺炎疫情暴发后，我国中欧班列再次高速发展，其中长三角地区表现非常突出，截至 2020 年 12 月，浙江累计开行 1399 列，同比增长 129.6%；江苏累计开行 1273 列，同比增长 36.4%；安徽累计开行 568 列，同比增长 35.2%。特别是江苏省于 2020 年 8 月成立了江苏省国际货运班列有限公司，对南京、苏州、徐州、连云港四个地区的中欧班列进行了整合，进一步推动了江苏中欧班列的高质量发展。

陆域物流运输的短板已经在很大程度上限制了上海作为联通"丝绸之路经济带"与"21 世纪海上丝绸之路"关键节点与枢纽的作用和价值，影响了"一带一路"贸易畅通，亟待解决。大力发展陆域与水域、空域多式联运，在上海发展中欧班列，"路""带"并举，是推进上海"一带一路"贸易畅通的重大思路和举措。大力发展中欧班列，加快陆域通道建设，推进"一带一路"贸易畅通，对新时代上海全方位扩大对外开放，落实双循环发展战略，强化"一带一路"建设桥头堡作用意义重大。

9.1.2 上海与"丝绸之路经济带"沿线三大区域贸易现状分析

据上海海关数据统计，2019 年上海与"一带一路"国家进出口贸易额达 7673.26 亿元，占全市进出口贸易总额的 22.5%，创 7 年来新高。上海与"一带一路"沿线国家和地区进出口贸易额及占比如图 9-1、图 9-2 所示。

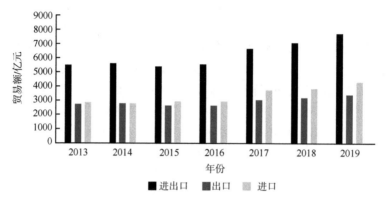

图 9-1　2013～2019 年上海与"一带一路"沿线国家贸易额

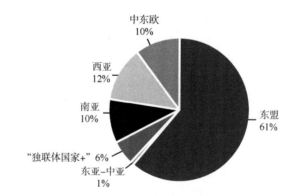

图 9-2　2019 年上海与"一带一路"沿线地区进出口贸易额占比

在图 9-2 中，与"丝绸之路经济带"相关的地区主要包括三个，即中东欧、"独联体国家+"①和东亚-中亚地区，而目前上海与这三个地区的进出口贸易额占其与"一带一路"沿线地区进出口贸易总额的比例仅为 17%，存在明显的重"路"轻"带"的问题，这些地区位于亚欧大陆腹地，与上海的进出口贸易主要依赖铁路运输，而上海在中欧班列的开通与发展上却落后于全国，这成为上海进一步提高与内陆地区国家贸易份额的制约条件。

---

① 本节中所述"独联体国家+"包含独联体各国以及其联系国乌克兰和已退出独联体的格鲁吉亚。

1. 中东欧

2015～2019 年中东欧与上海进出口贸易额整体实现快速增长，年平均增长率达 16.54%。2015～2019 年上海与中东欧国家进出口贸易额如表 9-1 所示，上海与中东欧贸易情况如图 9-3 所示。

表 9-1　2015～2019 年上海与中东欧国家进出口贸易额（单位：亿元）

项目	2015 年贸易额/亿元	2016 年贸易额/亿元	2017 年贸易额/亿元	2018 年贸易额/亿元	2019 年贸易额/亿元	年均增长
捷克	141.33	112.72	150.13	182.35	177.06	5.80%
波兰	118.78	109.96	127.06	127.45	148.27	5.70%
匈牙利	42.23	49.87	58.65	62.71	62.89	10.47%
罗马尼亚	40.19	44.94	52.98	56.09	65.88	13.15%
斯洛伐克	24.00	33.17	41.65	211.78	247.61	79.22%
保加利亚	19.04	13.58	16.33	15.95	19.63	0.77%
斯洛文尼亚	9.34	12.50	13.40	16.50	16.76	15.74%
爱沙尼亚	7.93	9.59	9.91	7.71	9.98	5.92%
立陶宛	8.55	8.86	10.35	12.57	13.21	11.49%
拉脱维亚	4.63	6.29	6.91	6.35	6.12	7.22%
克罗地亚	3.40	5.25	5.31	5.68	6.11	15.78%
塞尔维亚	2.51	3.53	4.04	4.52	7.61	31.96%
波黑	2.29	1.67	2.07	2.69	2.32	0.33%
阿尔巴尼亚	1.35	1.42	1.60	1.45	1.74	6.55%
北马其顿	0.50	0.50	1.07	1.12	1.80	37.74%
黑山	0.74	0.24	0.47	0.86	0.23	−25.33%
中东欧	426.81	414.09	501.93	715.78	787.22	16.54%

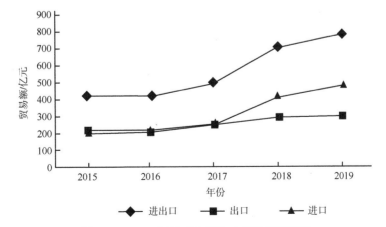

图 9-3　2015～2019 年上海与中东欧贸易情况

由表 9-1、图 9-3 可知，上海与中东欧国家的贸易虽然在 2016 年出现小幅下滑，但后续年份迅速反弹，贸易额呈现快速增长的态势，尤其是进口贸易。在中东欧国家中，斯洛伐克与上海的贸易增长速度最快，年平均增长率高达79.22%，5 年内激增了 10 倍以上，成为中东欧地区的最主要增长点。2018 年上海从斯洛伐克的进口贸易额达 192.5 亿元，较上年增长 8 倍，是上海对中东欧贸易大幅增长的主要推动力。斯洛伐克也超过捷克，跃升为上海在中东欧的第一大贸易伙伴。

2019 年上海与中东欧各国进出口贸易额与占比分别如表 9-2、图 9-4 所示。

在中东欧国家中，斯洛伐克、捷克、波兰、匈牙利、罗马尼亚是上海的主要贸易对象。其中，对斯洛伐克贸易额在 2018 年大幅增长后，继续保持快速增长势头，2019 年斯洛伐克占上海与中东欧国家贸易额的 31%，较上年增长 16.92 个百分点。而对捷克的贸易额小幅下滑，但捷克仍是上海在中东欧地区的第二大贸易伙伴。

表 9-2　2019 年上海与中东欧国家进出口贸易额

项目	进出口贸易额/亿元	出口贸易额/亿元	进口贸易额/亿元	与上年同期增长		
				进出口	出口	进口
斯洛伐克	247.61	224.07	23.54	16.92%	22.45%	16.37%
捷克	177.06	117.23	59.83	−2.90%	−8.80%	11.21%
波兰	148.27	84.96	63.31	16.34%	13.61%	20.34%
罗马尼亚	65.88	19.69	46.19	17.45%	21.28%	15.88%
匈牙利	62.89	16.66	46.23	0.29%	−9.30%	4.27%
保加利亚	19.63	7.15	12.48	23.07%	19.50%	25.16%
斯洛文尼亚	16.76	9.50	7.26	1.58%	−2.86%	8.05%
立陶宛	13.21	5.34	7.87	5.09%	0.74%	8.20%
爱沙尼亚	9.98	4.17	5.81	29.44%	−12.2%	96.06%
塞尔维亚	7.61	5.30	2.31	68.36%	129.5%	4.57%
拉脱维亚	6.12	3.69	2.43	−3.62%	−9.33%	6.75%
克罗地亚	6.11	4.36	1.75	7.57%	4.17%	16.74%
波黑	2.32	0.25	2.07	−13.75%	18.65%	−16.4%
北马其顿	1.80	0.79	1.01	60.71%	178.7%	20.78%
阿尔巴尼亚	1.74	0.74	1.00	20.00%	24.43%	17.19%
黑山	0.23	0.20	0.03	−73.26%	−45.3%	−94.5%
中东欧	787.22	504.10	283.12	9.98%	13.17%	66.08%

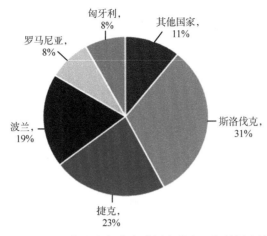

图 9-4　2019 年上海与中东欧国家进出口贸易额占比

上海与中东欧国家的贸易增长，与长三角地区的中欧班列开通及运行密切相关。其中，2017 年长三角中欧班列发展迅速，共开行 1127 列，同比增长 47.32%。截至 2020 年 4 月，长三角中欧（含中亚方向）班列有 16 条线路，连接欧洲、中亚 18 个国家。同时上海与中东欧的航空网络布局日益完善，2019 年 6 月 7 日，东航开通上海—布达佩斯航线，这是东航在欧洲的第 11 个航点。

2. "独联体国家+"

2015～2019 年，"独联体国家+"与上海进出口贸易虽然有波动，但整体稳步增加，年均增长率达 7.80%。2015～2019 年上海与"独联体国家+"的进出口贸易额如表 9-3 所示，上海与"独联体国家+"的贸易情况如图 9-5 所示。

表 9-3　2015~2019 年上海与"独联体国家+"进出口贸易额

项目	2015 年贸易额/亿元	2016 年贸易额/亿元	2017 年贸易额/亿元	2018 年贸易额/亿元	2019 年贸易额/亿元	年均增长率
俄罗斯	280.44	245.75	299.27	339.14	346.84	5.46%
乌克兰	23.60	29.76	34.19	44.45	45.98	18.14%
白俄罗斯	2.30	4.27	6.48	9.44	17.60	66.32%
格鲁吉亚	2.45	2.15	3.27	4.71	3.40	8.54%
阿塞拜疆	1.68	1.16	1.98	2.79	3.48	19.97%
亚美尼亚	0.71	0.71	1.12	1.55	2.43	36.02%
摩尔多瓦	0.92	0.89	1.19	1.45	1.76	17.61%
"独联体国家+"	312.10	284.69	347.50	403.53	421.49	7.80%

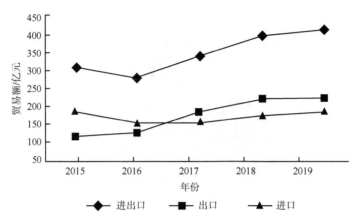

图 9-5　2015～2019 年上海与"独联体国家+"贸易情况

由表 9-3、图 9-5 可知，上海与"独联体国家+"的进口贸易，虽然在 2016 年出现下降，导致 2016 年进出口总额整体下降，但是依赖强势的出口，在后续年份中上海与"独联体国家+"的贸易迅速反弹，使得整体贸易较快增长。俄罗斯与上海的贸易常年保持快速增长，年平均增长率 5.46%，是整个"独联体国家+"与上海的贸易保持增长的基础。

2019 年上海与"独联体国家+"的进出口贸易额与占比分别如表 9-4、图 9-6 所示。

"独联体国家+"中，俄罗斯、乌克兰、白俄罗斯是上海的前三大贸易对象。其中俄罗斯占上海与"独联体国家+"贸易总额的 82%，具有绝对优势，是上海在该地区最重要的贸易伙伴。乌克兰、白俄罗斯紧随其后。

与"独联体国家+"的具体贸易中，据上海海关统计，2019 年前三季度，上海关区对俄罗斯出口机电产品 198.9 亿元，增长 3.8%，占同期关区对俄罗斯出口总值的 54.2%。其中，手机出口 12.6 亿元，增长 9.1%；电脑及其部件出口 8.2 亿元，下

表 9-4　2019 年上海与"独联体国家+"进出口贸易额

项目	进出口贸易额/亿元	出口贸易额/亿元	进口贸易额/亿元	与上年同期增长		
				进出口	出口	进口
俄罗斯	346.84	187.56	159.28	2.27%	0.08%	4.85%
乌克兰	45.98	20.31	25.67	3.44%	−10.10%	17.45%
白俄罗斯	17.60	16.14	1.46	86.44%	91.20%	46.11%
格鲁吉亚	3.40	2.64	0.76	−27.81%	−32.42%	−5.39%
阿塞拜疆	3.48	2.85	0.63	24.73%	8.83%	269.48%
亚美尼亚	2.43	0.51	1.92	56.77%	53.08%	56.33%
摩尔多瓦	1.76	0.34	1.43	21.38%	18.30%	22.13%
"独联体国家+"	421.49	230.34	191.14	4.45%	2.10%	7.42%

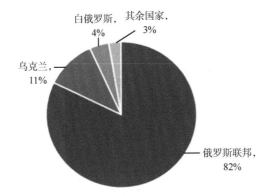

图 9-6　上海与"独联体国家+"进出口贸易额占比

降 11.7%。同期，7 类劳动密集型产品合计出口 84 亿元，下降 8.2%。其中，服装及衣着附件出口 43.2 亿元，下降 7.8%；纺织纱线、织物及制品出口 25.4 亿元，下降 11.3%。

上海到"独联体国家+"的铁路运输货物主要通过长三角地区的中欧班列转运发送。上海曾于 2018 年开通上海—莫斯科中欧班列，全程 8400 公里，运行 12 天。2019 年 12 月上海浦东机场集团与阿塞拜疆丝绸之路西部航空、俄罗斯天门航空签署战略合作备忘录，签署后将更多地投放运力与航班，进一步拓展和加强上海机场与"独联体国家+"的空中物流联系。

3. 东亚–中亚

2015～2019 年东亚–中亚国家与上海的进出口贸易整体处于下降趋势，年均增长率为-0.21%。2015～2019 年上海与东亚–中亚国家进出口贸易额如表 9-5 所示，上海与东亚–中亚贸易情况如图 9-7 所示。由此可以发现，除 2018 年外，上海与东亚–中亚国家整体贸易规模有所下降。尤其是与哈萨克斯坦的贸易额年均增长率为-11.48%，导致东亚–中亚与上海的贸易整体呈下降趋势。

表 9-5　2015～2019 年上海与东亚–中亚国家进出口贸易额

项目	2015 年贸易额/亿元	2016 年贸易额/亿元	2017 年贸易额/亿元	2018 年贸易额/亿元	2019 年贸易额/亿元	年均增长率
哈萨克斯坦	44.88	28.66	25.34	36.61	27.55	−11.48%
乌兹别克斯坦	6.16	12.25	10.72	14.67	14.17	23.15%
蒙古国	6.39	5.02	4.76	8.50	6.39	0.00%
吉尔吉斯斯坦	1.40	1.09	1.27	5.63	8.63	57.57%
塔吉克斯坦	1.34	0.82	0.85	2.80	2.22	13.45%
土库曼斯坦	0.74	0.57	0.77	0.42	1.43	17.90%
东亚–中亚	60.91	48.41	43.71	68.63	60.39	−0.21%

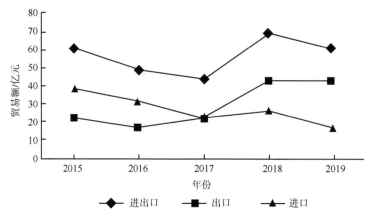

图 9-7　2015～2019 年上海与东亚–中亚贸易走势

2019 年上海与东亚–中亚国家的进出口贸易额与占比分别如表 9-6、图 9-8 所示。

表 9-6　2019 年上海与东亚–中亚国家进出口贸易额

国别	进出口贸易额/亿元	出口贸易额/亿元	进口贸易额/亿元	与上年同期增长		
				进出口	出口	进口
哈萨克斯坦	27.55	13.76	13.79	−24.75%	−19.75%	−29.17%
乌兹别克斯坦	14.17	12.06	2.11	−3.41%	12.32%	−46.28%
吉尔吉斯斯坦	8.63	8.63	0.01	−24.82%	53.59%	−48.44%
蒙古国	6.39	5.65	0.74	53.29%	0.17%	−74.03%
塔吉克斯坦	2.22	2.20	0.02	−20.71%	−20.56%	−35.14%
土库曼斯坦	1.43	0.93	0.50	240.48%	137.56%	1578.67%
东亚–中亚	60.39	43.23	17.16	−12.01%	0.54%	−10.14%

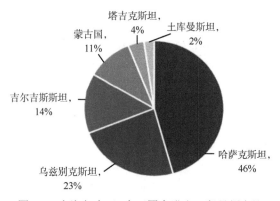

图 9-8　上海与东亚–中亚国家进出口贸易额占比

由表 9-6、图 9-8 可知，2019 年东亚–中亚国家中，哈萨克斯坦是上海最大的贸易伙伴，占该地区贸易总额的 46%，乌兹别克斯坦、吉尔吉斯斯坦、蒙古国紧随其后。但哈萨克斯坦与上海的进出口贸易较上年下降 24.75%，同时 2019 年东亚–中亚国家与上海的进出口贸易整体较上年下降 12.01%。

东亚–中亚国家均属于内陆国家，无法发挥上海港海运优势，所以与上海的进出口贸易未能实现增长。因此，要拉动上海与东亚–中亚国家的进出口贸易需要上海发展中欧班列等陆上运输方式与东亚–中亚互联互通。

4. 上海与"丝绸之路经济带"沿线三大区域贸易预测分析

分区域预测上海与"丝绸之路经济带"沿线三大区域的进出口贸易额，采用线性回归方法进行预测，得到未来五年（2020～2024 年）上海与"丝绸之路经济带"沿线三大区域的进出口贸易额，预测结果如表 9-7 所示。

表 9-7　上海与"丝绸之路经济带"沿线三大区域贸易预测（单位：亿元）

地区	2020 年	2021 年	2022 年	2023 年	2024 年
中东欧	782.09	845.96	909.82	973.69	1037.55
"独联体国家+"	405.59	419.00	432.40	445.80	459.21
东亚–中亚	80.26	102.40	130.90	165.76	206.98

总的来看，上海与"丝绸之路经济带"沿线地区的贸易总额相对较低，增长潜力巨大，呈现出明显的重"路"轻"带"的特征。这也与上海长期以来忽视陆域运输极其相关。

9.2　上海发展中欧班列的必要性和可行性分析

上海是否需要发展以中欧班列为主体的陆域运输体系，推动与"丝绸之路经济带"沿线国家的贸易往来，是摆在上海面前的难题。本节将从上海与"丝绸之路经济带"沿线三大区域贸易现状分析出发，探讨上海发展中欧班列的必要性和可行性。

9.2.1　上海发展中欧班列的必要性分析

1. 有利于推动上海双循环发展新格局

高效的流通体系是推动双循环发展新格局的重要基础和保障。在上海建设中欧班列，打通"21世纪海上丝绸之路"和"丝绸之路经济带"沿线国家海陆双向货运通道，以上海为连接中心、集聚中心，不仅能够加强上海与世界各国的经贸联系，有利于"一带"与"一路"战略链接的实现，而且能够推动周边区域、周边国家的货物等要素向上海集中，有利于强化中心节点作用，会极大地提升上海在双循环新发展格局中的地位和发展潜力，对于提升上海"五个中心"建设具有重要作用。尤其在国外疫情肆虐、国内疫情防控常态化的特殊时期，海运和空运受阻，欧亚铁路成为国际供应链中唯一稳定的运输大通道，上海建设中欧班列更加迫切。

2. 有利于疫情影响下稳定上海进出口贸易

在新冠肺炎疫情冲击下，全球主要港口货物积压与船舶延误严重，海运费用持续上升，上海出口集装箱综合运价指数较上期上涨8.6%。这给主要依托海运推动进出口增长的上海造成了较大的影响。在全球疫情肆虐的特殊时期，欧亚铁路成为国际供应链中唯一稳定的运输大通道，上海开通中欧班列对于进出口增长具有重要作用。

3. 有利于上海进一步发挥进博会的辐射溢出效应

2020年进博会如期召开和胜利闭幕，向全球展示了中国加强全球抗疫合作、坚定不移扩大对外开放的决心。借助进博会契机，加快中欧班列陆域通道建设，实现陆海统筹、"路""带"并举，畅通"丝绸之路经济带"沿线国家和企业参与"永不落幕的进博会"的通道，为进博会引领的贸易发展和物流需求提供国际陆运补充，能更好地促进国际国内"两个市场""两种资源"互联互通，有利于提升上海国际贸易中心的辐射和服务能级，扩大进博会辐射范围和发挥溢出带动效应。

4. 有利于上海引领长三角共同参与全球贸易竞争合作

当前，长三角三省一市相继开通了中欧班列，开行城市、开行数量快速增加。上海加快发展中欧班列能够发挥龙头引领作用，更好地统筹长三角区域班列货源与政策资源，深化区域合作协调机制，推进长三角区域一体化高质量发展，有利于长三角区域统一开展服务价格、服务标准、陆路贸易规则等对外谈判，提升长三角区域在全球贸易中的竞争力。

5. 有利于建立陆域贸易新规则，提升上海"五个中心"地位

中欧班列已从追求数量发展到追求质量的新阶段，班列价值不应仅停留在一个端点到另一个端点的物流运输层面，而是要进一步依托班列常态化、规模化运营，率先探索制定全球陆域贸易规则，提升全球价值链掌控能力。上海作为中国

最重要的"五个中心"，有能力承担起制定中欧班列陆域贸易规则的重任，以全面提升中国在陆域跨境贸易中的话语权。

9.2.2　上海发展中欧班列的可行性分析

1. 资源条件可行性

上海芦潮港铁路集装箱中心站作为洋山深水港区的必要配套工程，于 2005 年底与洋山深水港区一期工程同步建成。该中心站占地面积约 67 万平方米，其中后方堆场面积 33 万平方米；拥有 4 个线束、8 条铁路装卸线，具备日开行 26 对列车的到发能力；年设计吞吐能力近期为 186 万个 20 英尺的集装箱，远期为 204 万个 20 英尺的集装箱；设计日均进站集卡 1334 辆，出站集卡 1872 辆。芦潮港铁路集装箱中心站自正式运行十几年来，虽然对洋山深水港区的集装箱海铁联运发展起到了一定的促进作用，但远远没有达到原先设想的为洋山深水港区解决 10%～15% 的陆路集装箱运输需求的目标。2019 年芦潮港铁路集装箱中心站年吞吐量仅为 5 万左右 20 英尺的集装箱，日均进出集装箱仅 100 个左右的 20 英尺集装箱，占洋山港总箱量不足 0.4%，完全没有达到年设计吞吐目标。

2019 年 6 月 26 日上海市人民政府办公印发了《上海市推进海铁联运发展工作方案》的通知，提出近期目标是在 2019 年完成海铁联运箱量 12 万个 20 英尺的集装箱，实现同比翻番（其中芦潮港站 8 万个 20 英尺的集装箱，同比增长 4 倍）。工作重点：调整场地布局、对接目标城市、开行固定班列。2020 年完成海铁联运箱量 24 万个 20 英尺的集装箱，实现同比翻番（其中芦潮港站 20 万个 20 英尺的集装箱，同比增长 2.5 倍）。工作重点：拓展腹地城市、完善运营模式、提升服务水平。远期目标是随着沪通铁路和外高桥铁路进港区加快建设投入使用、上海铁路货运枢纽场站布局调整、港站一体化运输及集疏运组织优化等措施落地，研究提出远期（2035 年）目标：完成海铁联运箱量 175 万～300 万个 20 英尺的集装箱，占全港集装箱吞吐量（按 5000 万～5500 万个 20 英尺的集装箱计算）比重为 3.18%～5.5%，从 2021 年起实现年均增长 10% 以上。良好的内部资源条件为上海快速发展中欧班列提供了有力的资源保障。

目前中欧班列主要通过的经济走廊包括：中蒙俄（东通道、中通道）、新亚欧大陆桥（西通道）、中国—中南半岛（南向通道）。这三大经济走廊的 4 条中欧班列通道的铁路、公路等基础设施条件完备，外部物流基础资源条件良好。

2. 市场需求可行性

上海与三条主要经济走廊沿线国家的进出口贸易金额超过 6000 亿元，贸易基础需求巨大，为沿海集结中心的建立提供了基本需求保障。长三角区域有9 个城市开行了中欧班列，货物需求旺盛，同时需要对货物进行整体的协调和整合。中亚、东欧地区与日韩、东南亚的贸易结构具有很强的互补性，双方需要货物的相互往来，但是目前双方之间的海运距离过长，且还需要长距离的陆域运输，亟须寻求新的物流方式，这些贸易需求都为上海建设中欧班列沿海集结中心提供了可行性。

9.3 上海发展中欧班列的瓶颈问题分析

9.3.1 共识瓶颈问题

《"一带一路"大数据报告（2018）》测评结果显示上海在"一带一路"参与度、建设综合影响力方面分别排名第三和第二，但建设成效主要体现在"21 世纪海上丝绸之路"上，截至目前上海只开行过一次"沪欧通"，在"丝绸之路经济带"建设上，上海无论是参与度还是综合影响力都很小。在发展中欧班列的必要性上，有专家认为上海只需依托港口优势大力建设自贸区和国际航运中心，不必像内陆地区那样急切发展中欧班列，甚至有部分观点认为发展中欧班列可能会削弱上海国际航运中心的地位。

9.3.2 货源瓶颈问题

2018 年以来，上海关区出口欧洲货值占比保持在 20%左右，进口欧洲货值占比保持在 30%左右，并且上海本地企业产生的贸易额占上海关区进出口总额的40%左右。因此，上海开行中欧班列货源不足是一个误区，真正的原因是中欧班列对货源的吸引力不足，具体有二：一是由于上海没有常态化运营的中欧班列，即使有采用陆路运输进出口欧洲的货物需求，也只能走海运通道，或者只能中转到苏州、连云港、义乌，甚至郑州等地搭乘中欧班列；二是国内大多数地方政府都通过财政补贴发展本地中欧班列，低价竞争导致上海货源被吸引分流到苏州、郑州、西安等地发运。

9.3.3 政策瓶颈问题

一是 2016 年 10 月国家出台的《中欧班列建设发展规划（2016—2020 年）》中，没有将上海列为主要铁路枢纽节点，也没有列为中欧班列沿海重要港口节点。此外，与其他省份相比，上海至今未出台相关政策支持中欧班列发展。二是上海中欧班列尚未与自贸区等扩大开放政策实现充分的有机联动。比如，成都、天津、厦门等自贸区的开放举措中，都包括开通并常态化运营中欧班列，对当地中欧班列的发展起到了积极的推动作用。

9.3.4　基础设施瓶颈问题

尽管上海是东部沿海地区最大的物流枢纽，又是我国远洋航运和沿海南北航线的中心，但上海集装箱海铁联运中存在明显"港铁分离"的问题。外高桥港区和洋山港区的码头都没有铁路集装箱装卸线，导致集装箱码头与铁路装卸线分离，中转时间长、运作效率低。而其他港口城市正积极发展海铁联运的新模式，如宁波舟山港利用中欧班列+海铁联运，有效缩短了欧洲到日本、韩国的货运时间，连云港尝试"船车直取"模式，打造国际陆海联运双向循环通道。

9.3.5　规则瓶颈问题

当前，长三角三省一市相继开通了中欧班列，开行城市、开行数量快速增加，中欧班列已从追求数量进入追求质量的发展新阶段，班列价值不应只停留在一个端点到另一个端点的物流运输层面，而是要进一步依托班列常态化、规模化运营，率先探索制定全球陆路贸易规则，提升全球价值链掌控能力。上海加快发展中欧班列能够发挥龙头引领作用，更好地统筹长三角区域班列货源与政策资源，深化区域合作协调机制，更好地推进长三角区域一体化高质量发展，进而在国际贸易上，有利于长三角区域统一开展价格、服务标准、陆路贸易规则等对外谈判，提升长三角区域在全球贸易中的竞争力。

9.4　上海发展中欧班列的思路与对策措施

9.4.1　制定开辟上海中欧班列陆路新通道的政策措施

1. 上海国际贸易主要产品类型与特征、铁路资源

目前，上海出口商品以机电产品和高新技术产品为主，尽管随着上海产业结构的调整与优化，加工贸易生产涉及最多的电子及通信设备制造、电子计算机及办公设备制造两类占比有所下降，但是 2007 年为 89.64%，2012 年为 85.09%，

2015 年为 80.68%，整体占比仍然很高。

上海是东部沿海地区最大的枢纽站，既是京沪线和沪杭线的终点，又是我国远洋航运和沿海南北航线的中心。上海铁路枢纽目前有沪宁通道、沪杭通道等共 5 条铁路引入，枢纽内有 273 公里的支线和专用线，并经过南翔编组站集结；有上海站、上海南站、上海虹桥站 3 个主要客站，芦潮港集装箱中心站及北郊、桃浦、闵行、杨浦等货运站。

上海的对外贸易产品以高附加值的产品为主，同时又拥有丰富的铁路资源，对开展陆域贸易具有天然的优势。

2. 适合上海陆域贸易的物流通道与路线

目前"一带一路"陆域贸易的主要通道有三条，即从满洲里出关沿西伯利亚铁路线的东通道、从二连浩特出关的中通道以及从阿拉山口和霍尔果斯出关沿亚欧大陆桥的西通道。从上海陆域贸易的主要国别来看，西欧的德国、法国、意大利、荷兰等是主要货物来源国，西通道作为通往欧洲腹地距离最短的路线，是最适合上海陆域贸易的物流通道。

3. 上海开辟中欧班列陆域通道的政策措施

从上海对外贸易产品结构来看，以高附加值、高时间价值的商品为主，而目前从上海到欧洲的海运时间约为 40～45 天，与现有主要贸易产品物流需求不能有效匹配，因此需要开辟陆域新通道，以提高物流周转的效率。

第一，向国家主管部门争取上海成为中欧班列沿海重要港口节点城市，同时学习江苏、浙江、重庆、四川等省市先进经验，尽快编制上海市中欧班列建设发展规划实施方案，加强与国内其他中欧班列开行城市的战略合作，整合资源优势，深化细分市场，开辟一条上海国际贸易陆路新通道。

第二，强化上海班列市场化运作能力，积极拓展与周边城市、相关国家的合作，创新集拼集运运营模式，提升城市集货和分拨能力，拓展国际中转集拼业务。发挥海铁联运优势，发展多式联运，提升中欧班列去回程满载率，提高班列开行频率，实现高频率往返均衡对开，强化市场竞争优势。

9.4.2　创新与上海自贸区联动发展的运营模式

1. 上海自贸区及新片区的特殊政策

2019 年 8 月 6 日，国务院印发《中国（上海）自由贸易试验区临港新片区总体方案》，设立中国（上海）自由贸易试验区临港新片区。临港新片区的规划展示了其准自贸港的特殊性。在角色上强调服务和融入国家重大战略，更好地服务对外开放总体战略布局。上海作为"一带一路"建设的桥头堡，需要新片区发挥更重要的作用。

在内涵上，新片区建设强调打造关键技术产业集群，实现关键领域深度融入经济全球化。首先，新片区特别强调"建立以关键核心技术为突破口的前沿产业集群"，大力发展高端制造业，实业兴邦，旨在防止新片区的建设脱实就虚。其次，新片区强调关键领域深度融入经济全球化。新片区的建设，则明确提出发展新型国际贸易（特别提及发展跨境数字贸易和跨境电商海外仓），建设高能级全球航运枢纽，拓展跨境金融服务功能，吸引总部型机构集聚，发展总部经济，旨在使新片区在全球经济发展中扮演更重要的角色。

重点加强新片区与浦东国际机场、中心城区以及长三角重点城市之间的综合交通网络联系。强化新片区多式联运集疏运体系。依托洋山深水港、浦东国际机场、芦潮港铁路集装箱中心站、南港码头等，进一步增强海铁联运、江海联运、水水中转功能。

2. 探索中欧班列集拼集运新型运营模式

目前中欧班列在国内的开行城市已经超过 50 个，仅长三角地区就有 9 个城市开行了中欧班列，各地都在争货源、争先发，导致中欧班列开行中出现了货源不足、满载率低等问题。随着中欧班列高质量发展的要求，集拼集运等新的运营模式正逐渐被重视。上海作为长三角最重要的经济中心和物流枢纽，应该承担起中欧班列集拼集运的责任。强化上海班列市场化运作能力，积极拓展与周边城市、相关国家的合作，创新集拼集运运营模式，提升城市集货和分拨能力，拓展国际中转集拼业务。

9.4.3　设计上海海铁联运的运行模式和补贴机制

1. 设计海铁联运的运行模式

第一，构建海陆双向物流网络。上海应基于其基础设施优势，构建海陆双向物流网络，推动海运与铁路运输的协同发展。在长三角、鄂、豫、陕、甘、宁等地区建立区域营销中心，提供货源组织、铁路运行协调、车队短驳等服务，通过与现有中欧班列开行城市进行合作，将海陆双向货源进行整合。

第二，基础设施优化。争取将铁路线路延伸至洋山港码头作业区。铁路和港口实现功能的相互延伸，推动海铁联运的无缝连接，提高海铁联运的运作效率，降低运作成本。

第三，业务模式整合。通过与铁路货场合作等模式建立内陆无水港，引进船公司提还箱功能。铁路预驳海运空箱至内陆车站，在车站提供提还箱功能，船公司签发提单至内陆，在内陆提供货代订舱服务。探索"双重"模式。各揽货单位实现资源共享，进口重箱在内陆拆空后，用于当地出口货物装箱，实现集装箱双重运输，进一步降低物流成本。

第四，推广海铁全程物流模式。对海铁联运提供全程物流跟踪服务，当集装箱在内陆工厂装完货进入铁路车站后，海铁联运团队针对海铁集装箱从车站装车、沿途跟踪、取送接卸、转场保障、放行加载、出口装船等整个流程为客户提供全程跟踪服务。

第五，积极开辟"铁海铁"模式。开辟东北（华南）—洋山港—欧洲的海铁联运物流通道，东北地区粮食、矿产装箱铁路运抵营口、大连、锦州等港口（华南地区通过广州、深圳、泉州等港口），海运至洋山港口，再经中欧班列铁路发往欧洲和中亚地区。

第六，大力开拓港口的转口贸易。以日韩、东盟向中亚和东欧腹地的转口贸易商品为主要服务对象，充分发挥自贸区新片区的加工贸易、转口贸易功能，全面开展为转口贸易提供的保税物流、金融衍生等服务。

2. 设计海铁联运的补贴机制

根据运距对从洋山港进出的海铁联运重箱给予相应的补贴；对在洋山港开展海铁联运业务并满足一定条件的实际经营人给予额外奖励；明确洋山港海铁联运扶持补贴政策实施细则，将涉及换箱的海铁联运重箱纳入扶持补贴范围。扶持政策通过补贴和奖励的形式，降低集装箱海铁联运成本，提高海铁联运经营人开展洋山港集装箱海铁联运业务的积极性，大大拓展洋山港在我国中西部的内陆腹地。

9.4.4　组建上海中欧班列沿海集结服务中心

1. 上海铁路、水域、空域、公路资源分析

1）铁路资源条件

上海铁路枢纽为全国铁路网主要客运中心之一，同时也是全路集装箱中心和机车车辆检修中心。2020 年，枢纽内有各类车站 35 个，上海铁路枢纽内办理集装箱业务的车站主要有芦潮港铁路集装箱中心站、杨浦站、何家湾站、闵行站和北郊站。其中，闵行站和北郊站主要办理集装箱内贸业务。芦潮港铁路集装箱中心站为洋山港港区的配套工程，主要负责洋山港港区集装箱海铁联运业务，兼顾

少量外高桥港区的海铁联运业务。由于沪通铁路（浦东铁路二期）尚未完工，目前芦潮港铁路集装箱中心站主要依靠浦东铁路连通金山支线，进而与沪杭、沪宁两大通道衔接；杨浦站、何家湾站则主要负责张华浜码头、军工路码头及外高桥港区的集装箱海铁联运业务。两个车站分别为何杨支线上的起点站和终点站，通过南何支线沟通南翔站，进而与沪宁、沪杭两大通道连通。

2）水域资源条件

上海港处于长江、黄海、东海三水交汇之地，是长江三角洲和长江沿线地区全面参与经济全球化、进一步提升国际竞争力的战略资源。2020 年，上海港已拥有各类海港码头泊位 1191 个，其中万吨级以上泊位 251 个，码头线总长为 124 公里，最大靠泊能力 30 万吨级。各类码头泊位中，公用码头泊位 175 个，其中海港集装箱专用泊位 43 个。2019 年上海港货物吞吐量达到 71 677 万吨，集装箱吞吐量达 4330.3 万个 20 英尺的集装箱。2010 年以来，上海港集装箱货物吞吐量持续保持世界第一，并且连续两年保持 4000 万以上个 20 英尺的集装箱。

3）空域资源

上海市目前有两大民用国际机场，分别是虹桥机场和浦东机场。目前，两座机场共拥有 6 条跑道、4 座航站楼，设计年旅客吞吐能力 1 亿人次、货邮吞吐能力 520 万吨。虹桥国际机场建有 2 条 4E 级跑道，停机坪面积 132 万平方米，2 座航站楼面积 44.5 万平方米，设计年旅客吞吐能力 4000 万人次、货邮吞吐能力 100 万吨。浦东国际机场是中国三大门户复合枢纽之一，拥有 1 条 4E 级跑道和 3 条 4F 级跑道，停机坪面积 290 万平方米，2 座航站楼面积 82.3 万平方米，设计年旅客吞吐能力 6000 万人次、货邮吞吐能力 420 万吨，2019 年浦东机场年旅客吞吐量 7615.34 万人次，年货邮吞吐量 363.56 万吨，年起降航班 511 846 架次。上海空域资源基本情况如表 9-8 所示。

表 9-8　上海空域资源基本情况

机场名称	停机坪/万米²	航站楼/万米²	设计能力	
			旅客/（万人次/年）	货物/（万吨/年）
虹桥机场	132	T1：8.2 T2：36.3	4000	100
浦东机场	290	T1：27.7 T2：54.6	6000	420

2020 年，通航上海的定班航空公司 93 家，航线网遍布全球 239 个通航点 [内地（大陆）125 个，港澳台及国外 114 个]，航线通达性达到世界大型枢纽水平。

4）公路资源

由于上海的地理位置特殊，基本上是三面靠水、一面接陆地，属尽端式城市，因此公路的对外交通主要方向是向西北及西南的江苏、浙江平向辐射，公路的对外出入口位置主要分布在西北与西南方向，呈半圆形状。

目前，上海对外交通的主要公路具体如下。上海北部至江苏：沪太公路、澄浏公路、娄陆公路、沪宜公路。上海西部至江苏：钱蓬公路、曹安公路、沪宁高速公路、白石公路、北青公路、沪青平公路。上海西南至浙江：亭枫公路、沪杭高速公路、兴塔公路、廊平公路、萃奉金高速、沪杭公路。其中对外交通的主干线为沪宁、沪杭高速公路、204 国道（境内是沪宜公路）、312 国道（曹安公路）、318 国道（沪青平公路）、320 国道（沪闵、北松、车亭、亭枫公路）。目前上海对外公路交通网络十分发达，物流畅通。

2. 中欧班列沿海集结服务中心选址分析

1）中欧班列沿海集结服务中心的基础条件

中欧班列沿海集结服务中心定位于长三角地区中欧班列货物的集散枢纽，通过海铁联运将"丝绸之路经济带"与"21 世纪海上丝绸之路"有机衔接。因此，中欧班列沿海集结服务中心所处的地址需要具备一些必要的基础条件。

第一，良好的海运条件。中欧班列沿海集结服务中心需要能够方便、快捷地开展转口贸易，这就需要其地理区位上尽可能接近港口，以减少海运转驳的时间和空间成本。

第二，连通的铁路资源。中欧班列沿海集结服务中心应该处于铁路路网连通的节点，具有较好的铁路场站基础设施，能够方便地开展货物的集结、仓储、转运等工作。

2）备选节点及比较

根据以上中欧班列沿海集结服务中心的基础条件，选择以下节点作为备选节点。

a. 芦潮港铁路集装箱中心站

芦潮港铁路集装箱中心站位于浦东海港新城，港口（同盛）物流园区洋浩路、江山路及团芦港所围地块，距洋山港港区码头约 32.5 公里，是全国第一个建成并投入运行的铁路集装箱中心站。目前提供基于上海港（洋山深水港港区及外高桥港区）及上海周边地区的海铁联运、国际联运服务，以及整车到发、国内集装箱到发、中转运输服务。现状车站集装箱发送量 16 万吨，到达 14 万吨。

芦潮港铁路集装箱中心站为尽端式港区后方站，铁路并未从车站进一步延伸至港口乃至前沿码头。洋山港港口与车站之间，通过 32.5 公里的东海大桥衔接；港口至车站之间的集装箱运输，必须通过公路短驳加以实现，海运与铁路两种运输方式并未真正实现无缝衔接；同时，部分在外高桥港区到发的集装箱，也须通过水运、公路等驳运方式，衔接芦潮港铁路集装箱中心站，间接实现海铁联运。到达集装箱通过各种驳运方式由港区运至中心站，在装卸场分组装车后，由中心站通过铁路发往各地；发送集装箱到达中心站后，在装卸场卸车，通过各种驳运方式运至港口码头装船，由海运运往各地。

b. 杨浦站

杨浦站地处上海市杨浦区境内，距军工路码头 7.8 公里，距外高桥港区 10 公里。该站是枢纽何杨支线尽端站，为办理货运的二等中间站，目前主要办理集装箱（包括外高桥港区）、整车、冷藏运输及包括少量的散堆装货物。在车站东南侧，有上海机床厂、食品出口公司等 4 条专用线与其接轨，设有 8 条装卸线。现状车站集装箱发送量 51 万吨，到达 64 万吨。

c. 何家湾站

何家湾站地处上海市宝山区境内黄浦江与长江交汇的吴淞地区，距军工路码头 2 公里，距外高桥港区 8.1 公里。该站是南何支线、淞沪支线、何杨支线的联轨站和枢纽内一等工业编组站，也是与上海港接轨的港湾站，为周边大型企业、港口、仓库提供运输服务。主要货运业务种类有整车、零担、集装箱。2020 年，车站集装箱发送量 6 万吨，到达 7 万吨。

何家湾站北端有两条专用线引入上海集装箱码头有限公司张华浜码头和军工路码头装卸区，何家湾站是上海枢纽内唯一拥有深入码头前沿线路的车站，也是上海港内唯一的铁路深入码头装卸区的港区。何家湾站负责办理列车到发、解编、编组及与码头之间的交接车、取送车等作业。到达集装箱在码头直接装车，通过专用线运至车站，在车站进行解编、编组后通过铁路发往各地；发送集装箱到达车站，进行解编、编组后，由专用线运至码头装船，由海运运往各地。

3. 基于芦潮港铁路集装箱中心站建立中欧班列沿海集结服务中心的 SWOT 分析

SWOT 分析是一种基于内外部竞争环境和竞争条件下的态势分析方法，能够全面、系统而准确地分析出对象的优劣势，并制定相应的发展战略。使用 SWOT 分析能够明确基于芦潮港铁路集装箱中心站建立中欧班列沿海集结服务中心的战略选择。

1）优势（strengthness）

a. 区位优势

芦潮港铁路集装箱中心站位于浦东海港新城，是距离洋山港深水码头最近的铁路站点，距离浦东国际机场 37 公里，距离虹桥国际机场 80 公里，良好的地理区位使得芦潮港能够快捷地开展海铁、空铁等多式联运。同时，芦潮港位于自贸区临港新片区，能便利地享受自贸区的优惠政策。

b. 基础设施优势

芦潮港铁路集装箱中心站是中国国家铁路集团有限公司全部 18 个中心站中第一个建成的，也是第一个建在港口的铁路集装箱中心站，其紧邻物流园区，采用纵列式布置，2010 年设计能力 172 万个 20 英尺集装箱，到发场设 4 股道，装卸场设 4 线束共 8 条装卸线，设有进出站门区、综合办公区、冷藏箱区、特种箱区、专用箱区、空箱及备用箱区、箱管区、装卸机械停车场及集装箱清洗维修等场地。芦潮港铁路集装箱中心站集装箱班列转场为顺向作业，作业效率较高。装卸线按照具备发车条件设计，集装箱班列可从装卸场直接发出，而到达列车接入到达场后，再由机车顶送方式进入装卸场。

c. 产业优势

在上海十大战略性新兴产业规划中，机器人、新能源智能汽车、航空、节能环保、高端能源装备、船舶与海洋工程装备等 6 个领域，临港地区都是主要聚集区之一。这些产业均属于技术、资本密集型产业，产业附加值高，适合使用铁路进行长距离运输。这些产业能够为中欧班列的开行提供基础性物流需求。

2）劣势（weakness）

a. 中欧班列开行经验不足

目前上海仅在 2018 年开行过一次中欧班列，此后再无开行，且该次开行站点是在杨浦站而不是芦潮港铁路集装箱中心站。芦潮港至今为止尚无中欧班列的开行经验。开行经验不足需要其在中欧班列沿海集结中心的建设和运作中投入更多的成本，去完善运作流程。

b. 集装箱海铁联运中存在"港铁分离"问题

上海港的两个主要港区——外高桥港区和洋山保税港区的码头都没有铁路集装箱装卸线，由于集装箱码头与铁路装卸线相分离，通过铁路到达的集装箱必须由集卡短驳到码头，海铁联运进口集装箱需要从码头短驳到铁路车站装车发运，集装箱在洋山口岸中转需要增加两次装卸车和一次驳运作业，不仅增加了费用，延长了货物在港时间，而且对海铁联运运输组织、"一关三检"作业、安全管理等多方面都带来了不利影响。

c.铁路集装箱运输发展滞后，五定班列组织困难

五定班列的开行直接影响海铁联运的吸引力，但从目前班列开行情况和实际调研来看，在运输需求总量较少的情况下，多个船公司经营，流向多个竞争性港口，再加上外高桥港区的分流，市场运作又很不规范，从业人员素质较低，以及内陆各种运输方式的恶性竞争，使洋山口岸集装箱海铁联运市场在近期内难以形成较大规模。芦潮港组织五定班列不仅存在货源不足、组织困难和运行线紧张等因素，而且在铁路运能紧张的情况下，铁路运输部门缺乏组织集装箱五定班列发

展的内在动力，这也给芦潮港铁路集装箱中心站开行五定班列带来了诸多困难。

3）机会（opportunity）

a. 自贸区扩容

2019 年 8 月 6 日上海自由贸易试验区再次扩容，临港新片区正式设立。到 2025 年，新片区将建立比较成熟的投资贸易自由化、便利化制度体系，打造一批更高开放度的功能型平台；到 2035 年，建成具有较强国际市场影响力和竞争力的特殊经济功能区，形成更加成熟、定型的制度成果，打造全球高端资源要素配置的核心功能，成为我国深度融入经济全球化的重要载体。自贸区扩容后，芦潮港站已处于自贸区范围内，能够直接享受自贸区政策。

b. 进博会常态化

2019 年 11 月，第二届进博会在上海举行，这也标志着进博会从试验性向常态化逐渐转变。进博会的常态化展现了中国扩大对外开放的坚定决心，同时进博会贸易畅通要求也为上海建设中欧班列沿海集结中心提供了重要机遇。

c. 长三角一体化

目前长三角一体化已经上升为国家战略，长三角一体化对区域内城市间的物流协同提出了更高的要求。目前长三角地区中欧班列开行城市众多，无序竞争严重，而长三角一体化发展战略为上海建立中欧班列沿海集结中心，整合长三角地区中欧班列资源，提升中欧班列开行质量和运营效益创造了机会。

4）威胁（threaten）

目前长三角有九个城市开通过中欧班列，其中宁波、连云港、苏州、南通等城市也具有良好的港口条件。宁波拥有全球货物吞吐量第一大港口——舟山港。连云港是目前中亚班列开行数量最多的城市。目前这些城市开通的中欧班列存在同质化竞争、争抢货源等问题，这些城市对上海建设中欧班列沿海集结中心形成了较大的威胁。

综上，通过对上海建设中欧班列沿海集结中心的 SWOT 分析，可以看出芦潮港相对于其他备选节点具有明显的优势，但是也存在短板和不足，将 SWOT 分析结果按照内外部影响因素的差异可以将所有影响因素置于四个象限中，形成如图 9-9 所示的战略矩阵。

项目	O	T
S	SO	ST
W	WO	WT

图 9-9　SWOT 战略分析矩阵

在图 9-9 中，SO 象限和 WT 象限是需要重点关注的象限。针对 SO 象限，需要考虑如何发挥优势，抓住机会。对于上海来说应该牢牢抓住三大重要国家战略的机遇，以时不我待的态度大力推动"一带一路"建设；以芦潮港铁路集装箱中心站为基础建设中欧班列沿海集结中心，大力发展海铁联运，以转口贸易为重要抓手，推动中欧班列开行。

针对 WT 象限，应该进一步完善芦潮港铁路集装箱中心站的铁路功能，在条件允许的情况下开建洋山港与芦潮港之间的铁路线路，使铁路线路直接连入港区，通过基础设施联通进一步提升海铁联运能力；与中欧班列开行城市开展合作，学习先进的经验，完善中欧班列运作流程；积极开拓和培育市场，并在中欧班列开行初期设计必要的补贴政策，以完善产业价值链和生态链，尽快推动中欧班列沿海集结中心进入正常运作。

4. 中欧班列沿海集结服务中心功能设计

中欧班列沿海集结服务中心是一个集多种服务功能为一体的综合体，能够全面服务于长三角中欧班列开行需求，能实现中欧班列去程集拼、回程分拨等物流功能，具体而言，其主要功能如下。

1）多式联运

中欧班列沿海集结服务中心最重要的功能之一就是通过海铁联运实现"丝绸之路经济带"与"21世纪海上丝绸之路"的联通发展。同时需要通过公铁、空铁等多式联运方式实现中欧班列货物去程集拼、回程分拨等功能。因此中欧班列沿海集结服务中心应该设计一个以"海铁联运为主，其他多式联运为辅"的协同式多式联运功能。该功能要求两种或两种以上运输方式的运输企业（包括现有中欧班列开行站点），按照统一的规章制度或商定的协议，共同将货物从接管地点运到指定地点。参与联运的承运人均可受理托运人的托运申请，接受货物，签署全程运输单据，并负责自己区段的运输生产；后续承运人除负责自己区段的运输生产外，还需要承担运输衔接工作；而最后的承运人则需要承担货物的运输以及受理收货人的货损货差索赔。每一个承运人不仅有义务完成本区段的实际运输和有关的货运组织工作，而且应根据规章或约定协议，承担风险，分配利益。

2）保税仓储与物流

中欧班列沿海集结服务中心应该满足在服务中心内的保税仓储与物流服务，并允许生产制造企业在中心内进行部分产品的初步加工、组装等工作。这需要中心具备保税仓储、简单加工、增值服务、国际物流配送、进出口贸易、国际中转和转口贸易、物流信息处理等功能。为客户提供个性化的增值服务，开发出针对中欧班列物流需求的配套方案，包括物流信息系统解决方案、物流优化配送解决方案、物流供应链管理解决方案、一体化物流解决方案等。

3）金融衍生服务

中欧班列沿海集结服务中心需要构建以多式联运提单为关键物权凭证的国际

陆域运输新规则，并开发基于多式联运提单的金融衍生服务，银行等金融机构可凭借多式联运提单向客户（核心企业）提供融资和其他结算、理财服务，同时向这些客户的供应商提供贷款及时收达的便利，或者向其分销商提供预付款代付及存货融资服务。

4）国际贸易与电子商务服务

中欧班列沿海集结服务中心不仅是一个物流配送的关键枢纽，更应该是一个贸易集成的关键节点，通过中欧班列沿海集结服务中心实现"丝绸之路经济带"与"21 世纪海上丝绸之路"转口贸易无缝对接。同时，该中心还应该成为境外商品展示和交易的重要平台，也应该成为推动上海跨境电子商务发展的重要基础设施。

9.4.5　探索中欧班列陆域贸易规则

1. 中欧班列的具体运作流程和海域贸易规则体系分析

目前中欧班列的铁路运单或包含铁路运输方式在内的多式联运运单主要存在以下问题：运单格式不统一、运单信息化程度不高、运单权属复杂不便索赔、运单不具有物权凭证效力等。

2. 探索适合中欧班列的陆域贸易规则

第一，以中欧班列制度创新推动实践发展，逐渐形成普遍实施的习惯法，进而推动国家立法，进一步推动中欧班列的制度实践逐步形成亚欧国际习惯法。

第二，我国在中欧班列推动亚欧区域形成多式联运提单物权效力的习惯法之后，可以结合"一带一路"区域的实际，拟定欧亚国际货物陆域运输公约，与沿线国家协商签署。

9.5　本 章 小 结

上海大力发展中欧班列，推进"路""带"并举，对新时代上海全方位扩大对外开放，落实双循环发展战略，强化"一带一路"建设桥头堡作用意义重大。本章首先分析了上海中欧班列发展现状、可行性和必要性，其次分析了上海发展中欧班列面临的主要瓶颈问题，最后提出了促进上海发展中欧班列的主要对策措施。主要结论如下。

（1）上海在"一带一路"建设过程中存在重"路"轻"带"的倾向，中欧班列建设方面不仅落后于全国平均水平，更落后于长三角其他地区，这在很大程度上影响了上海作为连通"丝绸之路经济带"与"21世纪海上丝绸之路"关键节点与枢纽的作用和地位，成为上海进一步提高与"丝绸之路经济带"沿线国家贸易份额的制约条件。上海亟待重新审视发展中欧班列的战略意义，为进一步发挥"一带一路"建设桥头堡作用提供支撑。

（2）研究发现上海发展中欧班列有利于推动上海构建双循环发展新格局，有利于上海进一步发挥进博会的辐射溢出效应，有利于疫情影响下稳定上海进出口贸易，有利于上海引领长三角共同参与全球贸易竞争合作，有利于建立陆域贸易新规则提升上海"五个中心"地位。无论资源条件还是市场需求，上海都具备加快发展中欧班列的可行性，意义重大。

（3）研究发现上海就开行中欧班列存在五大瓶颈问题。一是共识瓶颈问题，研究发现上海各界人士对上海发展中欧班列的重要性、必要性、可行性的认识存在很大差异；二是货源瓶颈问题，本章指出上海开行中欧班列货源不足是一个误区，真正的原因是中欧班列对货源吸引力不足；三是政策瓶颈问题，上海至今未出台支持中欧班列发展的相关政策；四是基础设施瓶颈问题，虽然上海集装箱海铁联运中存在"港铁分离"问题，但本章指出可尝试新的多式联运模式给予克服；五是规则瓶颈问题，本章指出上海应发挥龙头引领作用，统筹长三角区域班列货源与政策资源，统一开展价格、服务标准、陆路贸易规则等对外谈判，提升长三角区域在全球贸易中的竞争力。

（4）提出了促进上海发展中欧班列的思路和对策措施，包括：制定开辟上海中欧班列陆路新通道的政策措施、创新与上海自贸区联动发展的运营模式、设计上海海铁联运的运行模式和补贴机制、组建上海中欧班列沿海集结服务中心、探索中欧班列陆域贸易规则。如果这些对策措施能够实施，必定会促进上海中欧班列快速发展。

第10章 结论与展望

10.1 结　　论

中欧班列作为"一带一路"倡议的重要抓手和载体，取得了举世瞩目的成就，已成为"一带一路"建设的标志性成果，但在其快速发展过程中暴露出许多亟待解决的问题，如去程货源不足、回程揽货能力低、去回程运输不平衡、依赖政府补贴程度高、班列之间争抢货源、运营成本高等，引起了理论上和实践中的高度关注。作者认为中欧班列运行网络是一个典型的跨国物流网络，涉及中国、欧洲及班列运行沿线多个国家，以上问题必须由中国、班列目的地和沿线各国合作才能解决，创新性地提出以建设中欧班列去程和回程集拼中心为抓手，完善和优化中欧班列运营网络、提升班列运营绩效的解决思路。这样的研究思路贯穿于本书各章节。

1. 中欧班列集拼网络优化研究

首先根据国家政策、班列开行情况以及各地区经济社会发展情况等对中欧班列集拼中心进行定性研究，设计了中欧班列集拼中心备选节点的筛选机制，并筛选出 27 个备选节点城市；其次，考虑我国铁路、高速公路、国道三种交通运输方式特点，构建了由备选城市组成的中欧班列铁路、高速公路、国道三种货运网络，并采用复杂网络理论和基于熵权的 TOPSIS 模型对备选节点城市的集货能力进行了评价；最后，构建了中欧班列集拼中心选址混合整数规划模型，并确定了集拼中心最优选址方案和集拼路径，即西安、太原、郑州、武汉和苏州应成为最优集拼中心组合，其中西安、太原、郑州和武汉位于中国西北、北部和中部地区，可以承接腹地各大城市货物；而地处东南沿海地区的苏州则主要负责来自沿海城市的货物。本书充分表明，使用集拼集运的方式能够很好地降低中欧班列的整体运营成本，提升运营效率。

2. 考虑碳排放的中欧班列集拼中心选址与路径优化研究

在绿色"一带一路"背景下，从环境可持续的视角研究了中欧班列集拼中心的选址和路径优化问题。首先通过构建两阶段筛选机制筛选出集拼中心备选节点城市，并构建了基于铁路、公路和水路的中欧班列多式联运集拼网络；其次建立了包含经济目标和环境目标的双目标混合整数规划模型，并设计了增广ε约束方法对模型进行求解；最后在考虑碳成本的情况下，建立了以班列运营总成本最小为目标的混合整数规划模型，并求解出集拼中心最优选址方案和集拼路径，即哈尔滨、兰州、太原、乌鲁木齐、天津、营口可作为集拼中心选址最优组合，天津和营口主要覆盖东部沿海地区货源，哈尔滨主要覆盖东北地区货源，太原主要覆盖中国北方的中部地区货源，乌鲁木齐和兰州覆盖来自西北、西南地区的大部分货源。本书研究充分表明，环境因素在中欧班列运营网络优化中会产生重要的影响，随着"碳达峰""碳中和"等目标的明确和政策实施，具有环境友好特点的铁路运输将在"一带一路"货物运输中发挥更重要的作用。

3. 中欧班列欧洲集拼中心选址研究

要解决中欧班列目前存在的问题，不仅要在中国境内建立班列集拼中心，还应该在欧洲建立班列回程集拼中心，这对解决班列回程货源少、去回程运输需求不平衡等问题尤为重要。本书对中欧班列欧洲集拼中心选址问题进行了研究。首先对欧盟运输政策、当前贸易量和运输方式等现实背景进行了分析，构建了欧洲公路、铁路、水路及多式联运综合货运网络；其次建立了网络节点中心性重要性评价指标体系，并对节点重要性进行了综合评价，确定了集拼中心备选节点城市；最后构建了中欧班列欧洲集拼中心混合整数规划选址模型，求解确定了欧洲集拼中心选址方案和集拼路径，即柏林、布达佩斯、杜伊斯堡、里尔可作为欧洲集拼中心选址最优组合，柏林为德国、北欧、波罗的海国家和波兰提供服务，布达佩斯为意大利和整个东南欧提供服务，杜伊斯堡为伦敦、低地国家（荷兰、比利时、卢森堡）和法国东部提供物流服务，里尔为英国、法国西部和伊比利亚半岛提供物流服务。

4. 中欧班列集拼网络演化与优化研究

随着开行班列城市和新运行线路的不断增加，中欧班列运营网络也在不断发生动态演化。本书从中欧班列网络演化的视角对集拼网络的演化规律以及优化问题进行深入研究。首先，对中欧班列集拼网络拓扑结构特征进行了研究，发现中欧班列集拼网络符合无标度网络特征，已形成的网络结构对新开中欧班列会形成路径锁定和路径依赖效应。其次，在此基础上按照点增长规则和边增长规则形成了各年度中欧班列集拼网络模型，通过模拟仿真构建了中欧班列物流演化网络。最后，构建了中欧班列集拼中心选址和集拼路径选择模型，确定了集拼中心选址方案和集拼路径，即重庆、成都、郑州、西安、沈阳、天津、兰州、乌鲁木齐这些关键节点应成为中欧班列的集拼中心。随着中欧班列网络的不断演化，集拼中心和开行城市呈现出较为明显的区域性特征，网络的无标度特征明显，节点度的"马太效应"十分显著。随着中欧班列运营网络的不断扩大，应不断调整和优化集拼路径，班列的平均成本和平均运输成本都呈显著下降趋势。

5. 中欧班列开行绩效影响因素研究

从中欧班列实际开行绩效来看，存在明显的好坏不一、参差不齐问题，本书对中欧班列开行绩效影响因素进行了深入研究。首先，充分考虑到中欧班列开行城市的全面性和代表性，使用多案例研究方法分析了中欧班列开行绩效的影响因素，从地方政府需求和动机、中央政府政策、基础设施、地理区位等关键因素出发提出了中欧班列开行绩效影响因素的理论框架。其次，通过 10 个典型案例对理论框架进行了案例研究，结果表明：任何一个因素都不会单独地对中欧班列开行绩效产生作用，而是因素之间通过相互作用和相互协同产生影响，其中地方政府的市场需求是中欧班列成功最关键的内生因素，中央政府政策定位是推动中欧班列开行绩效的外生因素，陆港基础设施对中欧班列开行绩效起到重要作用，地理区位对中欧班列开行绩效的影响不大，并且开行意愿、中央政策定位和基础设施建设对中欧班列开行绩效产生直接的正向影响。最后，使用模糊集质性比较分析方法对理论框架进行了检验，验证了理论框架的科学性。

6. 开行中欧直达班列适应性研究

目前班列始发城市是否适合开行直达班列，又有哪些开行直达班列的始发城市适合作为中欧班列集拼中心，本书对中欧直达班列适应性问题进行了深入研究。首先，阐述适应性的内涵，并从各中欧班列始发城市的区位优势、基础设施优势、产业优势、城市定位优势和周边城市竞争情况 5 个关键维度出发，构建了直达班列适应性评价指标体系。其次，运用 TOPSIS 评价法对 48 个班列始发城市开行直达班列适应性进行了排名，排名靠前的始发城市适合作为集拼中心，而排名靠后的始发城市不适合开行直达班列，应通过周边的集拼中心开行中转班列。再次，结合其区域因素和班列的开行属性的分析，采用聚类分析和相应分析方法等，确定天津、广州、重庆、成都、乌鲁木齐、西安、郑州、长沙、上海、哈尔滨适合作为集拼中心，开通直达班列与欧洲各国进行点对点服务，其余各城市开行中转班列将货物按规划出的集拼路径方案运输至各集拼中心，由直达班列满载后统一运往欧洲各国。最后，提出了提升开行中欧直达班列适应性的政策建议。

7. 上海发展中欧班列的思路与对策建议

上海在"一带一路"建设过程中存在重"路"轻"带"的倾向，中欧班列建设滞后，影响了上海作为连通"丝绸之路经济带"与"21 世纪海上丝绸之路"关键节点与枢纽的作用和地位。上海亟待重新审视发展中欧班列的战略意义，为进一步发挥"一带一路"建设桥头堡作用提供支撑。研究发现上海发展中欧班列有利于推动上海双循环发展新格局，有利于上海进一步发挥进博会的辐射溢出效应，有利于疫情影响下稳定上海进出口贸易，有利于上海引领长三角共同参与全球贸易竞争合作，有利于建立陆域贸易新规则提升上海"五个中心"地位。接着从共识、货源、政策、基础设施、规则五个方面分析上海发展中欧班列面临的主要瓶颈问题。最后提出了促进上海发展中欧班列的主要对策措施，包括：制定开辟上海中欧班列陆路新通道的政策措施、创新与上海自贸区联动发展的运营模式、设计上海海铁联运的运行模式和补贴机制、组建上海中欧班列沿海集结服务中心、探索中欧班列陆域贸易规则。如果这些对策措施能够实施，必定会促进上海中欧班列快速发展。

10.2　展　　望

从 2011 年"渝新欧"开通到 2021 年，中欧班列已经走过了 11 个春秋。11年时光，中欧班列已经发展成为一个由多节点城市和多运输路径构成的跨国复杂物流网络，并呈现出高速发展、高质量发展态势。本书从中欧班列集拼集运的角度出发，研究了中欧班列运营网络规划问题。但随着中欧班列高质量发展的不断推进，越来越多的新现象、新问题会不断涌现，需要进一步深入研究。

1. 中欧班列建设发展"十四五"规划问题

2020 年的结束宣告了《中欧班列建设发展规划（2016—2020 年）》已完成规划引导使命，这也意味着中欧班列的发展进入了一个全新时期。在新时期里，国内外环境已经并必将发生巨大变化。从外部来看，世界经济政治形势复杂多变，单边主义和贸易保护主义逐渐抬头，新冠肺炎疫情反复扩散，各种"黑天鹅"和"灰犀牛"事件会不断发生，外部环境风险越来越大。从内部来看，2021年正是我国"十四五"规划开局之年，双循环新发展格局正在逐步构建，"一带一路"建设正深入推进。面对国内外经济社会环境的深刻变化，中欧班列如何突围、如何高质量发展，需要从系统、科学的角度进行深入探索。目前，尚缺少类似"中欧班列建设发展'十四五'规划"这样的专项规划，对中欧班列未来发展进行整体、宏观指导。

2. 集拼中心建设问题

在理论和实践中，建设集拼中心已经成为中欧班列高质量发展的共识。2020

年中欧班列集结中心示范工程已经建设，并有郑州、重庆、成都、西安、乌鲁木齐 5 个城市入围第一批示范工程，未来会有更多的城市申请中欧班列集结中心示范工程。由于国家补贴示范工程的资金很有限，如何配合国家自贸区建设等政策，考虑当地和周边城市产业需求和多式联运物流支撑条件，以及铁路集装箱中心站等现有基础设施，建设好中欧班列集拼中心，发挥最大的集拼集运效果，是需要深入研究的问题。

3. 中欧班列联盟问题

长期以来，中欧班列一直存在着各自为政、相互竞争的问题，导致各开行城市争抢货源的情况频繁发生，尤其是相邻相近的班列始发城市之间竞争尤为激烈。随着中欧班列高质量发展的推进和政府补贴退坡，中欧班列逐渐从无序竞争转向协同发展，而物流联盟是促进物流系统成员间协调的有效方法。截至 2020 年，中欧班列开行城市已达 71 个，给物流联盟的形成带来了更高的复杂性。如何设计有效的协同机制达到共建共赢，是中欧班列高质量发展需要深入研究的问题。

4. 陆海多式联运问题

2018 年 11 月，中新两国正式签署《关于中新（重庆）战略性互联互通示范项目"国际陆海贸易新通道"建设合作的谅解备忘录》，正式提出建设西部陆海新通道。目前，西部陆海新通道的合作范围已扩展至重庆、广西、贵州、甘肃、青海、新疆、云南、宁夏、陕西、四川、内蒙古、西藏等西部 12 省区市以及海南省和广东湛江市。西部陆海新通道的开辟，不仅为"一带一路"构建了一条全新的国际物流大通道，而且推动了以中欧班列为代表的"丝绸之路经济带"与国际海运交通为主的"21 世纪海上丝绸之路"联动发展。如何加强"丝绸之路经济带""21 世纪海上丝绸之路""西部陆海新通道"联动发展，有效开展公海铁多式联运成为需要深入研究的问题。

5. 中欧班列补贴问题

长期以来，中欧班列的开行严重依赖于政府的财政补贴，随着中欧班列市场化进程的推进，补贴逐渐退坡，并将完全退出。中欧班列必然面临着运费上升，与国际海运相比，竞争力减弱等现实问题。目前各地班列暗补、变相补贴等现象还十分普遍。如何设计和执行补贴退坡政策，如何优化班列运营模式，既保持中欧班列市场竞争力，又防止恶性竞争，实现中欧班列全国一盘棋统筹安排，是未来需要研究的重要问题。

6. 中欧班列运营风险问题

中欧班列穿越亚欧多国，各国的经济政策、地理环境、线路条件、管理水平等方面存在显著差异。这些因素可能会对中欧班列的正常运营产生重大风险。例如，中铁网络的一个重要节点哈萨克斯坦多斯特克站遭遇强风袭击，导致列车上的集装箱倾倒，影响了中欧班列的正常运行；再如德国 Rastatt 地区隧道施工现场坍塌，导致铁路轨道附近发生地面沉降，货物运输完全受阻，影响相关铁路运输线路的顺畅运行。这些不可预计的风险都会对中欧班列的正常运营带来严重的影响。如何识别中欧班列运营风险，并针对性地提升其运营韧性，以便在发生风险时能够快速恢复，是中欧班列高质量发展过程中需要研究的重要问题。

参 考 文 献

陈承治. 2001. 物流作业管理信息系统分析与设计的实践与体验 第二讲 加工企业物料配送物流管理信息系统的模式与实现[J]. 物流技术, (6): 41-44.

陈磊, 刘凯. 2000. 发展铁路拼箱运输的若干建议[J]. 集装箱化, (1): 35-36.

邓常明. 2006. 铁路集装箱拼箱业务的调查分析及建议[J]. 铁道货运, (8): 35-36.

丁伟. 2011. 物流联合运输协调管理机制研究——以广西西江流域水铁联运为例[J]. 贵州社会科学, (6): 97-101.

董千里, 杨磊, 常向华. 2016. 基于国际中转枢纽港战略理论的中欧班列集成运作研究[J]. 科技管理研究, 36(22): 230-236.

董肖庆, 杨斌. 2018. 绿色物流网络选点需求目标优化分配仿真[J]. 计算机仿真, 35(1): 256-260.

封磊. 2013. 龙口港散杂货货源市场分析[D]. 大连: 大连海事大学.

付新平, 张雪, 邹敏, 等. 2016. 基于价值量模型的中欧班列经济性比较分析[J]. 铁道运输与经济, 38(11): 1-5,11.

韩皓, 王素玲. 2009. 多级物流节点选址问题建模与求解[J]. 上海海事大学学报, 30(4): 30-35.

金玲琴. 2012. 碳税机制下的多式联运路径选择优化模型与算法研究[D]. 沈阳: 东北大学.

李金龙, 张红亮. 2013. 我国铁路集装箱运输发展对策的思考[J]. 铁道货运, 31(1): 47-50.

李敏. 2012. 铁路集装箱中心站作业流程研究[J]. 中国铁路, (3): 33-35.

李娜, 刘春辉, 刘鹏, 等. 2018. 考虑外部性成本的煤炭多式联运优化问题[J]. 物流科技, 41(7): 75-78.

李泽文. 2018. 中欧班列货源组织优化研究[D]. 成都: 西南交通大学.

廖树梁. 2010. 基于一体化组织的铁路集装箱作业流程的优化[J]. 上海铁道科技, (2): 28-31.

刘飞. 2011. 集装箱多式联运通道规划和运输方式选择研究[D]. 成都: 西南交通大学.

刘浩. 2012. 基于成本的铁路集装箱空箱调运组织及优化[D]. 北京: 北京交通大学.

刘蒙蒙, 高更君. 2017. 基于双层规划的中欧班列集配中心选址研究[J]. 广西大学学报(自然科学版), (5): 1810-1816.

秦欢欢, 秦胜, 郑平标. 2016. 基于货物价值的中欧班列目标货源分析[J]. 铁道货运, (8): 13-19.

秦进, 史峰. 2007. 物流设施选址问题的双层模拟退火算法[J]. 系统工程, 25(2): 36-40.

苏明, 傅志华, 许文, 等. 2009. 我国开征碳税问题研究[J]. 经济研究参考, (72): 2-16.

滕岚. 2014. 考虑碳成本的集装箱多式联运路径选择研究[D]. 北京: 北京交通大学.

王迪. 2017. 集结中心作用下中欧班列网络化开行方案设计研究[D]. 北京: 北京交通大学.

王海平. 2003. 中国集装箱运输发展[M]. 北京: 人民交通出版社.

王涛, 王刚. 2005. 一种多式联运网络运输方式的组合优化模式[J]. 中国工程科学, (10): 46-50.

王万良, 朱文成, 赵燕伟. 2020. 基于全局边缘排序的超启发算法在绿色物流选址——路径优化问题中的应用[J]. 计算机集成制造系统, 26(4): 1097-1107.

王巍, 张小东, 辛国栋.2009. 基于多式联运的组合优化模型及求解方法[J]. 计算机工程与应用, 45(7): 212-214,219.

王伟. 2010. 新亚欧大陆桥(中国段)多式联运集货网络布局与评价研究[D]. 北京: 北京交通大学.

王杨堃.2015. 中欧班列发展现状、问题及建议[J]. 综合运输, (S1): 70-75,89.

魏际刚, 荣朝和. 2000. 我国集装箱多式联运系统的协调问题(下)[J]. 集装箱化, (3): 18-21.

杨珺, 冯鹏祥, 孙昊, 等. 2015. 电动汽车物流配送系统的换电站选址与路径优化问题研究[J]. 中国管理科学, 23(9): 87-96.

杨涛. 2011. 低碳经济下的多运输方式物流网络规划[J]. 陕西科技大学学报(自然科学版), 29(5): 102-106.

叶燕程, 朱道立, 王晓蕾.2014. 中欧铁路货运集拼模式研究[J]. 上海管理科学, 36(6): 1-7.

张炳华. 2000. 集装箱应用全书[M]. 北京: 人民交通出版社.

张宏. 2016. 水铁联运发展模式及运输组织形式研究[J]. 中国水运（下半月）, 16(8): 77-79.

张建勇, 郭耀煌. 2002. 一种多式联运网络的最优分配模式研究[J]. 铁道学报, (4): 114-116.

张俊勇. 2018. 中欧班列回顾与前瞻[J]. 中国远洋海运, (6): 60-61.

张敏, 杨超, 杨珺.2005. 基于 AHP/DEA 的物流中心选址问题研究[J]. 管理学报, (6): 641-644,653.

郑斌.2013. 考虑震后应急物资保障阶段性特征的选址——联运问题研究[D]. 成都: 西南交通大学.

周根贵, 曹振宇. 2005. 遗传算法在逆向物流网络选址问题中的应用研究[J]. 中国管理科学, (1): 42-47.

Albert R, Barabási A L. 2000. Topology of evolving networks: local events and universality[J]. Physical Review Letters, 85(24): 5234-5237.

Amin S H, Baki F. 2017. A facility location model for global closed-loop supply chain network design[J]. Applied Mathematical Modelling, 41: 316-330.

Azulai A, Rankin J A. 2012. Triangulation in Canadian doctoral dissertations on aging[J]. International Journal of Multiple Research Approaches, 6(2): 125-140.

Ballis A, Golias J. 2002. Comparative evaluation of existing and innovative rail–road freight transport terminals[J]. Transportation Research Part A: Policy and Practice, 36(7): 593-611.

Barabási A L, Albert R. 1999.Emergence of scaling in random networks[J]. Science, 286(5439): 509-512.

Bauer J, Bektaş T, Crainic T G. 2010.Minimizing greenhouse gas emissions in intermodal freight transport: an application to rail service design[J]. Journal of the Operational Research Society, 61(3): 530-542.

Bektaş T, Laporte G.2011. The pollution-routing problem[J]. Transportation Research Part B: Methodological, 45(8): 1232-1250.

Beresford A, Pettit S, Xu Q,et al. 2012. A study of dry port development in China[J]. Maritime Economics & Logistics, 14(1): 73-98.

Berman O, Drezner Z, Wesolowsky G. 2002. Satisfying partial demand in facilities location[J]. IIE Transactions, 34(11): 971-978.

Besharati B, Gansakh G, Liu F F,et al. 2017. The ways to maintain sustainable China-Europe block train operation[J]. Business and Management Studies, 3(3): 25-33.

Beuthe M, Jourquin B, Geerts J F. 2001. Freight transportation demand elasticities: a geographic multimodal transportation network analysis[J]. Transportation Research Part E: Logistics and Transportation Review, 37(4): 253-266.

Beynon M J, Jones P, Pickernell D. 2020. Country-level entrepreneurial attitudes and activity through the years: a panel data analysis using fsQCA[J]. Journal of Business Research, 115: 443-455.

BNP Paribas Real Estate.2017.European logistics market[EB/OL].https: //www.realestate. bnpparibas.com/ sites/default/files/2017-09/PropReport_Logistics_Europe_H1 2017.pdf.

Bontekoning Y M, Macharis C, Trip J J. 2004. Is a new applied transportation research field emerging? — a review of intermodal rail–truck freight transport literature[J]. Transportation Research Part A: Policy and Practice, 38(1): 1-34.

BVU. 2016.Entwicklung eines Modells zur Berechnung von modalen Verlagerungen im Güterverkehr für die Ableitung konsistenter Bewertungsansätze für die Bundesverkehrswegeplanung[R]. Freiburg: BVU.

Cheng Z L, Zhao L J, Wang G X, et al. 2021. Selection of consolidation center locations for China railway express to reduce greenhouse gas emission[J]. Journal of Cleaner Production, 305: 126872.

Cullinane K, Bergqvist R, Wilmsmeier G. 2012. The dry port concept–theory and practice[J]. Maritime Economics & Logistics, 14: 1-13.

Du Q W, Shi X L. 2017. A study on the government subsidies for CR Express based on dynamic games of incomplete information[J]. Periodica Polytechnica Transportation Engineering, 45(3): 162-167.

Dukkanci O, Peker M, Kara B Y. 2019. Green hub location problem[J]. Transportation Research Part E: Logistics and Transportation Review, 125: 116-139.

Eisenhardt K M, Graebner M E. 2007. Theory building from cases: opportunities and challenges[J]. Academy of Management Journal, 50(1): 25-32.

Gerden E. 2018.Asia-Russia rail shippers gain shorter transits [EB/OL]. https: //www.joc.com/ rail-intermodal/russia-says-asia-russia-rail-transit-time-now-considerably-shorter_20180419.html.

Hao C L, Yue Y X. 2016. Optimization on combination of transport routes and modes on dynamic programming for a container multimodal transport system[J]. Procedia Engineering, 137: 382-390.

He H W.2016. Key challenges and countermeasures with railway accessibility along the silk road [J]. Engineering, 2(3):288-291.

He Y D, Wang X, Lin Y. 2017. Sustainable decision making for joint distribution center location choice[J]. Transportation Research Part D: Transport and Environment, 55: 202-216.

Henttu V, Hilmola O P. 2011. Financial and environmental impacts of hypothetical finnish dry port structure[J]. Research in Transportation Economics, 33(1): 35-41.

Islam D M Z, Zunder T, Jackson R,et al. 2013. The potential of alternative rail freight transport corridors between central Europe and China[J]. Transport Problems, 8(4): 45-57.

Janic M. 2007. Modelling the full costs of an intermodal and road freight transport network[J]. Transportation Research Part D:Transport and Environment, 12(1): 33-44.

Jeevan J, Chen S L, Cahoon S. 2018. Determining the influential factors of dry port operations: worldwide experiences and empirical evidence from Malaysia[J]. Maritime Economics &

Logistics, 20(3): 476-494.

Jiang Y L, Sheu J B, Peng Z X,et al. 2018. Hinterland patterns of China railway(CR) express in China under the Belt and Road Initiative: a preliminary analysis[J]. Transportation Research Part E: Logistics and Transportation Review, 119: 189-201.

Ka B. 2011. Application of fuzzy AHP and ELECTRE to China dry port location selection[J]. Asian Journal of Shipping and Logistics, 27(2): 331-353.

Kaluza P, Kolzsch A, Gastner M T,et al. 2010. The complex network of global cargo ship movements[J]. Journal of the Royal Society Interface, 7(48): 1093-1103.

Knowler G.2018.Huge subsidies keep China-Europe rail network on track [EB/OL]. https: //www.joc. com/rail-intermodal/huge-subsidies-keep-china-europe-rail-network-track_20180523.html.

Li D Q, Zhao L J, Wang C C, et al. 2018. Selection of China's imported grain distribution centers in the context of the Belt and Road Initiative[J]. Transportation Research Part E: Logistics and Transportation Review, 120: 16-34.

Li W, Cai X . 2007. Empirical analysis of a scale-free railway network in China[J]. Physica A: Statistical Mechanics and its Applications, 382(2): 693-703.

Limbourg S, Jourquin B. 2009. Optimal rail-road container terminal locations on the European network[J]. Transportation Research Part E: Logistics and Transportation Review, 45(4): 551-563.

Luo M, Grigalunas T A. 2003. A spatial-economic multimodal transportation simulation model for US coastal container ports[J]. Maritime Economics & Logistics, 5: 158-178.

Lv B, Yang B, Zhu X L,et al. 2019. Operational optimization of transit consolidation in multimodal transport[J]. Computers & Industrial Engineering, 129: 454-464.

Mavrotas G. 2009. Effective implementation of the ε-constraint method in multi-objective mathematical programming problems[J]. Applied Mathematics and Computation, 213(2): 455-465.

Mostert M, Caris A, Limbourg S. 2017. Road and intermodal transport performance: the impact of operational costs and air pollution external costs [J]. Research in Transportation Business and Management,23: 75-85.

Ng A, Cetin I B.2012.Locational characteristics of dry ports in developing economies: some lessons from northern India[J]. Regional Studies,46(6): 757-773.

Nijkamp P, Reggiani A, Tsang W F. 2004. Comparative modelling of interregional transport flows: applications to multimodal European freight transport[J]. European Journal of Operational Research, 155(3): 584-602.

Opsahl T, Agneessens F, Skvoretz J. 2010. Node centrality in weighted networks: generalizing degree and shortest paths[J]. Social Networks, 32(3): 245-251.

Padilha F, Ng A K Y. 2012. The spatial evolution of dry ports in developing economies: the Brazilian experience[J]. Maritime Economics & Logistics, 14: 99-121.

Planco.2007. Verkehrswirtschaftlicher und ökologischer Vergleich der Verkehrsträger Straße, Schiene und Wasserstraße[R]. Madgeburg: Wasser- und Schifffahrtsdirektion Ost(WSD Ost).

Rao C J, Goh M, Zhao Y,et al. 2015. Location selection of city logistics centers under sustainability[J]. Transportation Research Part D: Transport and Environment, 36: 29-44.

Rodemann H, Templar S. 2014. The enablers and inhibitors of intermodal rail freight between Asia and

Europe [J]. Journal of Rail Transport Planning & Management, 4(3): 70-86.

Roso V,Lumsden K, Woxenius J.2009.The dry port concept: connecting container seaports with the hinterland[J]. Journal of Transport Geography, 17(5): 338-345.

Roso V. 2008. Factors influencing implementation of a dry port[J]. International Journal of Physical Distribution & Logistics Management, 38(10): 782-798.

Rosstat(Russian Federation Federal State Statistics Service). 2017.Freight turnover by transport modes [EB/OL].http://www.gks.ru/wps/wcm/connect/rosstat_main/rosstat/en/figures/transport/.

Shao Z Z, Ma Z J, Shao J B, et al. 2017. Evaluation of large-scale transnational high-speed railway construction priority in the belt and road region[J]. Transportation Research Part E:Logistics and Transportation Review, 117: 40-57.

SteadieSeifi M, Dellaert N P, Nuijten W,et al. 2014.Multimodal freight transportation planning: a literature review[J]. European Journal of Operational Research, 233(1): 1-15.

Stuart I, McCutcheon D, Handfield R.2002. Effective case research in operations management: a process perspective[J]. Journal of Operations Management, 20(5): 419-433.

Sun W J, Zhao L J, Wang C C, et al.2019. Selection of consolidation centres for China railway express[J]. International Journal of Logistics Research and Application, 23(11): 1-26.

Troch F, Vanelslander T, Sys C,et al.2018. Deliverable D1.3 Scenario development BRAIN-TRAINS Transversal assessment of new intermodal strategies [R]. Antwerp: University of Antwerp.

Wang J O, Jiao J J, Ma L. 2018. An organizational model and border port hinterlands for the China-Europe railway express[J]. Journal of Geographical Sciences, 28: 1275-1287.

Wang J, Li X, Wang X B. 2013. Complex network evolution of different scale shipping based on improved BA model[J]. Journal of Transportation Systems Engineering and Information Technology, 13(2): 103-110.

Wiegmans B, Behdani B. 2018. A review and analysis of the investment in, and cost structure of, intermodal rail terminals [J]. Transport Reviews,38(1): 33-51.

Winebrake J J, Corbett J J, Falzarano A, et al. 2008. Assessing energy, environmental, and economic tradeoffs in intermodal freight transportation[J]. Journal of the Air & Waste Management Association, 58(8): 1004-1013.

Woxenius J. 1998. Development of small-scale intermodal freight transportation in a systems context [R]. Göteborg:Chalmers University of Technology, Department of Transportation and Logistics.

Yang D, Pan K, Wang S A. 2018. On service network improvement for shipping lines under the one Belt one Road Initiative of China [J]. Transportation Research Part E: Logistics and Transportation Review, 117: 82-95.

Yang Z, Chen H X, Chu F, et al. 2019.An effective hybrid approach to the two-stage capacitated facility location problem[J]. European Journal of Operational Research, 275(2): 467-480.

Yin R K. 1994. Case Study Research: Design and Methods [M]. Los Angeles: Sage Publications.

Zeng Q C, Maloni M J, Paul J, et al. 2013. Dry port development in China: motivations, challenges, and opportunities [J]. Transportation Journal, 52(2): 234-263.

Zhang X, Zhang W, Lee P T W. 2020. Importance rankings of nodes in the China railway express network under the Belt and Road Initiative[J]. Transportation Research Part A: Policy and

Practice, 139: 134-147.

Zhang Y H, Zhang A. 2016. Determinants of air passenger flows in China and gravity model: deregulation, LCC and high speed rail[J]. Journal of Transport Economics and Policy, 50(3): 287-303.

Zhao L J, Cheng Z L, Li H Y, et al. 2019.Evolution of the China railway express consolidation network and optimization of consolidation routes [J]. Journal of Advanced Transportation, (6): 1-16.

Zhao L J, Stoeter J, Li H Y, et al. 2020. European hub location problem for China Railway Express in the context of the Belt and Road Initiative [J]. International Journal of Logistics Research and Applications, 23(6): 561-579.

Zhao L J, Zhao Y, Hu Q M, et al. 2018.Evaluation of consolidation center cargo capacity and locations for China railway express [J]. Transportation Research Part E: Logistics and Transportation Review, 117:58-81.

附录　中欧班列发展大事记（截至 2021 年）①

2011 年

3 月 19 日

中欧班列首发。"渝新欧"国际铁路联运班列载着惠普在重庆生产的电子产品，从重庆团结村出发，开行 16 天，顺利抵达德国杜伊斯堡。

2012 年

8 月 1 日

"渝新欧"国际货运班列沿线国家海关便捷通关监管研讨会成功召开。中国、俄罗斯、德国、比利时等国海关达成共识：扩大"渝新欧"班列宣传，进一步简化通关流程，实行监管互助原则。

10 月 24 日

武汉—捷克首趟中欧班列试运行，打通了武汉本地产品直接出口欧洲的快捷经济运输大通道。

2013 年

3 月 18 日

"渝新欧"（德国杜伊斯堡—重庆）班列迎来了首趟回程试验班列，实现了所有中欧班列中回程货"零的突破"。

4 月 26 日

中欧班列"蓉欧快铁"首发，从成都青白江直达波兰罗兹，开拓了四川内陆地区对外开放的新路径。

---

① 作者根据网络资料整理得到。

7 月 18 日

中欧班列"郑新欧"（郑州—汉堡）首趟班列正式开通。

2014 年

3 月 29 日

国家主席习近平到德国杜伊斯堡港参观，并观看重庆至杜伊斯堡港的"渝新欧"班列到达[①]。

8 月 14 日

首届中欧班列国内协调会议在渝召开。重庆、成都、郑州、武汉、苏州、义乌等 6 地代表围绕国内中欧班列的品牌标志、运输组织、全程价格、服务标准、经营团队、协调平台"六统一"，以及强化机制和装备保障达成共识。

11 月 18 日

首趟中欧班列"义新欧"从义乌出发。

2015 年

3 月 28 日

国家发展改革委、外交部、商务部联合发布了《推动共建丝绸之路经济带和 21 世纪海上丝绸之路的愿景与行动》。文中提及"建立中欧通道铁路运输、口岸通关协调机制，打造'中欧班列'品牌，建设沟通境内外、连接东中西的运输通道"。

2016 年

4 月 14 日

中欧班列（石龙—杜伊斯堡）从广东东莞石龙站出发，19 天后到达德国杜伊斯堡，这是当前中国运距最长的中欧班列，全程 13 488 公里。

4 月 18 日

全国中欧班列平台联盟在新疆成立，共同发布《"一带一路"中欧国际货运班列联盟新疆宣言》。

---

① 《习近平参观德国杜伊斯堡港》，http://www.gov.cn/xinwen/2014-03/30/content_2649680.htm。

6 月 8 日

中欧班列统一品牌 CR Express 正式发布启用。统一品牌和标识的中欧班列当日分别从重庆、成都、郑州、武汉等八地始发。

10 月 8 日

推进"一带一路"建设工作领导小组办公室印发《中欧班列建设发展规划（2016—2020 年）》，全面部署 2016～2020 年 5 年间中欧班列建设发展任务，这是中欧班列建设发展的首个顶层设计。

2017 年

4 月 20 日

中国、白俄罗斯、德国、哈萨克斯坦、蒙古国、波兰、俄罗斯七国铁路部门正式签署《关于深化中欧班列合作协议》。该协议被纳入第一届"一带一路"国际合作高峰论坛成果清单。

5 月 26 日

由国铁集团倡议，并与重庆、成都、郑州、武汉等 7 家班列平台公司共同发起的中欧班列运输协调委员会在京成立。

8 月 31 日

渝桂黔陇四省区市签署了《关于合作共建中新互联互通项目南向通道的框架协议》，制定了《关于合作共建中新互联互通项目南向通道的协同办法》，建立共商、共建、共享"南向通道"工作机制。

10 月 18 日

由中国、白俄罗斯、德国、哈萨克斯坦、蒙古国、波兰、俄罗斯等国家的铁路公司成立的中欧班列运输联合工作组召开第一次会议，进一步深化中欧班列国际合作。19 日，工作组共同签署《中欧班列运输联合工作组第一次会议纪要》。

12 月 3 日

一列满载汽车、五金配件的中欧班列"长安号"从霍尔果斯口岸出境，这是中欧班列首次经霍尔果斯出境。

12 月 20 日

中欧班列首次尝试集拼集运的新运输方式，由成都出发，经乌鲁木齐集结中心驶向荷兰南部城市蒂尔堡。该运输方式全面提升了中欧班列运载量，降低了运行成本。

2018 年

8 月 26 日

中欧班列累计开行数量达到 10 000 列，为扩大共建"一带一路"倡议的影响力产生了巨大的示范与品牌效应。

2019 年

1 月 18 日

一列满载机械设备、服装轻工和汽车配件的中欧班列，首次经绥芬河铁路口岸出境，到达德国汉堡。

4 月 22 日

推进"一带一路"建设工作领导小组办公室发表《共建"一带一路"倡议：进展、贡献与展望》报告。报告提及，中欧班列初步探索形成了多国协作的国际班列运行机制。

4 月 25 日

第二届"一带一路"国际合作高峰论坛在北京举行，形成的第二届高峰论坛成果清单中列出多项与中欧班列相关的成果，包括国家发展改革委与欧盟委员会发布关于开展中欧基于铁路的综合运输通道研究联合声明，中国、白俄罗斯、德国、哈萨克斯坦、蒙古国、波兰、俄罗斯 7 国铁路签署《中欧班列运输联合工作组议事规则》，中国与俄罗斯开展国际铁路联运"一单制"金融结算融资规则试点，中国海关总署倡议实施"海关－铁路运营商推动中欧班列安全和快速通关伙伴合作计划"。

8 月 2 日

国家发展改革委发布了关于印发《西部陆海新通道总体规划》的通知，该规划从主通道、重要枢纽、核心覆盖区、辐射延展带 4 个维度，对西部陆海新通道建设进行了空间布局。

9 月 11 日

中欧班列运输协调委员会第四次会议在北京召开，总结中欧班列建设进展和成效，研究中欧班列高质量发展举措，国铁集团携手全国中欧班列运营企业，共同签署了《推进中欧班列高质量发展公约》。

2020 年

4 月 3 日

商务部印发《进一步发挥中欧班列作用应对新冠肺炎疫情做好稳外贸稳外资促消费工作的通知》，提出 11 条具体举措和工作要求，发挥中欧班列战略通道作用应对疫情影响。

6 月 30 日

全国首例铁路提单物权纠纷案在重庆两江新区（自贸区）法院一审宣判，法院对铁路提单持有人的诉求予以支持，确认货物所有权归属提单持有人。本案的宣判明确了铁路提单交易的相关规则，有利于规范铁路提单交易行为，推动陆上贸易规则进一步完善。

7 月 6 日

国家发展改革委发布消息，下达专项资金支持中欧班列集结中心示范工程建设。首批入选的城市包括郑州、重庆、成都、西安、乌鲁木齐。

8 月 12 日

国铁集团出台了《新时代交通强国铁路先行规划纲要》，就完善国际铁路物流服务体系，将中欧班列打造成为具有国际影响力的世界知名铁路物流品牌提出了明确任务，主要涉及构建便捷且高效的国际铁路联运网络，加强统一品牌建设，提高班列发展质量效益，完善班列国际合作机制等方面。

8 月 31 日

江苏省国际货运班列有限公司作为统筹管理全省国际班列开行的省级平台公司，通过整合南京、徐州、苏州、连云港 4 市有关班列公司资产，并引入央企资本组建而成。

11 月 17 日

共建陆海新通道跨区域综合运营平台陆海新通道运营有限公司在重庆成立，将按照"统一品牌、统一规则、统一运作"的经营原则，创新运用跨区域平台管理模式统筹陆海新通道建设发展。公司由西部六省市八股东组成，并同步在重庆、贵州、甘肃、新疆、宁夏成立区域运营公司。

11 月 18 日

由义乌、重庆、郑州、西安等全国 11 个中欧班列运营平台共同组货的X8020 次"跨境电商欧洲专列"在义乌西站启程，奔赴比利时列日，这是全国开行的首列多省跨区域合作中欧班列，标志着中欧班列运营从百花齐放向融合共生的高质量发展迈出关键一步。

2021 年

1月1日

成渝两地的中欧班列携手冠以"成渝号"新名字，这是国铁集团首次批准成渝两地统一品牌，并使用统一名称开展品牌宣传推广，也标志着中欧班列开启了合作的新篇章。

7月27日

从越南进入中国的 42090 次班列搭载 250 多吨衣服、背包等物资，从广西凭祥火车站启程开往比利时。这趟班列预计运行 25 天，途经中国、哈萨克斯坦、俄罗斯等国家，终到比利时。这是我国首次与越南合作开行的中欧班列，实现了中越班列和中欧班列联程运输。